加油！
jiā yóu

Chinese for the Global Community

Textbook 1

许嘉璐 主编
XU Jialu

陈绂　　王若江　　朱瑞平
CHEN Fu　WANG Ruojiang　ZHU Ruiping

娄毅　　杨丽姣　　李凌艳　　Pedro ACOSTA
LOU Yi　YANG Lijiao　LI Lingyan

THOMSON

北京师范大学出版社
BEIJING NORMAL UNIVERSITY PRESS

Chinese for the Global Community

Textbook 1 with Audio CD

THOMSON

Publishing Director: Paul Tan
Business Development Director: Joh Liang Hee
Editorial Manager: Andrew Robinson
Product Manager: Mei Yun Loh
Development Editor: Lan Zhao
Associate Development Editor: Coco Koh
Senior Publishing Executive: Pauline Lim
Publishing Executive: Gemaine Goh
Senior Accounts Manager (China)**:** Caroline Ma
Marketing Coordinator (China)**:** Mana Wu
Business Development (Asia)**:** Joyce Tan
Business Development (China)**:** Chi Jin
Graphic Designer: Debbie Ng

北京师范大学出版社
BEIJING NORMAL UNIVERSITY PRESS

Publisher: Lai Desheng
Executive Editors: Yin Lili, Yang Fan
Graphic Designer: Li Baofen
Illustrator: Bo Hai
Proofreader: Li Han

Cover and Layout Design: Redbean De Pte Ltd
Photos: Getty Images, unless otherwise stated
Printer: Seng Lee Press Pte Ltd

THOMSON LEARNING

Asia Head Office (Singapore)
Thomson Learning
(a division of Thomson Asia Pte Ltd)
5 Shenton Way #01-01, UIC Building
Singapore 068808
Tel: (65) 6410 1200
Fax: (65) 6410 1208
E-mail: tlsg.info@thomson.com

United States
Thomson Higher Education
25 Thomson Place
Boston, MA 02210
Tel: 800-354-970
Fax: 800-487-8488
E-mail: tlsg.info@thomson.com

China
Thomson Learning
(a division of Thomson Asia Pte Ltd,
Beijing Representative Office)
Room 1201, South Tower,
Building C
Raycom Info Tech Park
No. 2, Kexueyuan South Road,
Haidian, Beijing, China 100080
Tel: (86) 10-8286 2096
Fax: (86) 10-8286 2089
E-mail: tlsg.infochina@thomson.com

BEIJING NORMAL UNIVERSITY PRESS

China
No. 19 Xinjiekouwai Street
Beijing, China 100875
Tel: (86) 10-5880 2811 / 5880 2833
Fax: (86) 10-5880 2838
E-mail: yll@bnup.com.cn
       fan@bnup.com.cn

Author's Message

Jia You! Chinese for the Global Community is specially written for anyone who seeks to learn about the Chinese culture and people, and to use this knowledge in the context of the global community.

The most important aim of learning another language is to be able to exchange ideas with people of another culture. In order to achieve this, you need to learn about the culture of the people you wish to communicate with. From this perspective, a good textbook should contain rich cultural content. It should also provide the learner with a variety of exercises and reference materials so that they can get more practice in using the language.

It was in accordance with the above principles that we wrote this textbook series. It was created by a team of distinguished Chinese and American scholars who are experts in both Chinese language teaching, and subjects such as educational psychology, Chinese history, and culture.

If you already have some knowledge of Chinese and would like to go on learning, then this textbook series is definitely suitable for you. We hope it will inspire you to lifelong learning about the Chinese language and people.

We are keen to hear feedback from students and teachers who use this textbook series. This will be of great help to us, and will also help in strengthening friendship between the Chinese and American people.

Xu Jialu

PRINCIPAL
College of Chinese Language and Culture
Beijing Normal University, China

Acknowledgments

We would like to express our most sincere gratitude to Thomson Learning and Beijing Normal University Press Publishers, for their vision and leadership in the development of quality Chinese language materials. Our thanks to all the editorial and production staff for their hard and meticulous work, enthusiasm, and commitment to the success of this project.

Our deepest appreciation to our colleagues, whose ideas and suggestions at the initial stages helped shaped the development of this program.

Richard Chi, *Utah State University, Utah*
Jianhua Bai, *Kenyon College, Ohio*
Tao-chung Yao, *University of Hawaii*
Zhaoming Pan, *South Seas Arts Center, USA; Peking University*
Yu-Lan Lin, *Boston Public Schools, Massachusetts*
Xiaolin Chang, *Lowell High School, California*
Lucy Lee, *Livingston High School, New Jersey*
Carol Chen-Lin, *Choate Rosemary Hall, Connecticut*
Feng Ye, *Punahou High School, Hawaii*
Shuqiang Zhang, *University of Hawaii*
Qinru Zhou, *Harvard Westlake High School, California*

Special thanks to Mr. Gaston Caperton (President), Mr. Thomas Matts and Ms. Selena Cantor from the College Board for their help and hospitality during our study tour in the United States. Our thanks also go to Ms. Xu Lin (Director, Office of Chinese Language Council International) and her colleagues for their support of this project.

We are deeply grateful to all reviewers for their constructive comments and suggestions. Your contribution enriched the *Jia You!* program with your wealth of expertise and experience.

Miao-fen Tseng, *University of Virginia*
Baocai Paul Jia, *Cupertino High School, California*
Xiaolin Chang, *Lowell High School, California*
Bih-Yuan Yang, *Mira Loma High School, California*
Xiaohong Wen, *University of Houston, Texas*
Chao-mei Shen, *Rice University, Texas*
Jinghui Liu, *California State University, Fullerton*
Xing King, *Bishop School, California*
Pifeng Esther Hsiao, *Bishop School, California*
Yangyang Qin Daniell, *Lawrenceville School, New Jersey*
Xiaohua Yu, *Piedmont High School, California*
Yumei Chu, *Saratoga Community Chinese School, California*

Preface

Jia You! Chinese for the Global Community is a full-year program for intermediate students of Chinese. It is designed for college students in a rigorous second-year college Chinese program. It can also be adapted for other programs.

Based on the *Standards for Foreign Language Learning* or the Five Cs — Communication, Cultures, Connections, Comparisons, and Communities — the program aims to equip students both linguistically and culturally to communicate successfully in Chinese within and beyond the school setting. *Jia You!* provides an engaging, interactive, and empowering language and culture learning experience for students, as well as an efficient and comprehensive teaching resource for instructors.

The *Jia You!* program incorporates both well-established traditions and new developments in foreign language pedagogy. Below are some of the features of *Jia You!* that distinguish it from other Chinese language textbooks.

It Interweaves Chinese Language and Culture

Jia You! places a premium on communication through cultural understanding and strives for real-world use of the Chinese language. It offers rich, high-interest cultural content that is thoroughly integrated into each lesson to help students acquire extensive knowledge of Chinese culture.

The program engages the students in an exploration of various aspects of contemporary and historical Chinese society. Volume 1 guides them through an appreciation of popular Chinese sports and games, Chinese food culture and eating habits, fashion, hobbies, changes in the Chinese family, major Chinese festivals and celebrations, and tourist attractions and historical landmarks in China. Volume 2 develops awareness in social and environmental issues, societal changes brought about by China's economic development, the origin and evolution of Chinese characters, famous Chinese people and their contribution to society, and Chinese literature and arts.

Students are regularly placed in a real-life context to discuss the similarities and differences between cultural practices and perspectives. They are encouraged to express their views and opinions while considering the views and opinions of others, and to think critically about issues. Through these classroom discussions and debates, *Jia You!* hones students' four language skills of speaking, listening, reading, and writing; fosters their reflective and critical thinking skills; and broadens their world view.

It Integrates Materials of Different Varieties and Discourse Styles

A mix of authentic and carefully crafted Chinese texts of different forms (dialogs and narratives) and discourse styles (formal and spoken) are incorporated into *Jia You!* to expose students to a broad range of written texts.

Students develop their reading proficiency through exposure to contextualized written materials ranging from menus, recipes, notices, and signs, to more dense texts taken or adapted from newspapers, magazine articles, interview transcripts, letters, and essays. The reading texts in *Jia You!* are current, engaging, informative, and thought-provoking; they promote classroom discussion and individual reflection. Each lesson has a supplementary text that is carefully chosen to complement the theme of the lesson. This allows students to practice immediately what they have learned from their study of the main text, as well as to develop reading skills in predicting and guessing the meanings of new words and phrases from context. The accompanying text audio program helps students develop their proficiency in listening.

It Integrates Content-based Vocabulary, Grammar, Exercises, and Activities

In keeping with *Jia You!*'s content-driven, functional pedagogical focus, the vocabulary, grammar, and common expressions are presented based on their relevance to the theme of each unit, and then practiced in contextualized, meaningful, and relevant exercises and classroom activities.

Besides traditional exercises such as fill-in-the-blanks, sentence completion, and paraphrasing, the program also offers a broad range of communicative exercises, such as instructor-directed discussions, pair or group discussions, role plays, games, interviews, and debates. Through these activities, students learn to initiate and sustain conversations, and communicate appropriately in a variety of social and cultural contexts.

Collaborative group projects and research projects that involve direct contact with the community and the use of the Internet are also incorporated into *Jia You!* This encourages students to become independent, lifelong language learners.

It Integrates Process Pedagogy into Speaking and Writing Tasks

To make writing and speaking tasks less daunting and much more manageable for students, the *Jia You!* program breaks each communicative task into parts. It provides prompts or questions at every step of the process to initiate ideas and guide students through the process of organizing their thoughts. Students are also encouraged to make use of the grammar patterns and new vocabulary they have learned from the study of the main text.

It Includes Both Simplified and Traditional Characters

The Simplified and Traditional forms of Chinese are presented side by side to help students make an association between the two and in the process, learn to read both forms.

The Workbook is Designed to Resemble the AP Chinese Language & Culture Exam Format

Exercises in the Workbook are designed around the lesson topics and are modeled after the question types in the AP Chinese Language and Culture exam. The exercises test students on cultural knowledge and all four language skills of listening, reading, speaking, and writing.

Students who are sitting for the AP Chinese Language and Culture exam can get extensive practice on the exam format. Those who are not will find the Workbook a useful tool for assessing their grasp of the materials learned and for furthering their communication and language skills.

Each Instructor's Resource Manual also contains two complete sets of practice tests, to be taken in the middle of term and at the end of term.

Organization of Textbook

The unit begins with full-color photos and warm-up questions.

Simplified and traditional character versions are presented side-by-side throughout the Textbook.

The main text is infused with cultural content. Vocabulary terms are highlighted in the text.

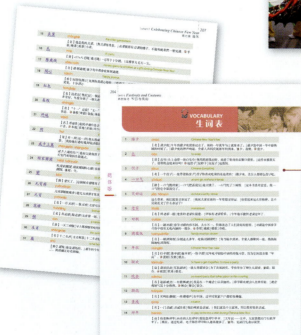

The vocabulary gives both simplified and traditional forms, *pinyin* pronunciation, grammatical function, English and Chinese definitions, and multiple examples of usage of each item.

The program integrates a mix of traditional and communicative activities.

Guided communicative activities allow students to apply what they have learned to daily life situations.

The supplementary practice text is carefully chosen to complement the theme of each lesson. Questions alongside the text help train students to make educated guesses via contextual clues.

Scope and Sequence

UNIT 1:
SPORTS AND FITNESS 体育与健身

COMMUNICATIVE GOALS	• Describe a favorite sport activity • Ask questions and provide answers on a topic • Express thoughts and opinions clearly and correctly	
CHINESE TEXTS	**Lesson 1:** **Shaolin Kung Fu** 少林功夫 Do You Like Yao Ming? 你喜欢姚明吗?	**Lesson 2:** **What's Your Favorite Sport?** 你喜欢什么运动? The Table-Tennis Club 乒乓球俱乐部
GRAMMAR STRUCTURES	• 以及…… (and…) • 在于…… (lie in…) • 不仅……而且…… (not only…, but also…) • 是……的 (to describe the thing that comes before "是") • 不……吗 (in questions requiring a Yes/No answer) • 如果……那就…… (if…, then…)	• 要想……就得…… (in order to…, you need to…) • 不管……只要……都…… (regardless of…, so long as…, still/all….) • 既……又…… (not only…, but also…) • 要是……的话…… (assuming…) • 这么说来…… (in this case…) • A是A (even though…)
COMMON EXPRESSIONS	• ……所以…… (therefore/so…) • 请问…… (excuse me, …) • 怎么会…… (how could this have happened…) • 怎么知道…… (how did you know…) • 因为…… (because…; owing to…) • 另外…… (in addition to…)	• 我觉得…… (I feel/think…) • 我喜欢…… (I like…) • 不反对…… (not opposed to) • 不希望…… (hope not)
CULTURAL INFORMATION	• Popular sports in China such as Shaolin Kung Fu, Tai Chi, Shuttlecock Kicking and Kite Flying etc	

UNIT 2:
FOOD AND FASHION 饮食与服装

COMMUNICATIVE GOALS	• Talk about similarities and differences between food and fashion in different cultures • Express personal experiences and feelings clearly and precisely • Discuss views and opinions

	CHINESE TEXTS	
	Lesson 3: **The Beijing Teahouse** 北京的茶馆 Dining at a Chinese Restaurant 您二位来点儿什么?	**Lesson 4:** **What Should a Bridesmaid Wear?** 伴娘的服装 My Views on Unisex Clothes 我看中性服装
GRAMMAR STRUCTURES	• 几乎 (almost) • 要……还……吗? (if…, still…?) • 请 + V (please + V) • 除了……以外, 还…… (apart from…, there is also…)	• V + 起来 • 形容词重叠 (reduplicative patterns of adjectives) • 尽管……但是…… (in spite of…, but…) • 就是……也…… (even though …, but still…)
COMMON EXPRESSIONS	• 实在…… (really…) • 一点儿也…… (absolutely not…) • 跟……不太一样 (not the same) • 不错 (not bad) • 不过(感觉)还是…… (yes, but…) • 还可以, 就是…… (okay, but…)	• ……认为…… (…believe/think…) • 在……上 (in some aspect…) • 比如……就…… (to prove or refute an idea by an example) • 倾向于…… (tend to agree with…) • 此外…… (besides/moreover…)
CULTURAL INFORMATION	• Chinese food culture, and how it has evolved over time • Chinese clothing and fashion, and how they have evolved over time	

UNIT 3:
SCHOOL AND FAMILY 学校与家庭

COMMUNICATIVE GOALS	• Talk about what you like and give reasons why you like it • Ask follow-up questions to obtain detailed answers

CHINESE TEXTS	**Lesson 5:** **Chinese is Fun!** 我爱学中文 A Letter from My Pen Pal in Beijing 北京笔友的来信	**Lesson 6:** **My Father, Laoshe** 儿子眼中的父亲 Raising Children in a Cross-Cultural Marriage 跨国婚姻家庭中的孩子
GRAMMAR STRUCTURES	• 别看……可是…… (even though…, but…) • 并+ Neg. (not really) • "被"字句 (a passive sentence construction) • "把"字句 (to express how a matter is handled)	• 从……说起 (to begin a narration) • ……极了 (extremely) • 正好相反 (on the contrary) • 净 (always) • 或者说 (in other words) • 何况 (even less; more so) • 当…… (when…) • 万一 (in case)
COMMON EXPRESSIONS	• 首先, 其次, 最后 (firstly, secondly, in addition…) • 我爱……是因为…… (I like…, because…) • 非常欣赏它 (他) 的…… (…really like its…) • 在我看来, ………… (in my opinion…)	• 为什么 (why…) • 有什么…… (to ask about the details of something) • 怎么了 (What's wrong/up?) • 怎么+V (how…) • 有没有…… (a selective question)
CULTURAL INFORMATION	• Traditional Chinese family values • Changes in Chinese culture as reflected in modern Chinese family life • Famous Chinese novelist and dramatist, Laoshe	

UNIT 4:
FESTIVALS AND CUSTOMS 节日与风俗

COMMUNICATIVE GOALS	• Talk about the similarities and differences in the way two festivals are celebrated • Express agreement, excitement, or approval • Explain the source or origin of something

	Lesson 7: **Celebrating Chinese New Year** 过年 The Origin of Chinese Valentine's Day 七夕节的传说	**Lesson 8:** **Moon Festival** 中秋节 Making *Zongzi* during the Dragon Boat Festival 端午节包粽子
GRAMMAR STRUCTURES	• 学会＋V (learned to do something) • 少于…… (less than…) • 就 (then) • 不管怎样,……还是…… (no matter…, still…)	• 把A看作B (to regard A as B) • 一边……一边…… (while…) • 什么……啦……啦……啦…… (*to list different things*) • 每到…… (every time that…)
COMMON EXPRESSIONS	• 肯定 (definitely) • 那当然了 (of course) • 特别……/……极了/……得＋不得了/太……了 (very; extremely)	• ……所以称作…… (therefore known as…) • ……因此……又叫…… (therefore it's also known as…) • 据说…… (it is said that…) • 相传…… (legend has it that…)

CULTURAL INFORMATION	• The Chinese lunar calendar and the animal zodiac • Major Chinese festivals and celebrations • Festive foods and their symbolic meanings • Origins and legends of Chinese festivals

UNIT 5:
TRAVEL AND TRANSPORTATION　旅游与交通

COMMUNICATIVE GOALS	• Describe travel plans and itineraries • Offer suggestions and reminders • Consult with and persuade someone to accept your recommendations • Describe complex topics and situations • Express and describe a complex series of actions	
CHINESE TEXTS	**Lesson 9:** **Planning a Trip to China** 我要去中国旅游 Old China, Modern China 中国不是博物馆	**Lesson 10:** **I Climbed the Great Wall** 我登上了长城 100,000 Miles Long and 3,000 Years Old 三千年，十万里
GRAMMAR STRUCTURES	• 疑问句及疑问语气词 (interrogatives) • ……怎么办 (what if…) • 先……再……然后…… (first…, next…, then…) • 经过…… (to pass by…) • ……才能…… (only if…)	• 缩略语 (Abbreviations) • V$_1$着V$_1$着＋V$_2$ (to show a second action has started as the first one is taking place) • 连动句 (a sentence with two or more verbs referring to the same subject) • 到底 (after all; exactly) • 显然…… (obviously…) • 居然…… (unexpectedly…)
COMMON EXPRESSIONS	• 怎么能…… (how could you possibly…) • 要不……，…… 也行 (alternatively…) • 最好＋V (you'd better…) • ……怎么样 (what do you think of…) • ……好不好 (a "yes/no" question to ask for someone's opinion)	
CULTURAL INFORMATION	• Major tourist attractions in China and their historical significance • Geography and environment of different parts of China • Major cities in China – their cultural and historical significance, local delicacies, and means of transportation • History and features of the Great Wall of China	

Contents

UNIT 1
SPORTS AND FITNESS

体育与健身
體育與健身

Communicative Goals

- Describe a favorite sport
- Ask questions and provide answers on a topic
- Express thoughts and opinions clearly and correctly

Cultural Information

- Popular sports in China such as Shaolin Kung Fu, Tai Chi, Shuttlecock Kicking and Kite Flying

Warm up

1. 一说起"体育"和"健身"，你会想到什么？看看下面这些图片，你能用中文说出这些运动项目的名称吗？

2. 你平时喜欢什么运动项目？经常观看哪些体育比赛？请把你的答案写在纸上，看看谁和你的爱好一样。

1. 一說起"體育"和"健身"，你會想到什麼？看看下面這些圖片，你能用中文說出這些運動項目的名稱嗎？

2. 你平時喜歡什麼運動項目？經常觀看哪些體育比賽？請把你的答案寫在紙上，看看誰和你的愛好一樣。

简体版

繁體版

Photos: Xinhua News Agency

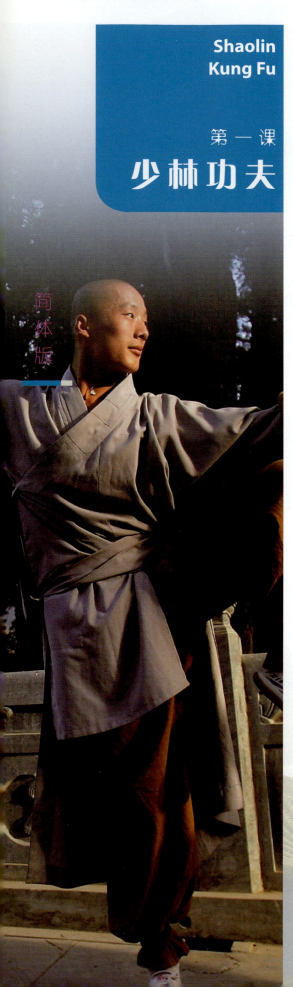

Shaolin
Kung Fu

第一课
少林功夫

简体版

Pre-reading

- 你看过中国的功夫电影吗？知道李小龙、李连杰吗？
- 你喜欢中国功夫吗？

〖一〗

说起功夫，人们就会想起少林寺以及功夫高强的僧人。少林寺和别的寺院不同的地方，就在于功夫。可是念经的僧人怎么会和武术联系在一起呢？

关于少林功夫的起源有多种说法，其中一种是：少林寺僧人打坐，坐累了，就站起来活动活动身体，打打拳练练武，他们发现，这也可以得到一种精神上的修炼。后来，少林的僧人结合兽、鸟、鱼、虫的各种动作以及民间武功的精华，逐步形成了少林独特的功法。

少林功夫是中国宝贵的文化遗产，有拳术、刀术、枪术、剑术、棍术以及气功等多种套路和功法。它刚健有力，变化无穷，所以学习功夫不仅可以锻炼身体，而且还可以修身养性。1500多年来，少林功夫吸引了千千万万的爱好者，成为中国广为流传的一种健身方法。

少林功夫很早以前就流传到国外。现在世界上很多地方都有少林功夫爱好者，很多人还不远万里到少林寺参观学习。

**Shaolin
Kung Fu**

第 一 課
少林功夫

Pre-reading

■ 你看過中國的功夫電影嗎？知道李小龍、李連杰嗎？
■ 你喜歡中國功夫嗎？

〖一〗

說起功夫，人們就會想起少林寺以及功夫高强的僧人。少林寺和別的寺院不同的地方，就在於功夫。可是唸經的僧人怎麼會和武術聯繫在一起呢？

關於少林功夫的起源有多種說法，其中一種是：少林寺僧人打坐，坐累了，就站起來活動活動身體，打打拳練練武，他們發現，這也可以得到一種精神上的修煉。後來，少林的僧人結合獸、鳥、魚、蟲的各種動作以及民間武功的精華，逐步形成了少林獨特的功法。

少林功夫是中國寶貴的文化遺產，有拳術、刀術、槍術、劍術、棍術以及氣功等多種套路和功法。它剛健有力，變化無窮，所以學習功夫不僅可以鍛煉身體，而且還可以修身養性。1500多年來，少林功夫吸引了千千萬萬的愛好者，成爲中國廣爲流傳的一種健身方法。

少林功夫很早以前就流傳到國外。現在世界上很多地方都有少林功夫愛好者，很多人還不遠萬里到少林寺參觀學習。

〖二〗

简
体
版

　　每年都有许多外国人专程到中国嵩山少林寺学习少林功夫。在嵩山少林武术馆，中央人民广播电台记者遇到了几位从瑞士来的青年，其中一位叫安迪。以下是记者对他的采访。

记者：请问你们是从哪儿来的？

安迪：我们是从瑞士来的。

记者：你们为什么要到中国来呢？

安迪：因为我们对中国功夫非常感兴趣。

记者：你们学完了功夫有什么用？

安迪：学习少林功夫可以强身健体、锻炼大脑。

记者：你们不准备回去当个武术教练吗？

安迪：现在还不行，我想我还太年轻，还不能做别人的老师。以后我会再来中国，学习更多的东西。

记者：你们是怎么知道少林寺这个地方的？

安迪：因为我们的老师来过这里两次。另外，是电影的影响。少林寺在欧洲是非常有名的，"天下武功出少林"嘛。很多人都想学习功夫。我想如果中国功夫成为奥运会比赛项目，那就更有名了，相信会有更多的年轻人喜欢功夫。

记者："功夫"这个词在英语里没有别的翻译吗？

安迪：功夫就是Kung Fu，没有别的翻译。

记者：好，祝你学好"功夫"！

安迪：谢谢。

Photo: Xinhua News Agency

〖二〗

　　每年都有許多外國人專程到中國嵩山少林寺學習少林功夫。在嵩山少林武術館，中央人民廣播電臺記者遇到了幾位從瑞士來的青年，其中一位叫安迪。以下是記者對他的採訪。

記者：請問你們是從哪兒來的？

安迪：我們是從瑞士來的。

記者：你們爲什麼要到中國來呢？

安迪：因爲我們對中國功夫非常感興趣。

記者：你們學完了功夫有什麼用？

安迪：學習少林功夫可以強身健體、鍛煉大腦。

記者：你們不準備回去當個武術教練嗎？

安迪：現在還不行，我想我還太年輕，還不能做別人的老師。以後我會再來中國，學習更多的東西。

記者：你們是怎麼知道少林寺這個地方的？

安迪：因爲我們的老師來過這裏兩次。另外，是電影的影響。少林寺在歐洲是非常有名的，"天下武功出少林"嘛。很多人都想學習功夫。我想如果中國功夫成爲奧運會比賽項目，那就更有名了，相信會有更多的年輕人喜歡功夫。

記者："功夫"這個詞在英語裏沒有別的翻譯嗎？

安迪：功夫就是Kung Fu，沒有別的翻譯。

記者：好，祝你學好"功夫"！

安迪：謝謝。

Photo: Xinhua News Agency

繁體版

VOCABULARY
生词表

简
体
版

1	功夫	gōngfu	Kung Fu

【名】中国功夫 | 功夫影片 | 功夫明星 | 他的愿望是让其他国家的人都了解中国功夫。 | 太极拳是中国功夫中很有名的一种。

2	高强	gāoqiáng	to be good at, master of

【形】武功高强 | 本领高强 | 你在哪儿学得这一身高强的武艺?

3	僧人	sēngrén	monk

【名】一名僧人 | 数十位僧人 | 站台上站着好几位穿着灰色僧衣的年轻僧人。⊠ 僧徒 | 僧侣 | 高僧。⊠ 工人 | 军人 | 商人 | 牧人。

4	寺院	sìyuàn	temple

【名】一座佛教寺院 | 著名的皇家寺院 | 寺院内有些地方是禁止摄影的。 | 洛阳白马寺是佛教传入中国后修建的第一座寺院。

5	念经	niànjīng	to chant (religious verses)

【动】僧人们重要的日常工作之一就是在一起学经、念经。 | 母亲是位善良的佛教徒,每天最少要念上一小时的经。⊠ 念:读。⊠ 念书 | 念课文。⊠ 经:传统的权威性的著作;宗教中最重要的著作。⊠ 石经 | 读经 | 诵经 | 十三经。

6	联系	liánxì	to contact, make a connection

【动】互相联系 | 理论联系实际 | 参观的事已经联系好了。 | 和他联系了几次,都没有成功。 | 许多事情都是互相联系着的。

7	起源	qǐyuán	origin

【名】生命的起源 | 文明的起源 | 宇宙的起源 | 鸟类的起源是近年来生物学家十分关注的问题。 | 经过他的讲解,每个问题的起源都变得那么清楚。⊠ 源:水流起头的地方。⊠ 根源 | 来源 | 信息源 | 传染源。

8	说法	shuōfǎ	phrasing, way of saying something

【名】一种说法 | 换一个说法 | 一个意思可能会有多种说法。 | 这种说法不够准确,请换一种。⊠ 想法 | 看法 | 做法。

9	其中	qízhōng	among

【名】不知其中辛苦 | 我有三条裙子,其中一条是白色的。 | 来了一批新生,我弟弟就在其中。 | 公司一共五十人,其中一半以上是博士。

10	打坐	dǎzuò	to meditate

【动】盘腿打坐 | 念念经,打打坐。 | 打坐是僧人们每天必修的功课。 | 打坐可以使人的精神得到非常好的休息。

11	累	lèi	tired

【形】太累了 | 感到很累 | 走得累极了! | 累得不想吃饭。 | 大家都快累死了。

12	修炼	xiūliàn	to train your mind, improve yourself

【动】身心的修炼 | 道教追求的是修炼成仙。 | 要想做到处变不惊,平日的修炼很重要。⊠ 修身 | 修行 | 修心养性。

13	后来	hòulái	later, subsequently

【名】他是后来才参加球队的。 | 我们去年见过一次,后来再也没有见过。

14	结合	jiéhé	to combine

【动】把理论和实践结合起来。 | 学校教育要结合社会的实际需要。 | 他用中医和西医结合的方法给病人治病。

VOCABULARY
生詞表

1	功夫	gōngfu	Kung Fu

【名】中國功夫 | 功夫影片 | 功夫明星 | 他的願望是讓其他國家的人都了解中國功夫。 | 太極拳是中國功夫中很有名的一種。

2	高强	gāoqiáng	to be good at, master of

【形】武功高强 | 本領高强 | 你在哪兒學得這一身高强的武藝?

3	僧人	sēngrén	monk

【名】一名僧人 | 數十位僧人 | 站臺上站着好幾位穿着灰色僧衣的年輕僧人。▧ 僧徒 | 僧侶 | 高僧。▧ 工人 | 軍人 | 商人 | 牧人。

4	寺院	sìyuàn	temple

【名】一座佛教寺院 | 著名的皇家寺院 | 寺院內有些地方是禁止攝影的。 | 洛陽白馬寺是佛教傳入中國後修建的第一座寺院。

5	唸經	niànjīng	to chant (religious verses)

【動】僧人們重要的日常工作之一就是在一起學經、唸經。 | 母親是位善良的佛教徒，每天最少要唸上一小時的經。▧ 唸：讀。▧ 唸書 | 唸課文。▧ 經：傳統的權威性的著作; 宗教中最重要的著作。
▧ 石經 | 讀經 | 誦經 | 十三經。

6	聯繫	liánxì	to contact, make a connection

【動】互相聯繫 | 理論聯繫實際 | 參觀的事已經聯繫好了。 | 和他聯繫了幾次，都沒有成功。 | 許多事情都是互相聯繫着的。

7	起源	qǐyuán	origin

【名】生命的起源 | 文明的起源 | 宇宙的起源 | 鳥類的起源是近年來生物學家十分關注的問題。 | 經過他的講解，每個問題的起源都變得那麼清楚。▧ 源：水流起頭的地方。▧ 根源 | 來源 | 信息源 | 傳染源。

8	説法	shuōfǎ	phrasing, way of saying something

【名】一種説法 | 換一個説法 | 一個意思可能會有多種説法。 | 這種説法不夠準確，請換一種。
▧ 想法 | 看法 | 做法。

9	其中	qízhōng	among

【名】不知其中辛苦 | 我有三條裙子，其中一條是白色的。 | 來了一批新生，我弟弟就在其中。 | 公司一共五十人，其中一半以上是博士。

10	打坐	dǎzuò	to meditate

【動】盤腿打坐 | 唸唸經，打打坐。 | 打坐是僧人們每天必修的功課。 | 打坐可以使人的精神得到非常好的休息。

11	累	lèi	tired

【形】太累了 | 感到很累 | 走得累極了! | 累得不想吃飯。 | 大家都快累死了。

12	修煉	xiūliàn	to train your mind, improve yourself

【動】身心的修煉 | 道教追求的是修煉成仙。 | 要想做到處變不驚，平日的修煉很重要。▧ 修身 | 修行 | 修心養性。

13	後來	hòulái	later, subsequently

【名】他是後來才參加球隊的。 | 我們去年見過一次，後來再也沒有見過。

14	結合	jiéhé	to combine

【動】把理論和實踐結合起來。 | 學校教育要結合社會的實際需要。 | 他用中醫和西醫結合的方法給病人治病。

繁體版

简体版

| 15 | 精华 | jīnghuá | the essence, the best |

【名】传统艺术的*精华* | 民族文化*精华* | 展览会集中了全国工艺品的*精华*。| 诗歌是人类语言的*精华*。▣精粹 | 精品 | 酒精 | 香精。

| 16 | 逐步 | zhúbù | step by step, gradually |

【副】*逐步*提高 | *逐步*扩大 | *逐步*深入 | 工作*逐步*开展起来了。| 不能一口吃成个胖子，目标要*逐步*实现。▣逐：挨着（次序）。

| 17 | 独特 | dútè | unique, distinctive |

【形】*独特*的意义 | *独特*的方法 | 他的表演风格很*独特*。

| 18 | 功法 | gōngfǎ | Kung Fu techniques |

【名】太极*功法* | 气功*功法* | 一种中国传统健身养生的*功法* | 每天一大早就有很多人在公园里练习武术基本*功法*。

| 19 | 宝贵 | bǎoguì | valuable, precious |

【形】*宝贵*的生命 | 时间极为*宝贵*。| 这些是十分*宝贵*的文物。| 善良是人类最为*宝贵*的品质。▣珍贵 | 可贵 | 贵重。

| 20 | 遗产 | yíchǎn | inheritance |

【名】文学*遗产* | 世界历史文化*遗产*名录 | 中国有着丰富的文化*遗产*。| 对于民族精神*遗产*，不应该随意地否定或抛弃。▣遗：死去的人留下的，借指历史留下的。▣财产 | 不动产 | 房地产。

| 21 | 气功 | qìgōng | qigong |

【名】练*气功* | 一场*气功*表演 | 一位*气功*大师 | 他迷上了*气功*，从此不间断地练习。| 练习*气功*可以锻炼身体，保持身心平和。| 在中国，*气功*已经有上千年的历史了。▣内功 | 硬功 | 外功 | 轻功。

| 22 | 套路 | tàolù | a sequence of Kung Fu moves |

【名】*套路*比赛 | 进攻的*套路* | 规定的*套路* | 传统武术*套路*表演 | 少林武术*套路*对一招一式都有严格的要求。

| 23 | 刚健有力 | gāngjiàn-yǒulì | sturdy, robust |

迈着*刚健有力*的脚步 | 他的书法*刚健有力*。| 他的诗词既有*刚健有力*的一面，也有温柔如水的一面。▣刚：硬，有力。健：强健。

| 24 | 无穷 | wúqióng | endless, inexhaustible |

【形】*无穷*无尽 | *无穷*的活力 | 不能及时改掉坏习惯，害处是*无穷*的。| 好的作品总让人回味*无穷*。| 言有尽而意*无穷*。▣穷：尽，到尽头。

| 25 | 修身养性 | xiūshēn-yǎngxìng | to better yourself (mentally and physically) |

这儿山清水秀，真是个*修身养性*的好地方。| 气功可以锻炼身体，磨炼意志，是*修身养性*的好方法。| 寺庙常修建在山里，很适合僧人们在那里*修身养性*。▣修：（学问、品质、行为等方面的）修养和锻炼。

| 26 | 吸引 | xīyǐn | to attract |

【动】*吸引*观众 | *吸引*顾客 | 长城美丽的风光*吸引*了世界各地的游客。| 她的出现*吸引*了众多关注的目光。

| 27 | 流传 | liúchuán | to spread |

【动】广为*流传* | 消息很快就*流传*开了。| 民间*流传*着关于牛郎织女的美丽爱情故事。| 只有真正的经典作品，才能够一代代*流传*。

| 28 | 健身 | jiànshēn | to exercise |

【动】*健身*房 | *健身*操 | *健身*教练 | 国家正在积极实施全民*健身*计划。| 饭后散步也是一项不错的*健身*活动。| 我每周都会去一个俱乐部*健身*。

| 29 | 不远万里 | bùyuǎn-wànlǐ | to make the effort to travel a long way |

他这次*不远万里*来到中国，就是为了给双方的合作牵线搭桥。| 为了进一步了解中国文化，她*不远万里*来到北京。▣远：觉得……远。

| 30 | 参观 | cānguān | to visit |

【动】*参观*名胜古迹 | *参观*博物馆 | *参观*摄影展览 | 欢迎大家随时来我们这里*参观*，多提宝贵意见。

| 15 | 精華 | jīnghuá | the essence, the best |

【名】傳統藝術的*精華* | 民族文化*精華* | 展覽會集中了全國工藝品的*精華*。| 詩歌是人類語言的*精華*。🔎 精粹 | 精品 | 酒精 | 香精。

| 16 | 逐步 | zhúbù | step by step, gradually |

【副】*逐步*提高 | *逐步*擴大 | *逐步*深入 | 工作*逐步*開展起來了。| 不能一口吃成個胖子，目標要*逐步*實現。🔎 逐：挨着（次序）。

| 17 | 獨特 | dútè | unique, distinctive |

【形】*獨特*的意義 | *獨特*的方法 | 他的表演風格很*獨特*。

| 18 | 功法 | gōngfǎ | Kung Fu techniques |

【名】太極*功法* | 氣功*功法* | 一種中國傳統健身養生的*功法* | 每天一大早就有很多人在公園裏練習武術基本*功法*。

| 19 | 寶貴 | bǎoguì | valuable, precious |

【形】*寶貴*的生命 | 時間極爲*寶貴*。| 這些是十分*寶貴*的文物。| 善良是人類最爲*寶貴*的品質。🔎 珍貴 | 可貴 | 貴重。

| 20 | 遺產 | yíchǎn | inheritance |

【名】文學*遺產* | 世界歷史文化*遺產*名錄 | 中國有着豐富的文化*遺產*。| 對於民族精神*遺產*，不應該隨意地否定或拋棄。🔎 遺：死去的人留下的，借指歷史留下的。🔎 財產 | 不動產 | 房地產。

| 21 | 氣功 | qìgōng | qigong |

【名】練*氣功* | 一場*氣功*表演 | 一位*氣功*大師 | 他迷上了*氣功*，從此不間斷地練習。| 練習*氣功*可以鍛煉身體，保持身心平和。| 在中國，*氣功*已經有上千年的歷史了。🔎 内功 | 硬功 | 外功 | 輕功。

| 22 | 套路 | tàolù | a sequence of Kung Fu moves |

【名】*套路*比賽 | 進攻的*套路* | 規定的*套路* | 傳統武術*套路*表演 | 少林武術*套路*對一招一式都有嚴格的要求。

| 23 | 剛健有力 | gāngjiàn-yǒulì | sturdy, robust |

邁着*剛健有力*的脚步 | 他的書法*剛健有力*。| 他的詩詞既有*剛健有力*的一面，也有温柔如水的一面。🔎 剛：硬，有力。健：强健。

| 24 | 無窮 | wúqióng | endless, inexhaustible |

【形】*無窮*無盡 | *無窮*的活力 | 不能及時改掉壞習慣，害處是*無窮*的。| 好的作品總讓人回味*無窮*。| 言有盡而意*無窮*。🔎 窮：盡，到盡頭。

| 25 | 修身養性 | xiūshēn-yǎngxìng | to better yourself (mentally and physically) |

這兒山清水秀，真是個*修身養性*的好地方。| 氣功可以鍛煉身體，磨煉意志，是*修身養性*的好方法。| 寺廟常修建在山裏，很適合僧人們在那裏*修身養性*。🔎 修：（學問、品質、行爲等方面的）修養和鍛煉。

| 26 | 吸引 | xīyǐn | to attract |

【動】*吸引*觀衆 | *吸引*顧客 | 長城美麗的風光*吸引*了世界各地的遊客。| 她的出現*吸引*了衆多關注的目光。

| 27 | 流傳 | liúchuán | to spread |

【動】廣爲*流傳* | 消息很快就*流傳*開了。| 民間*流傳*着關於牛郎織女的美麗愛情故事。| 只有真正的經典作品，才能夠一代代*流傳*。

| 28 | 健身 | jiànshēn | to exercise |

【動】*健身*房 | *健身*操 | *健身*教練 | 國家正在積極實施全民*健身*計劃。| 飯後散步也是一項不錯的*健身*活動。| 我每周都會去一個俱樂部*健身*。

| 29 | 不遠萬里 | bùyuǎn-wànlǐ | to make the effort to travel a long way |

他這次*不遠萬里*來到中國，就是爲了給雙方的合作牽線搭橋。| 爲了進一步了解中國文化，她*不遠萬里*來到北京。🔎 遠：覺得……遠。

| 30 | 參觀 | cānguān | to visit |

【動】*參觀*名勝古蹟 | *參觀*博物館 | *參觀*攝影展覽 | 歡迎大家隨時來我們這裏*參觀*，多提寶貴意見。

繁體版

简体版

| 31 | 专程 | zhuānchéng | a trip made for a special purpose |

【副】专程拜访 | 专程前去迎接客人 | 母亲病了，他专程从天津赶回北京。 | 为了和女朋友一起过情人节，他专程从国外飞了回来。◐程：道路；一段路。◑单程 | 返程 | 启程 | 前程。

| 32 | 广播电台 | guǎngbō diàntái | radio station |

【名】中央人民广播电台 | 中国国际广播电台 | 我最好的朋友在一家广播电台工作。

| 33 | 遇 | yù | to meet |

【动】遇见 | 偶然相遇 | 在街上恰好遇到了一位老同学 | 学习遇到困难怎能轻易放弃？

| 34 | 强身健体 | qiángshēn-jiàntǐ | to keep fit |

【动】达到强身健体的目的 | 中医按摩可以起到消除疲劳、强身健体的作用。 | 时常做做户外运动，不仅可以强身健体，还可以放松精神，减轻压力。

| 35 | 另外 | lìngwài | in addition |

【连】我回来前你把房间收拾好，另外，别忘了做晚饭。 | 我新买了个笔记本电脑，另外，还买了一个移动硬盘。 | 打乒乓球可以锻炼身体，另外，也可以增进彼此的了解。

| 36 | 电影 | diànyǐng | movie |

【名】电影创作 | 电影公司 | 电影导演 | 演电影 | 一部外国电影 | 功夫电影明星 | 我们晚上去看场电影怎么样？

| 37 | 影响 | yǐngxiǎng | influence, effect |

【名】不良影响 | 巨大影响 | 父母教育孩子的方式，对孩子的成长有很大的影响。 | 这件事对我的影响十分深远。

| 38 | 天下武功出少林 | tiānxià wǔgōng chū Shàolín | Shaolin Kung Fu is the original and best (martial art) |

天下武功出少林，所以很多人都去少林寺学习武功。

| 39 | 嘛 | ma | a modal particle |

【助】人多力量大嘛！ | 这事没弄好不能怪她，头一回做嘛。 | 下雨了嘛，当然得拿上雨伞了。

| 40 | 项目 | xiàngmù | program, project |

【名】球类项目 | 俱乐部里有很多活动项目。 | 游泳是奥运会的一个比赛项目。 | 这是国家的重点建设项目。◑科目 | 纲目。

| 41 | 翻译 | fānyì | to translate, to interpret |

【动】请你把这首诗由中文翻译成英文。 | 翻译世界文学名著是在原著基础上的一种再创作。 | 佛教传入中国后，中国和外国的僧人为了翻译佛经花费了大量心血。

PROPER NOUNS

| 42 | 少林寺 | Shàolínsì | The Shaolin Monastery/Temple, in Henan Province |

寺庙名。位于中国河南省登封市，建于公元496年，号称"天下第一名刹"，是中国禅宗和少林武术的发源地，在中国武术界有着举足轻重的地位。(http://www.shaolin.org.cn)

| 43 | 嵩山 | Sōngshān | Song Mountain, in Henan Province |

山名。中国"五岳"的中岳，位于河南省境内，著名的少林寺就在嵩山。

| 44 | 瑞士 | Ruìshì | Switzerland |

国名。位于欧洲中部的一个国家，是一个永久中立国。

| 45 | 奥运会 | Àoyùnhuì | The Olympic Games |

"奥林匹克运动会"的简称。现代奥林匹克运动会开始于1896年，到现在已有100多年的历史。习惯上把夏季奥运会简称"奥运会"，冬季奥运会简称"冬奥会"，都是每四年一届。

| 31 | 專程 | zhuānchéng | a trip made for a special purpose |

【副】*專程*拜訪｜*專程*前去迎接客人｜母親病了，他*專程*從天津趕回北京。｜爲了和女朋友一起過情人節，他*專程*從國外飛了回來。程：道路；一段路。單程｜返程｜啓程｜前程。

| 32 | 廣播電臺 | guǎngbō diàntái | radio station |

【名】中央人民*廣播電臺*｜中國國際*廣播電臺*｜我最好的朋友在一家*廣播電臺*工作。

| 33 | 遇 | yù | to meet |

【動】*遇*見｜偶然相*遇*｜在街上恰好*遇*到了一位老同學｜學習*遇*到困難怎能輕易放棄?

| 34 | 强身健體 | qiángshēn-jiàntǐ | to keep fit |

【動】達到*强身健體*的目的｜中醫按摩可以起到消除疲勞、*强身健體*的作用。｜時常做做户外運動，不僅可以*强身健體*，還可以放鬆精神，減輕壓力。

| 35 | 另外 | lìngwài | in addition |

【連】我回來前你把房間收拾好，*另外*，別忘了做晚飯。｜我新買了個筆記本電腦，*另外*，還買了一個移動硬盤。｜打乒乓球可以鍛煉身體，*另外*，也可以增進彼此的了解。

| 36 | 電影 | diànyǐng | movie |

【名】*電影*創作｜*電影*公司｜*電影*導演｜演*電影*｜一部外國*電影*｜功夫*電影*明星｜我們晚上去看場*電影*怎麼樣?

| 37 | 影響 | yǐngxiǎng | influence, effect |

【名】不良*影響*｜巨大*影響*｜父母教育孩子的方式，對孩子的成長有很大的*影響*。｜這件事對我的*影響*十分深遠。

| 38 | 天下武功出少林 | tiānxià wǔgōng chū Shàolín | Shaolin Kung Fu is the original and best (martial art) |

天下武功出少林，所以很多人都去少林寺學習武功。

| 39 | 嘛 | ma | a modal particle |

【助】人多力量大*嘛*!｜這事沒弄好不能怪她，頭一回做*嘛*。｜下雨了*嘛*，當然得拿上雨傘了。

| 40 | 項目 | xiàngmù | program, project |

【名】球類*項目*｜俱樂部裏有很多活動*項目*。｜游泳是奧運會的一個比賽*項目*。｜這是國家的重點建設*項目*。科目｜綱目。

| 41 | 翻譯 | fānyì | to translate, to interpret |

【動】請你把這首詩由中文*翻譯*成英文。｜*翻譯*世界文學名著是在原著基礎上的一種再創作。｜佛教傳入中國後，中國和外國的僧人爲了*翻譯*佛經花費了大量心血。

PROPER NOUNS

| 42 | 少林寺 | Shàolínsì | The Shaolin Monastery/Temple, in Henan Province |

寺廟名。位於中國河南省登封市，建於公元 496 年，號稱"天下第一名刹"，是中國禪宗和少林武術的發源地，在中國武術界有着舉足輕重的地位。(http://www.shaolin.org.cn)

| 43 | 嵩山 | Sōngshān | Song Mountain, in Henan Province |

山名。中國"五嶽"的中嶽，位於河南省境内，著名的少林寺就在嵩山。

| 44 | 瑞士 | Ruìshì | Switzerland |

國名。位於歐洲中部的一個國家，是一個永久中立國。

| 45 | 奧運會 | Àoyùnhuì | The Olympic Games |

"奧林匹克運動會"的簡稱。現代奧林匹克運動會開始於 1896 年，到現在已有 100 多年的歷史。習慣上把夏季奧運會簡稱"奧運會"，冬季奧運會簡稱"冬奧會"，都是每四年一届。

繁體版

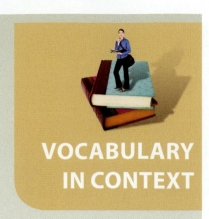

简体版

练习与活动

VOCABULARY IN CONTEXT

电影　其中
翻译　影响

起源　说法
流传

其中　独特
吸引

联系　参观
专程　影响

遇　另外
电影　翻译

A

WORD PROCESSING PRACTICE

Choose 30 words from the Vocabulary section and type them out on your computer using *pinyin* input method.

B Write paragraphs using the words from the boxes.

　　这部电影的影响越来越大，现在它的剧本已经被翻译成多国文字，在世界范围内广为流传。其中，在中国用它的剧本改编的小说已经销售了100万册。

1. _____

_____

_____

2. _____

_____

_____

3. _____

_____

_____

4. _____

_____

_____

A

WORD PROCESSING PRACTICE

Choose 30 words from the Vocabulary section and type them out on your computer using *pinyin* input method.

Write paragraphs using the words from the boxes.

B

　　這部電影的影響越來越大，現在它的劇本已經被翻譯成多國文字，在世界範圍內廣爲流傳。其中，在中國用它的劇本改編的小説已經銷售了100萬册。

1. _____

　_____

2. _____

　_____

　_____

3. _____

　_____

　_____

4. _____

　_____

　_____

| 電影 | 其中 |
| 翻譯 | 影響 |

| 起源 | 説法 |
| 流傳 | |

| 其中 | 獨特 |
| 吸引 | |

| 聯繫 | 參觀 |
| 專程 | 影響 |

| 遇 | 另外 |
| 電影 | 翻譯 |

繁體版

練習與活動

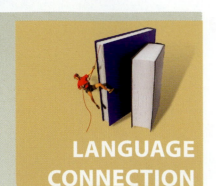

Photo: Xinhua News Agency

LANGUAGE CONNECTION

以及……
For example
- 这个地区有不少有名的中学、小学以及幼儿园。
- 你知道感恩节的来历以及有哪些活动吗？

在于……
For example
- 这个工程的问题不在于外观设计，而在于施工质量。
- 好教师的特点就在于他们总是能启发学生主动地学习。

不仅……而且……
For example
- 他不仅是一个音乐家，而且是一个非常出色的音乐家。
- 学校不仅教会了我们很多文化知识，而且（还）教会了我们如何与别人相处。

是……的
For example
- 我们是从北京来的。
- 他们是昨天参加比赛的。

A **以及……**（and...）

is often used to connect two parts of a sentence.

"说起功夫，人们就会想起少林寺以及功夫高强的僧人。"

B **在于……**（lie in...）

is used to refer to the nature of something. "在于" should be followed by a word or a short sentence.

"少林寺和别的寺院不同的地方，就在于功夫。"

C **不仅……而且……**（not only..., but also...）

is used to connect two sentences.

"所以学习功夫不仅可以锻炼身体，而且还可以修身养性。"

D **是……的**

is used to describe or give further information about the thing that comes before "是."

"请问你们是从哪儿来的？"

繁體版

練習與活動

Ⓐ 以及……（and…）

is often used to connect two parts of a sentence.

" 說起功夫，人們就會想起少林寺以及功夫高强的僧人。"

以及……
For example
- 這個地區有不少有名的中學、小學以及幼兒園。
- 你知道感恩節的來歷以及有哪些活動嗎?

Ⓑ 在於……（lie in…）

is used to refer to the nature of something. "在於" should be followed by a word or a short sentence.

" 少林寺和別的寺院不同的地方，就在於功夫。"

在於……
For example
- 這個工程的問題不在於外觀設計，而在於施工質量。
- 好教師的特點就在於他們總是能啓發學生主動地學習。

Ⓒ 不僅……而且……（not only…, but also…）

is used to connect two sentences.

" 所以學習功夫不僅可以鍛煉身體，而且還可以修身養性。"

不僅……而且……
For example
- 他不僅是一個音樂家，而且是一個非常出色的音樂家。
- 學校不僅教會了我們很多文化知識，而且（還）教會了我們如何與別人相處。

Ⓓ 是……的

is used to describe or give further information about the thing that comes before "是."

" 請問你們是從哪兒來的? "

是……的
For example
- 我們是從北京來的。
- 他們是昨天參加比賽的。

不……吗

For example

■ 你**不**准备考大学**吗**？

■ 大家**不**想下课后去看个电影**吗**？

Another structure that has the same meaning is "**没**……**吗**."

■ 你们**没**听说过这件事**吗**？

如果……那就……

For example

■ **如果**你再不起床，**那就**要迟到了。

■ **如果**明天天气好，**那**我们**就**去爬山吧。

简体版

练习与活动

| 以及 |
| 如果……那就…… |
| 不仅……而且…… |
| 不……吗 |
| 是……的 |
| 在于 |

E   不……吗

is a particular way of asking a question. It usually elicits a short answer.

"你们**不**准备回去当个武术教练**吗**？"

F 如果……那就…… (if..., then...)

is used to express a condition.

"我想**如果**中国功夫成为奥运会比赛项目，**那就**更有名了，相信会有更多的年轻人喜欢功夫。"

RECAP

Fill in the blanks with the words from the boxes.

篮球爱好者社团活动启事

你知道周六NBA明星赛中上场的球员_____ 他们每个人的特点吗？

你能预测一下NBA本赛季的比赛结果吗？

今晚篮球爱好者社团活动就是为大家提供一次针对NBA赛事进行交流的机会。本次活动的意义就_____大家的相互沟通！在本次活动中，你_____可以谈论你喜爱的球星，_____可以评论球队的状态，你还可以尽情展示你对NBA历史的了解，告诉我们今日的"巨星们"最早_____从哪支球队来_____，又_____从哪一场比赛开始显现出其过人的实力_____。

你_____想在这样一次有意义的活动中为我们展现你的风采_____？_____你愿意的话，_____快来参加我们今晚的活动吧。

E 不……嗎

is a particular way of asking a question. It usually elicits a short answer.

"你們不準備回去當個武術教練嗎？"

F 如果……那就……（if..., then... ）

is used to express a condition.

"我想如果中國功夫成爲奧運會比賽項目，那就更有名了，相信會有更多的年輕人喜歡功夫。"

不……嗎
For example
■ 你不準備考大學嗎？
■ 大家不想下課後去看個電影嗎？
Another structure that has the same meaning is "没……嗎."
■ 你們没聽説過這件事嗎？

如果……那就……
For example
■ 如果你再不起床，那就要遲到了。
■ 如果明天天氣好，那我們就去爬山吧。

繁體版

練習與活動

RECAP

Fill in the blanks with the words from the boxes.

籃球愛好者社團活動啓事

你知道周六NBA明星賽中上場的球員＿＿＿ 他們每個人的特點嗎？

你能預測一下NBA本賽季的比賽結果嗎？

今晚籃球愛好者社團活動就是爲大家提供一次針對NBA賽事進行交流的機會。本次活動的意義就＿＿＿大家的相互溝通！在本次活動中，你＿＿＿可以談論你喜愛的球星，＿＿＿可以評論球隊的狀態，你還可以盡情展示你對NBA歷史的了解，告訴我們今日的"巨星們"最早＿＿＿從哪支球隊來＿＿＿，又＿＿＿從哪一場比賽開始顯現出其過人的實力＿＿＿。

你＿＿＿想在這樣一次有意義的活動中爲我們展現你的風采＿＿＿？＿＿＿你願意的話，＿＿＿快來參加我們今晚的活動吧。

以及
如果……那就……
不僅……而且……
不……嗎
是……的
在於

COMMON EXPRESSIONS

练习与活动

……所以……

is used to describe an effect caused by a condition. It usually appears together with "因为" which describes the cause.

For example

■ 因为他学习非常努力，所以经常取得好成绩。

■ 这个饭店的菜又好吃又便宜，所以每天都有许多人来这儿吃饭。

请问……

is usually used before a question when you want to be polite.

For example

■ 请问，现在几点？
■ 请问，您是这个学校的老师吗？
■ 请问，去博物馆怎么走？

怎么会……

is used to ask how something came to be/how something happened.

For example

■ 今年的冬天怎么会这么暖和呢？
■ 他怎么会考上这么好的大学呢？
■ 你们怎么会没听说这件事呢？

Think of two more situations for each expression given below. Then role play each situation with your partner.

A **……所以……** (therefore/so...)

" ……所以学习功夫不仅可以锻炼身体，而且还可以修身养性。"

Situation 1 ：在饭店里碰到老朋友

Situation 2 ：＿＿＿＿＿＿＿＿＿＿＿＿＿＿

Situation 3 ：＿＿＿＿＿＿＿＿＿＿＿＿＿＿

B **请问……** (excuse me, ...)

" 请问你们是从哪儿来的？"

Situation 1 ：在一个陌生的城市里问路

Situation 2 ：＿＿＿＿＿＿＿＿＿＿＿＿＿＿

Situation 3 ：＿＿＿＿＿＿＿＿＿＿＿＿＿＿

C **怎么会……** (how could this have happened...)

" 可是念经的僧人怎么会和武术联系在一起呢？"

Situation 1 ：朋友告诉你昨天你们班篮球比赛的情况

Situation 2 ：＿＿＿＿＿＿＿＿＿＿＿＿＿＿

Situation 3 ：＿＿＿＿＿＿＿＿＿＿＿＿＿＿

Think of two more situations for each expression given below. Then role play each situation with your partner.

A ⋯⋯所以⋯⋯ (therefore/so...)

"⋯⋯所以學習功夫不僅可以鍛煉身體，而且還可以修身養性。"

Situation 1 ： 在飯店裏碰到老朋友

Situation 2 ： _____

Situation 3 ： _____

⋯⋯所以⋯⋯

is used to describe an effect caused by a condition. It usually appears together with "因爲" which describes the cause.

For example

- 因爲他學習非常努力，所以經常取得好成績。
- 這個飯店的菜又好吃又便宜，所以每天都有許多人來這兒吃飯。

B 請問⋯⋯ (excuse me, ...)

"請問你們是從哪兒來的？"

Situation 1 ： 在一個陌生的城市裏問路

Situation 2 ： _____

Situation 3 ： _____

請問⋯⋯

is usually used before a question when you want to be polite.

For example

- 請問，現在幾點？
- 請問，您是這個學校的老師嗎？
- 請問，去博物館怎麼走？

C 怎麼會⋯⋯ (how could this have happened...)

"可是唸經的僧人怎麼會和武術聯繫在一起呢？"

Situation 1 ： 朋友告訴你昨天你們班籃球比賽的情況

Situation 2 ： _____

Situation 3 ： _____

怎麼會⋯⋯

is used to ask how something came to be/how something happened.

For example

- 今年的冬天怎麼會這麼暖和呢？
- 他怎麼會考上這麼好的大學呢？
- 你們怎麼會沒聽説這件事呢？

繁體版

練習與活動

简体版

练习与活动

怎么知道……

is used to ask why or how someone knows something.

For example

- 你们是怎么知道这个饭店的？
- 他们是怎么知道我今天上午没有去学校上课的？

因为……

is usually used to answer a question asking for an explanation. When a question includes "为什么""怎么," the answer usually starts with "因为."

For example

A：大家为什么喜欢姚明？

B：因为他篮球打得好，对人也很诚恳。

A：你怎么这么晚才来？

B：因为我起晚了。

另外……

is used to connect several parallel things.

For example

- 我喜欢看老舍写的小说，是因为小说里有动人的情节，另外，小说的人物描写也很有特色。
- 北京的颐和园是有名的旅游景点，另外，故宫、景山也都很有名。

D 怎么知道……（how did you know...）

"你们是怎么知道少林寺这个地方的？"

Situation 1：朋友告诉你明天有考试

Situation 2：_____

Situation 3：_____

E 因为……（because...; owing to...）

"因为我们对中国功夫非常感兴趣。"

Situation 1：向爸爸解释希望得到一副滑板的原因

Situation 2：_____

Situation 3：_____

F 另外……（in addition to...）

"因为我们的老师来过这里两次。另外，是电影的影响。"

Situation 1：朋友问你植物园的情况

Situation 2：_____

Situation 3：_____

D 怎麼知道……（how did you know...）

"你們是怎麼知道少林寺這個地方的？"

Situation 1：朋友告訴你明天有考試

Situation 2：＿＿＿＿＿＿＿＿＿＿＿＿＿＿＿＿＿＿＿

Situation 3：＿＿＿＿＿＿＿＿＿＿＿＿＿＿＿＿＿＿＿

E 因爲……（because...; owing to...）

"因爲我們對中國功夫非常感興趣。"

Situation 1：向爸爸解釋希望得到一副滑板的原因

Situation 2：＿＿＿＿＿＿＿＿＿＿＿＿＿＿＿＿＿＿＿

Situation 3：＿＿＿＿＿＿＿＿＿＿＿＿＿＿＿＿＿＿＿

F 另外……（in addition to...）

"因爲我們的老師來過這裏兩次。另外，是電影的影響。"

Situation 1：朋友問你植物園的情況

Situation 2：＿＿＿＿＿＿＿＿＿＿＿＿＿＿＿＿＿＿＿

Situation 3：＿＿＿＿＿＿＿＿＿＿＿＿＿＿＿＿＿＿＿

怎麼知道……

is used to ask why or how someone knows something.

For example

■ 你們是怎麼知道這個飯店的？

■ 他們是怎麼知道我今天上午沒有去學校上課的？

因爲……

is usually used to answer a question asking for an explanation. When a question includes "爲什麼""怎麼," the answer usually starts with "因爲."

For example

A：大家爲什麼喜歡姚明？

B：因爲他籃球打得好，對人也很誠懇。

A：你怎麼這麼晚才來？

B：因爲我起晚了。

另外……

is used to connect several parallel things.

For example

■ 我喜歡看老舍寫的小説，是因爲小説裏有動人的情節，另外，小説的人物描寫也很有特色。

■ 北京的頤和園是有名的旅遊景點，另外，故宮、景山也都很有名。

繁體版　練習與活動

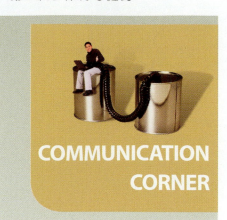

COMMUNICATION CORNER

简体版

练习与活动

Instructions:

- Cut out an interesting sports news article from a local Chinese newspaper and bring it to class.

- Read your partner's newspaper article, and ask at least three questions about it. Then switch roles.

我关注的体育新闻

Guidelines:

🗣 In this lesson, you have learnt different ways of asking questions. The most common form of question is used for soliciting facts: "Where did you get this piece of news?"

甲：你是从哪里得到这条消息的？
乙：5月30日的《城市导报》。
甲：你是怎么知道这条新闻的？
乙：我从一个华人娱乐网上查到的。

🗣 As a way to connect with the person you are talking to, you can ask questions that invite opinions, thoughts, and feelings: "Why does this article interest you?", "Why do you like this sports team?"

甲：你为什么对这条新闻感兴趣？
乙：因为我一直喜欢这项运动，也爱看这类比赛，所以这类新闻我都感兴趣。
甲：你为什么喜欢ＸＸ队？
乙：一是因为他们队里有我最喜爱的球星，二是因为这个队代表的是我曾生活过的一个城市。

🗣 You may also ask hypothetical questions in your conversation: "Would you still support The Houston Rockets if Yao Ming were to leave?"

甲：如果姚明离开火箭队，你还会支持火箭队吗？
乙：我想我还会/不会支持。因为我认为……
甲：假如他们的三分球命中率再高一些，你认为他们能赢那场比赛吗？
乙：我觉得不一定，因为对方实力也很强，而且最近状态一直不错。

我關注的體育新聞

Guidelines:

🗣 In this lesson, you have learnt different ways of asking questions. The most common form of question is used for soliciting facts: "Where did you get this piece of news?"

甲：你是從哪裏得到這條消息的？

乙：5月30日的《城市導報》。

甲：你是怎麼知道這條新聞的？

乙：我從一個華人娛樂網上查到的。

🗣 As a way to connect with the person you are talking to, you can ask questions that invite opinions, thoughts, and feelings: "Why does this article interest you?", "Why do you like this sports team?"

甲：你爲什麼對這條新聞感興趣？

乙：因爲我一直喜歡這項運動，也愛看這類比賽，所以這類新聞我都感興趣。

甲：你爲什麼喜歡ＸＸ隊？

乙：一是因爲他們隊裏有我最喜愛的球星，二是因爲這個隊代表的是我曾生活過的一個城市。

🗣 You may also ask hypothetical questions in your conversation: "Would you still support The Houston Rockets if Yao Ming were to leave?"

甲：如果姚明離開火箭隊，你還會支持火箭隊嗎？

乙：我想我還會/不會支持。因爲我認爲……

甲：假如他們的三分球命中率再高一些，你認爲他們能贏那場比賽嗎？

乙：我覺得不一定，因爲對方實力也很强，而且最近狀態一直不錯。

Instructions:

- Cut out an interesting sports news article from a local Chinese newspaper and bring it to class.

- Read your partner's newspaper article, and ask at least three questions about it. Then switch roles.

繁體版

練習與活動

WRITING TASK

Instructions:

- Choose a Chinese Kung Fu movie that you have heard about or have watched.
- Write down your impressions of the movie, and whether it has changed your views about Chinese martial arts.
- Keep your writing to about 300 words.

从……影片看中国功夫

Guidelines:

You may start by giving a brief outline of the movie:

> 最近我看了……电影，这是一部反映……的影片。影片中的故事发生在……，故事讲述的是……（谁）和……（谁）之间，（为了）……，（后来）……

Next, you may highlight the parts of the movie that impressed you most.

> 这部影片最让我难忘的是……/我最喜欢影片中的……，因为……。总的来说，这部影片是一部……影片，……非常不错，……也不错。如果……，那么……

In your concluding remarks, you may sum up your general impression of the movie and whether you liked it or not. You may also add what you learned about Chinese Kung Fu from the movie.

> 通过这部影片，我才明白，中国功夫不是过去我以为的……，而是……

> 观看完这部影片，我深深地被神奇的中国功夫吸引了，影片中……真的让我感到不可思议。

> 总之，……影片使我（给我）……，让我对中国功夫有了……，我喜欢/不喜欢这部影片。

從⋯⋯影片看中國功夫

Guidelines:

You may start by giving a brief outline of the movie:

> 最近我看了⋯⋯電影，這是一部反映⋯⋯的影片。影片中的故事發生在⋯⋯，故事講述的是⋯⋯（誰）和⋯⋯（誰）之間，（爲了）⋯⋯，（後來）⋯⋯

Next, you may highlight the parts of the movie that impressed you most.

> 這部影片最讓我難忘的是⋯⋯/我最喜歡影片中的⋯⋯，因爲⋯⋯。總的來説，這部影片是一部⋯⋯影片，⋯⋯非常不錯，⋯⋯也不錯。如果⋯⋯，那麼⋯⋯

In your concluding remarks, you may sum up your general impression of the movie and whether you liked it or not. You may also add what you learned about Chinese Kung Fu from the movie.

> 通過這部影片，我才明白，中國功夫不是過去我以爲的⋯⋯，而是⋯⋯

> 觀看完這部影片，我深深地被神奇的中國功夫吸引了，影片中⋯⋯真的讓我感到不可思議。

> 總之，⋯⋯影片使我（給我）⋯⋯，讓我對中國功夫有了⋯⋯，我喜歡/不喜歡這部影片。

Instructions:

- Choose a Chinese Kung Fu movie that you have heard about or have watched.

- Write down your impressions of the movie, and whether it has changed your views about Chinese martial arts.

- Keep your writing to about 300 words.

繁體版

練習與活動

Photo: Getty Images

Do You Like
Yao Ming?

副课文

你喜欢
姚明吗？

简体版

Photo: Getty Images

Pre-reading

■ 你喜欢姚明吗？说说你的理由。
■ 你认为最伟大的篮球运动员是谁？为什么？

1. 姚明是哪里人？

2. 姚明现在是哪个球队的球员？

3. 在这些档案材料中，你最感兴趣的是哪些？为什么？

明星档案

姓名：姚明
身高：2.26米
体重：134公斤
出生日期：1980年9月12日
加入中国国家篮球队时间：1998年
加入休斯顿火箭队时间：2002年
最喜欢吃的东西：肉
最喜欢的颜色：蓝色
最尊敬的人：周恩来
最相信的人：自己

上海小学生张月："我喜欢姚明，因为他特别高。"

网友豆豆："姚明是中国篮球史上最有成就的运动员。"

火箭队总经理道森："姚明是一个伟大的球员，更是一个谦虚的小伙子。在这里我要告诉中国朋友们一个小秘密，我的太太对姚明钟爱有加，在她的心目中姚明不单是大个子，更重要的是姚明是一个具有职业精神的球员。这种精神让我们钦佩。"

4. 道森为什么喜欢姚明？

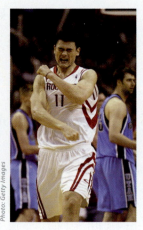

Photo: Getty Images

Photo: Getty Images

Photo: Getty Images

Do You Like Yao Ming?

副課文

**你喜歡
姚明嗎?**

Pre-reading

■ 你喜歡姚明嗎?説説你的理由。

■ 你認爲最偉大的籃球運動員是誰?爲什麽?

繁體版

明星檔案

姓名:姚明

身高:2.26米

體重:134公斤

出生日期:1980年9月12日

加入中國國家籃球隊時間:1998年

加入休斯頓火箭隊時間:2002年

最喜歡吃的東西:肉

最喜歡的顏色:藍色

最尊敬的人:周恩來

最相信的人:自己

1.姚明是哪里人?

2.姚明現在是哪個球隊的球員?

3.在這些檔案材料中,你最感興趣的是哪些?爲什麽?

4.道森爲什麽喜歡姚明?

　　上海小學生張月:"我喜歡姚明,因爲他特別高。"

　　網友豆豆:"姚明是中國籃球史上最有成就的運動員。"

　　火箭隊總經理道森:"姚明是一個偉大的球員,更是一個謙虛的小伙子。在這裏我要告訴中國朋友們一個小秘密,我的太太對姚明鍾愛有加,在她的心目中姚明不單是大個子,更重要的是姚明是一個具有職業精神的球員。這種精神讓我們欽佩。"

简体版

5.姚明的最大优势是什么？

6.姚明在NBA成功的最重要的原因是什么？你同意王港的说法吗？为什么？

　　火箭队主教练范·甘迪："姚明拥有上帝赋予的高大身材，但是他的成功还是在于后天的学习和顽强的努力。比起其他球员，姚明的最大优势是知道自己该做什么和不该做什么，不该做的事情他一次都不会去做，这就是职业精神的表现。"

　　《篮球报》评论员王港："姚明拥有一流身高，但姚明并不是完全依赖他的天赋。我们曾经有过那么多身高和姚明相似、篮球天赋甚至超过姚明的运动员，但没有一个人取得过像姚明那样的成就。姚明克服了很多自身的不利因素，勤奋努力，才取得今天的成功。所以说在NBA，成功只有一个方法：努力。"

Photo: Getty Images

火箭隊主教練範·甘迪："姚明擁有上帝賦予的高大身材，但是他的成功還是在於後天的學習和頑強的努力。比起其他球員，姚明的最大優勢是知道自己該做什麼和不該做什麼，不該做的事情他一次都不會去做，這就是職業精神的表現。"

《籃球報》評論員王港："姚明擁有一流身高，但姚明並不是完全依賴他的天賦。我們曾經有過那麼多身高和姚明相似、籃球天賦甚至超過姚明的運動員，但沒有一個人取得過像姚明那樣的成就。姚明克服了很多自身的不利因素，勤奮努力，才取得今天的成功。所以說在NBA，成功只有一個方法：努力。"

5.姚明的最大優勢是什麼？

6.姚明在NBA成功的最重要的原因是什麼？你同意王港的說法嗎？為什麼？

繁體版

Photo: Getty Images

VOCABULARY

副课文 **生词表**

简体版

1	明星	míngxīng	star, idol
2	档案	dàng'àn	files, biodata
3	尊敬	zūnjìng	to respect
4	网友	wǎngyǒu	Internet users
5	成就	chéngjiù	achievement, success
6	总经理	zǒngjīnglǐ	general manager
7	谦虚	qiānxū	humble
8	秘密	mìmì	secret
9	职业	zhíyè	profession, career
10	钦佩	qīnpèi	to admire, respect
11	身材	shēncái	build, physique
12	优势	yōushì	advantage
13	依赖	yīlài	to rely on, be dependent on
14	天赋	tiānfù	talent, gift
15	相似	xiāngsì	similar
16	因素	yīnsù	factor, element
17	勤奋	qínfèn	diligent, hardworking

PROPER NOUNS

18	周恩来	Zhōu Ēnlái	Zhou Enlai, the first Premier of the P.R.C.
19	火箭队	Huǒjiànduì	Houston Rockets
20	道森	Dàosēn	Carroll Dawson
21	范·甘迪	Fàn·Gāndí	(Jeff) Van Gundy

VOCABULARY
副課文 **生詞表**

1	明星	míngxīng	star, idol
2	檔案	dàng'àn	files, biodata
3	尊敬	zūnjìng	to respect
4	網友	wǎngyǒu	Internet users
5	成就	chéngjiù	achievement, success
6	總經理	zǒngjīnglǐ	general manager
7	謙虛	qiānxū	humble
8	秘密	mìmì	secret
9	職業	zhíyè	profession, career
10	欽佩	qīnpèi	to admire, respect
11	身材	shēncái	build, physique
12	優勢	yōushì	advantage
13	依賴	yīlài	to rely on, be dependent on
14	天賦	tiānfù	talent, gift
15	相似	xiāngsì	similar
16	因素	yīnsù	factor, element
17	勤奮	qínfèn	diligent, hardworking

PROPER NOUNS

18	周恩來	Zhōu Ēnlái	Zhou Enlai, the first Premier of the P.R.C.
19	火箭隊	Huǒjiànduì	Houston Rockets
20	道森	Dàosēn	Carroll Dawson
21	範·甘迪	Fàn·Gāndí	(Jeff) Van Gundy

繁體版

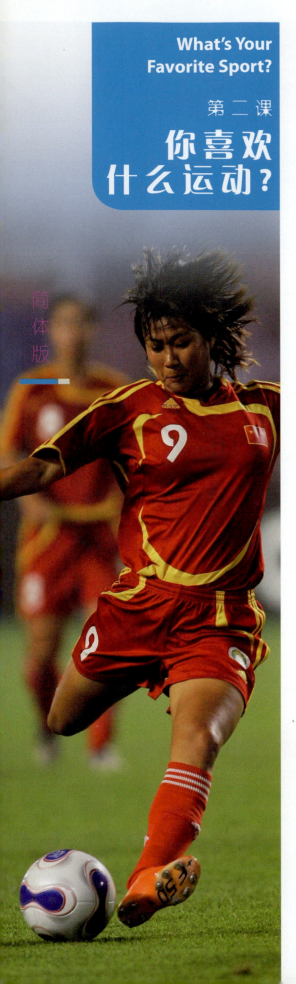

What's Your
Favorite Sport?

第二课

你喜欢什么运动?

Pre-reading

■ 你和你的同学喜欢什么样的运动？请简单介绍一下。
■ 你认为运动有什么好处？可以培养什么精神？

年青人非常喜欢体育运动，下课以后，体育馆、运动场就是他们的乐园。那么，现在的年青人喜欢哪些体育运动项目呢？学生、家长和老师对学生参加体育运动有什么看法呢？城市电视台的记者带着这些问题进行了采访。

〖一〗你喜欢什么样的运动?

记　者：同学，你喜欢什么运动?

女生甲：足球。我是学校女子足球队的队员。

记　者：你为什么喜欢足球呢?

女生甲：我觉得足球是一种速度和力量结合的运动，玩起来特带劲儿，而且要想取胜就得和大家配合好，显示出团队的力量。我们女足经常赢，就因为彼此配合得特别好。

记　者：你喜欢什么运动?

男　生：运动? 那可多了，篮球、排球、足球、乒乓球……不管大球小球，只要是球类运动我都喜欢。但是现在运动的时间太少，能玩的时候又常找不到伙伴，所以，我平时玩得最多的是滑板和自行车。

记　者：滑板和自行车? 怎么玩?

男　生：很方便，在广场、在路上都可以玩。不过，要玩得够水平，那得下功夫练。我最喜欢和玩得好的几个朋友一起，在人多热闹的地方，玩儿我的绝活儿。很多人围着我，给我叫好，那种感觉特棒!

记　者：同学，你喜欢什么运动?

Pre-reading

■ 你和你的同學喜歡什麼樣的運動? 請簡單介紹一下。

■ 你認為運動有什麼好處? 可以培養什麼精神?

年青人非常喜歡體育運動, 下課以後, 體育館、運動場就是他們的<u>樂園</u>。那麼, 現在的年青人喜歡哪些體育運動項目呢? 學生、家長和老師對學生參加體育運動有什麼<u>看法</u>呢? 城市電視臺的記者帶着這些問題進行了採訪。

〔一〕你喜歡什麼樣的運動?

記　者: 同學, 你喜歡什麼運動?

女生甲: 足球。我是學校女子足球隊的隊員。

記　者: 你為什麼喜歡足球呢?

女生甲: 我覺得足球是一種<u>速度</u>和力量結合的運動, 玩起來<u>特</u><u>帶勁兒</u>, 而且要想<u>取勝</u>就得和大家<u>配合</u>好, <u>顯示</u>出團隊的力量。我們<u>女足</u>經常贏, 就因為<u>彼此</u>配合得特別好。

記　者: 你喜歡什麼運動?

男　生: 運動? 那<u>可</u>多了, 籃球、排球、足球、乒乓球……不管大球小球, 只要是<u>球類</u>運動我都喜歡。但是現在運動的時間太少, 能玩的時候又常找不到<u>伙伴</u>, 所以, 我平時玩得最多的是<u>滑板</u>和自行車。

記　者: 滑板和自行車? 怎麼玩?

男　生: 很方便, 在廣場、在路上都可以玩。不過, 要玩得<u>夠水平</u>, 那得下功夫練。我最喜歡和玩得好的幾個朋友一起, 在人多<u>熱鬧</u>的地方, 玩兒我的<u>絕活兒</u>。很多人<u>圍</u>着我, 給我<u>叫好</u>, 那種感覺特<u>棒</u>!

記　者: 同學, 你喜歡什麼運動?

Photo: Xinhua News Agency

简体版

女生乙：我喜欢游泳、打羽毛球。这些运动不太<u>剧烈</u>，特别<u>适合</u>我，既能锻炼身体，又能练出个好身材。不过，要是没有朋友和我一起玩的话，那我就一个人<u>踢</u>踢<u>毽子</u>，放放<u>风筝</u>。

〖二〗年青人喜欢什么样的运动？

记　者：您知道您的儿子和他的同学们喜欢哪些体育运动吗？

母　亲：他们喜欢一起踢足球、打篮球。常常是几个伙伴一起玩，还经常自己组织一些比赛，已经不像小时候那样<u>瞎</u>踢、瞎玩了。

记　者：这么说来，您特别<u>支持</u>儿子参加运动了？

母　亲：支持是支持，但有的时候看到他打完球回家，累得什么都不想做，有时为了准备比赛，他<u>连续</u>好几天回家都很晚，周末也不休息，我就有些着急、<u>生气</u>。我不<u>反对</u>儿子参加体育运动，但不希望他<u>打乱</u>正常的<u>作息</u>时间，影响学习。

记　者：老师，您怎么看呢？

男教师：学生喜欢运动，这很<u>正常</u>，也很好。但是，有一些同学在运动时不<u>懂</u>得<u>保护</u>自己，<u>缺乏</u>安全<u>意识</u>，比如一次运动时间过长、运动量过大，让本来很好的体育运动变成了对自己的<u>伤害</u>，那就不<u>值得</u>了。

记　者：各位<u>观众</u>，从我们的采访中可以看出，对于年青人喜爱体育运动的问题，学生、教师、家长的看法各不相同。您的意见呢？请<u>发短信</u>或打电话给我们，<u>参与</u>我们的讨论吧。

女生乙： 我喜歡游泳、打羽毛球。這些運動不太<u>劇烈</u>，特別<u>適合</u>我，既能鍛煉身體，又能練出個好身材。不過，要是沒有朋友和我一起玩的話，那我就一個人<u>踢踢毽子</u>，放放<u>風箏</u>。

〖二〗年青人喜歡什麼樣的運動？

記　者： 您知道您的兒子和他的同學們喜歡哪些體育運動嗎？

母　親： 他們喜歡一起踢足球、打籃球。常常是幾個伙伴一起玩，還經常自己組織一些比賽，已經不像小時候那樣<u>瞎</u>踢、瞎玩了。

記　者： 這麼説來，您特別<u>支持</u>兒子參加運動了？

母　親： 支持是支持，但有的時候看到他打完球回家，累得什麼都不想做，有時爲了準備比賽，他<u>連續</u>好幾天回家都很晚，周末也不休息，我就有些着急、<u>生氣</u>。我不<u>反對</u>兒子參加體育運動，但不希望他<u>打亂</u>正常的<u>作息</u>時間，影響學習。

Photo: Xinhua News Agency

記　者： 老師，您怎麼看呢？

男教師： 學生喜歡運動，這很<u>正常</u>，也很好。但是，有一些同學在運動時不<u>懂</u>得<u>保護</u>自己，<u>缺乏</u>安全<u>意識</u>，比如一次運動時間過長、運動量過大，讓本來很好的體育運動變成了對自己的<u>傷害</u>，那就不<u>值得</u>了。

記　者： 各位<u>觀眾</u>，從我們的採訪中可以看出，對於年青人喜愛體育運動的問題，學生、教師、家長的看法各不相同。您的意見呢？請<u>發短</u>信或打電話給我們，<u>參與</u>我們的討論吧。

VOCABULARY
生词表

| 1 | 乐园 | lèyuán | playground, amusement park |

【名】儿童乐园 | 迪斯尼乐园 | 这片竹林是大熊猫的乐园。☒ 公园 | 花园 | 动物园 | 科技园。

| 2 | 看法 | kànfǎ | view, opinion |

【名】谈一下看法 | 那只是一种看法。| 你的看法有问题。| 我对他没有什么看法。☒ 说法 | 想法 | 做法。

| 3 | 速度 | sùdù | speed, rate |

【名】加快速度 | 以每秒 10 米的速度往前跑 | 他说话速度比我快。

| 4 | 特 | tè | especially |

【副】<口> 这孩子特聪明。| 他待人特好。| 我特想念我的笔友。| 这几天天气特冷。

| 5 | 带劲儿 | dàijìnr | outstanding, wonderful |

【形】<口> 你的演讲真带劲儿。| 昨天的比赛可真不怎么带劲儿。☒ 没劲。

| 6 | 取胜 | qǔshèng | to win |

【动】在竞争中取胜 | 参与比取胜更重要。| 在红队和蓝队的比赛中，红队以 5:1 轻松取胜。| 如果不努力，怎么能够取胜？

| 7 | 配合 | pèihé | to cooperate |

【动】相互配合 | 多方配合 | 巧妙地配合 | 大家都配合一下。| 他们两个人在工作中配合得很好。| 他积极配合警察找到了丢失的物品。

| 8 | 显示 | xiǎnshì | to show |

【动】显示实力 | 显示地位 | 显示数字 | 不能显示 | 完全显示 | 开始显示出来 | 这次演出充分显示了他的表演才能。

| 9 | 团队 | tuánduì | team, organization |

【名】团队精神 | 几个旅游团队 | 一支优秀的商贸团队。

| 10 | 女足 | nǚzú | women's soccer team |

【名】她是女足教练。| 我们学校女足又得全国冠军了。

| 11 | 彼此 | bǐcǐ | each other |

【代】不分彼此 | 彼此关心 | 彼此帮助 | 他们两个彼此相爱。| 我们彼此的兴趣不同，所以很少交流。

| 12 | 可 | kě | very, really |

【副】可漂亮了！| 他的汉语说得可真好！| 我可喜欢吃苹果了。| 这可是一件大喜事呀！

| 13 | 球类 | qiúlèi | ball games |

【名】球类活动 | 球类项目 | 球类比赛。☒ 类：种类，类别。☒ 人类 | 分类 | 植物类。

| 14 | 伙伴 | huǒbàn | partner, friend |

【名】结成伙伴 | 找到了两个新伙伴 | 我打算和伙伴们一起跳舞。☒ 同伴 | 舞伴 | 老伴。☒ 伴：一起生活、工作、活动的人。

VOCABULARY
生詞表

1	樂園	lèyuán	playground, amusement park

【名】兒童*樂園* | 迪斯尼*樂園* | 這片竹林是大熊猫的*樂園*。■公園 | 花園 | 動物園 | 科技園。

2	看法	kànfǎ	view, opinion

【名】談一下*看法* | 那只是一種*看法*。| 你的*看法*有問題。| 我對他沒有什麼*看法*。■ 説法 | 想法 | 做法。

3	速度	sùdù	speed, rate

【名】加快*速度* | 以每秒 10 米的*速度*往前跑 | 他説話*速度*比我快。

4	特	tè	especially

【副】<口>這孩子*特*聰明。| 他待人*特*好。| 我*特*想念我的筆友。| 這幾天天氣*特*冷。

5	帶勁兒	dàijìnr	outstanding, wonderful

【形】<口>你的演講真*帶勁兒*。| 昨天的比賽可真不怎麼*帶勁兒*。■ 沒勁。

6	取勝	qǔshèng	to win

【動】在競爭中*取勝* | 參與比*取勝*更重要。| 在紅隊和藍隊的比賽中，紅隊以 5:1 輕鬆*取勝*。| 如果不努力，怎麼能夠*取勝*？

7	配合	pèihé	to cooperate

【動】相互*配合* | 多方*配合* | 巧妙地*配合* | 大家都*配合*一下。| 他們兩個人在工作中*配合*得很好。| 他積極*配合*警察找到了丟失的物品。

8	顯示	xiǎnshì	to show

【動】*顯示*實力 | *顯示*地位 | *顯示*數字 | 不能*顯示* | 完全*顯示* | 開始*顯示*出來 | 這次演出充分*顯*示了他的表演才能。

9	團隊	tuánduì	team, organization

【名】*團隊*精神 | 幾個旅遊*團隊* | 一支優秀的商貿*團隊*。

10	女足	nǚzú	women's soccer team

【名】她是*女足*教練。| 我們學校*女足*又得全國冠軍了。

11	彼此	bǐcǐ	each other

【代】不分*彼此* | *彼此*關心 | *彼此*幫助 | 他們兩個*彼此*相愛。| 我們*彼此*的興趣不同，所以很少交流。

12	可	kě	very, really

【副】*可*漂亮了！| 他的漢語説得*可*真好！| 我*可*喜歡吃蘋果了。| 這*可*是一件大喜事呀！

13	球類	qiúlèi	ball games

【名】*球類*活動 | *球類*項目 | *球類*比賽。■類：種類，類別。■ 人類 | 分類 | 植物類。

14	伙伴	huǒbàn	partner, friend

【名】結成*伙伴* | 找到了兩個新*伙伴* | 我打算和*伙伴*們一起跳舞。■ 同伴 | 舞伴 | 老伴。■伴：一起生活、工作、活動的人。

繁體版

15	滑板	huábǎn	skateboard, skateboarding

【名】*滑板*运动 | *滑板*项目 | 我不敢玩*滑板*。

16	够水平	gòushuǐpíng	to reach a certain standard

看看他的书法*够水平*吧？ | 小李做菜挺*够水平*的。 | 我是不怎么*够水平*，但谁*够*呢？ 🔲 够：达到一定标准或某种程度。 🔳 够味儿 | 够劲儿 | 够朋友 | 够档次 | 够漂亮。

17	热闹	rènao	bustling with activity

【形】十分*热闹* | *热闹*得很 | 特别*热闹* | 北京王府井是一个非常*热闹*的商业区。 🔲 闹：声音大而杂乱。

18	绝活儿	juéhuór	special skill or knowledge

【名】做烤鸭是他的*绝活儿*。 | 把你的*绝活儿*都拿出来吧。 | 他有什么*绝活儿*吗？

19	围	wéi	to enclose

【动】*围*起来 | *围*了一道墙 | 鸡都*围*在院子里。

20	叫好	jiàohǎo	to approve of

【动】为他的表演鼓掌*叫好*。 | 一阵*叫好*声 | 他的表现那么差，你们*叫*什么*好*？

21	棒	bàng	great, wonderful

【形】真*棒*！ | *棒*极了！ | 他打篮球打得很*棒*。

22	剧烈	jùliè	vigorous

【形】*剧烈*的疼痛 | 拳击运动对老人来说太*剧烈*了。

23	适合	shìhé	to be suitable for

【动】*适合*社会需要 | 这种衣服我穿不太*适合*。 | 你的建议不*适合*现在的实际情况。 | 这里的气候非常*适合*人类居住。

24	踢	tī	to kick

【动】*踢*来*踢*去 | *踢*了他一脚 | *踢*进了一个球 | *踢*破了几双鞋。

25	毽子	jiànzi	shuttlecock

【名】一只鸡毛*毽子* | 踢*毽子*可以锻炼身体。 | 一百年前就有了踢*毽子*比赛。

26	风筝	fēngzheng	kite

【名】那个*风筝*很漂亮。 | 春天很多人放*风筝*。 | 中国山东潍坊和江苏南通的*风筝*最有名。

27	瞎	xiā	without rules or purpose, blindly

【副】*瞎*想 | *瞎*唱 | *瞎*猜 | 没有根据就别*瞎*说。 | 妈妈总是*瞎*担心，其实什么事也没有。 | 他没事情做，在那里*瞎*画。

28	支持	zhīchí	to support

【动】获得*支持* | 感谢大家的*支持*。 | 他们互相*支持*。 | 妻子*支持*丈夫去做买卖。

29	连续	liánxù	to continue

【动】阴雨天*连续*了一个月。 | *连续*三次获得第一名 | 我已经*连续*学了十年汉语了。

30	生气	shēngqì	to get angry

【动】爱*生气* | 感到很*生气* | 这种事不值得*生气*。 | 他*生气*地走了。 | 别生他的气了，他只是个小孩子。

31	反对	fǎnduì	to oppose

【动】*反对*分裂 | *反对*专制主义 | *反对*不公平待遇 | 我*反对*你们的做法。 | 他的建议遭到了朋友们的一致*反对*。

15	滑板	huábǎn	skateboard, skateboarding

【名】滑板運動｜滑板項目｜我不敢玩滑板。

16	夠水平	gòushuǐpíng	to reach a certain standard

看看他的書法夠水平吧？｜小李做菜挺夠水平的。｜我是不怎麼夠水平，但誰夠呢？🈳 夠：達到一定標準或某種程度。🈺夠味兒｜夠勁兒｜夠朋友｜夠檔次｜夠漂亮。

17	熱鬧	rènao	bustling with activity

【形】十分熱鬧｜熱鬧得很｜特別熱鬧｜北京王府井是一個非常熱鬧的商業區。🈺鬧：聲音大而雜亂。

18	絕活兒	juéhuór	special skill or knowledge

【名】做烤鴨是他的絕活兒。｜把你的絕活兒都拿出來吧。｜他有什麼絕活兒嗎？

19	圍	wéi	to enclose

【動】圍起來｜圍了一道墙｜雞都圍在院子裏。

20	叫好	jiàohǎo	to approve of

【動】爲他的表演鼓掌叫好。｜一陣叫好聲｜他的表現那麼差，你們叫什麼好？

21	棒	bàng	great, wonderful

【形】真棒！｜棒極了！｜他打籃球打得很棒。

22	劇烈	jùliè	vigorous

【形】劇烈的疼痛｜拳擊運動對老人來説太劇烈了。

23	適合	shìhé	to be suitable for

【動】適合社會需要｜這種衣服我穿不太適合。｜你的建議不適合現在的實際情況。｜這裏的氣候非常適合人類居住。

24	踢	tī	to kick

【動】踢來踢去｜踢了他一脚｜踢進了一個球｜踢破了幾雙鞋。

25	毽子	jiànzi	shuttlecock

【名】一隻雞毛毽子｜踢毽子可以鍛煉身體。｜一百年前就有了踢毽子比賽。

26	風箏	fēngzheng	kite

【名】那個風箏很漂亮。｜春天很多人放風箏。｜中國山東濰坊和江蘇南通的風箏最有名。

27	瞎	xiā	without rules or purpose, blindly

【副】瞎想｜瞎唱｜瞎猜｜沒有根據就別瞎説。｜媽媽總是瞎擔心，其實什麼事也沒有。｜他沒事情做，在那裏瞎畫。

28	支持	zhīchí	to support

【動】獲得支持｜感謝大家的支持。｜他們互相支持。｜妻子支持丈夫去做買賣。

29	連續	liánxù	to continue

【動】陰雨天連續了一個月。｜連續三次獲得第一名｜我已經連續學了十年漢語了。

30	生氣	shēngqì	to get angry

【動】愛生氣｜感到很生氣｜這種事不值得生氣。｜他生氣地走了。｜別生他的氣了，他只是個小孩子。

31	反對	fǎnduì	to oppose

【動】反對分裂｜反對專制主義｜反對不公平待遇｜我反對你們的做法。｜他的建議遭到了朋友們的一致反對。

繁體版

简体版

| 32 | 打乱 | dǎluàn | to disturb, to upset a schedule/pattern |

【动】*打乱*计划 | *打乱*安排 | 生活规律被完全*打乱*了。| *打乱*句子的顺序，然后再重新组合起来。
🔲打破 | 打坏 | 打伤 | 打死。

| 33 | 作息 | zuòxī | work and rest |

【动】*作息*时间 | *作息*安排 | 按时*作息*。

| 34 | 正常 | zhèngcháng | normal |

【形】非常*正常* | 身体*正常* | *正常*的头脑 | 发展得很*正常* | 他的病好了，又可以*正常*学习了。

| 35 | 懂 | dǒng | to understand |

【动】*懂*道理 | 完全看*懂*了这封信 | 这篇课文很难*懂*。| 我不太*懂*你的意思。

| 36 | 保护 | bǎohù | to protect |

【动】*保护*眼睛 | *保护*身体 | 受到*保护* | *保护*起来 | *保护*文物 | 这里的环境*保护*得非常好。

| 37 | 缺乏 | quēfá | to lack |

【动】如果*缺乏*信心，就学不好汉语。| 由于研究人才*缺乏*，公司没有生产出新产品。| 我们只见过一面，彼此*缺乏*了解。🔲乏：缺少。🔲乏力 | 乏味 | 回天乏术。

| 38 | 意识 | yìshi | consciousness |

【名】法律*意识* | 风险*意识* | 加强主人翁*意识* | 生活在现代的人必须具备很强的竞争*意识*。

| 39 | 伤害 | shānghài | to hurt, harm |

【动】直接*伤害* | 千万别*伤害*小动物。| 她的感情受到严重*伤害*。| 睡觉太多也会*伤害*身体。🔲危害 | 损害。

| 40 | 值得 | zhídé | to deserve, to be worthwhile |

【动】*值得*研究 | *值得*学习 | *值得*推广 | 那本书不*值得*读。| 为了把身体锻炼好，每天花一些时间是*值得*的。

| 41 | 观众 | guānzhòng | audience |

【名】几位热心的*观众* | 演出吸引了三百多位*观众*。| 这个节目的*观众*很多。🔲观：看。众：许多人。🔲听众 | 大众。

| 42 | 发 | fā | to send out |

【动】*发*货 | *发*奖 | 收*发*室 | *发*电子邮件 | 我去邮局*发*一封信。

| 43 | 短信 | duǎnxìn | text message |

【名】写*短信* | 用我的手机给他*发*一条*短信*吧。

| 44 | 参与 | cānyù | to participate |

【动】*参与*讨论 | *参与*投资 | *参与*竞争 | 没有他的*参与*，工作很难完成。| 我从来不*参与*他们的事情。

| 32 | 打亂 | dǎluàn | to disturb, to upset a schedule/pattern |

【動】*打亂*計劃 | *打亂*安排 | 生活規律被完全*打亂*了。 | *打亂*句子的順序，然後再重新組合起來。
📖打破 | 打壞 | 打傷 | 打死。

| 33 | 作息 | zuòxī | work and rest |

【動】*作息*時間 | *作息*安排 | 按時*作息*。

| 34 | 正常 | zhèngcháng | normal |

【形】非常*正常* | 身體*正常* | *正常*的頭腦 | 發展得很*正常* | 他的病好了，又可以*正常*學習了。

| 35 | 懂 | dǒng | to understand |

【動】*懂*道理 | 完全看*懂*了這封信 | 這篇課文很難*懂*。 | 我不太*懂*你的意思。

| 36 | 保護 | bǎohù | to protect |

【動】*保護*眼睛 | *保護*身體 | 受到*保護* | *保護*起來 | *保護*文物 | 這裏的環境*保護*得非常好。

| 37 | 缺乏 | quēfá | to lack |

【動】如果*缺乏*信心，就學不好漢語。 | 由於研究人才*缺乏*，公司沒有生產出新產品。 | 我們只見過一面，彼此*缺乏*了解。📖乏：缺少。📖乏力 | 乏味 | 回天乏術。

| 38 | 意識 | yìshi | consciousness |

【名】法律*意識* | 風險*意識* | 加強主人翁*意識* | 生活在現代的人必須具備很強的競爭*意識*。

| 39 | 傷害 | shānghài | to hurt, harm |

【動】直接*傷害* | 千萬別*傷害*小動物。 | 她的感情受到嚴重*傷害*。 | 睡覺太多也會*傷害*身體。📖危害 | 損害。

| 40 | 值得 | zhídé | to deserve, to be worthwhile |

【動】*值得*研究 | *值得*學習 | *值得*推廣 | 那本書不*值得*讀。 | 為了把身體鍛煉好，每天花一些時間是*值得*的。

| 41 | 觀眾 | guānzhòng | audience |

【名】幾位熱心的*觀眾* | 演出吸引了三百多位*觀眾*。 | 這個節目的*觀眾*很多。📖觀：看。眾：許多人。📖聽眾 | 大眾。

| 42 | 發 | fā | to send out |

【動】*發*貨 | *發*獎 | 收*發*室 | *發*電子郵件 | 我去郵局*發*一封信。

| 43 | 短信 | duǎnxìn | text message |

【名】寫*短信* | 用我的手機給他發一條*短信*吧。

| 44 | 參與 | cānyù | to participate |

【動】*參與*討論 | *參與*投資 | *參與*競爭 | 沒有他的*參與*，工作很難完成。 | 我從來不*參與*他們的事情。

繁體版

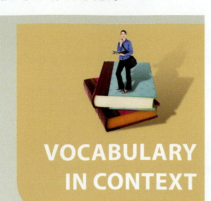

VOCABULARY IN CONTEXT

简体版

练习与活动

| 缺乏
看法
棒 |

| 剧烈
适合
累 |

| 看法
支持
值得 |

| 保护
正常
意识 |

| 着急
生气
懂 |

A

WORD PROCESSING PRACTICE
Choose 30 words from the Vocabulary section and type them out on your computer using *pinyin* input method.

B

Write sentences using words from the boxes. Then put them into paragraphs.

他画画儿缺乏专业训练。
我不同意你的看法。
我认为他的画儿很棒。

你说他画画儿缺乏专业训练。我不同意你的看法。相反，我认为他的画儿很棒，非常有想像力。

1. _____

_____

_____

_____

2. _____

_____

_____

_____

3. _____

_____

_____

_____

4. _____

_____

_____

_____

WORD PROCESSING PRACTICE

Choose 30 words from the Vocabulary section and type them out on your computer using *pinyin* input method.

Write sentences using words from the boxes. Then put them into paragraphs.

他畫畫兒缺乏專業訓練。
我不同意你的看法。
我認爲他的畫兒很棒。

　　你説他畫畫兒缺乏專業訓練。我不同意你的看法。相反，我認爲他的畫兒很棒，非常有想像力。

1. _____

　_____

　_____

　_____

2. _____

　_____

　_____

　_____

3. _____

　_____

　_____

　_____

4. _____

　_____

　_____

　_____

缺乏 看法 棒

劇烈 適合 累

看法 支持 值得

保護 正常 意識

着急 生氣 懂

繁體版

練習與活動

简体版

练习与活动

要想……就得……

For example

- 要想学好汉语，就得多听、多说。
- 要想身体好，就得多锻炼。

不管……只要……都……

For example

- 不管是高年级的学生还是低年级的学生，只要对这门课有兴趣，都可以选。
- 不管什么地方，只要有好玩的东西，我都愿意去。

既……又……

For example

- 那个饭馆的饭菜既好吃又便宜。
- 他既是我的老师，又是我的朋友。

要是……的话……

For example

- 要是天气不好的话，我就呆在家里。
- 要是这次比赛输了，那我们以后就没有机会了。

A **要想……就得……** (in order to..., you need to...)

is used to describe what you have to do if you want to achieve something. It is often used in spoken Chinese.

" 要想取胜就得和大家配合好…… "

B **不管……只要……都……** (regardlessof ..., so long as..., still/all...)

means that as long as certain conditions are met, the end result will not change.

" 不管大球小球，只要是球类运动我都喜欢。 "

C **既……又……** (not only..., but also...)

" 这些运动……既能锻炼身体，又能练出个好身材。 "

D **要是……的话……** (assuming...)

is used to assume a certain condition. "的话" in this sentence can be omitted. It is always used in spoken Chinese.

" 要是没有朋友和我一起玩的话，那我就一个人踢踢毽子，放放风筝。 "

A 要想……就得…… （in order to..., you need to...）

is used to describe what you have to do if you want to achieve something. It is often used in spoken Chinese.

" 要想取勝就得和大家配合好……"

要想……就得……
For example
- 要想學好漢語，就得多聽、多説。
- 要想身體好，就得多鍛煉。

B 不管……只要……都…… （regardlessof ..., so long as..., still/all...）

means that as long as certain conditions are met, the end result will not change.

" 不管大球小球，只要是球類運動我都喜歡。"

不管……只要……都……
For example
- 不管是高年級的學生還是低年級的學生，只要對這門課有興趣，都可以選。
- 不管什麼地方，只要有好玩的東西，我都願意去。

C 既……又…… （not only..., but also...）

" 這些運動……既能鍛煉身體，又能練出個好身材。"

既……又……
For example
- 那個飯館的飯菜既好吃又便宜。
- 他既是我的老師，又是我的朋友。

D 要是……的話…… （assuming...）

is used to assume a certain condition. "的話" in this sentence can be omitted. It is always used in spoken Chinese.

" 要是沒有朋友和我一起玩的話，那我就一個人踢踢毽子，放放風箏。"

要是……的話……
For example
- 要是天氣不好的話，我就呆在家裏。
- 要是這次比賽輸了，那我們以後就沒有機會了。

繁體版

練習與活動

简体版

练习与活动

这么说来……
For example

A：汉语的发音不容易，语法也比较复杂。

B：**这么说来**，汉语很难学，是吗？

A是A
For example

A：你觉得这件衣服怎么样？

B：**漂亮是漂亮**，就是价钱太贵。

A：你没看过这个电影吗？

B：**看过是看过**，但已经忘了。

E 这么说来……（in this case...）

is followed by the speaker's inference about a situation. It is usually used in spoken Chinese.

"**这么说来**，您特别支持儿子参加运动了？"

F A是A（even though...）

is used to express a transition or contrast in meaning. The latter clause usually contains words like "**但是**" "**不过**" and "**就是**."

"**支持是支持**，但有的时候看到他打完球回家……"

RECAP

Fill in the blanks with the words from the boxes.

要想……就得……

不管……只要……都……

既……又……

要是……的话……

这么说来……

A是A

甲：你看到了吗？校篮球赛最后一轮小组比赛的名单和时间贴出来了。

乙：是吗？我还没看到，咱们队已经连输三场了，_____这场再输_____，咱们就没机会进半决赛了！咱们这场的对手是谁？

甲：旋风队。这可是支强队，他们的队员在场上_____肯拼_____能抢，篮板优势很明显。

乙：那我们没有赢的可能吗？

甲：旋风队_____是_____，但我们也不是没有可能赢。_____赢他们，_____提高投篮命中率。

乙：_____，我们还是有机会赢的！因为昨天大威的伤已经好了，可以上场了，他可是投篮高手！

甲：_____怎样，_____有一线生机，_____要拼一拼！

E 這麼説來……（in this case...）

is followed by the speaker's inference about a situation. It is usually used in spoken Chinese.

"這麼説來，您特別支持兒子參加運動了？"

F A是A（even though...）

is used to express a transition or contrast in meaning. The latter clause usually contains words like "但是" "不過" and "就是."

"支持是支持，但有的時候看到他打完球回家……"

這麼説來……

For example

A：漢語的發音不容易，語法也比較複雜。

B：這麼説來，漢語很難學，是嗎？

A是A

For example

A：你覺得這件衣服怎麼樣？

B：漂亮是漂亮，就是價錢太貴。

A：你没看過這個電影嗎？

B：看過是看過，但已經忘了。

繁體版

練習與活動

RECAP

Fill in the blanks with the words from the boxes.

甲：你看到了嗎？校籃球賽最後一輪小組比賽的名單和時間貼出來了。

乙：是嗎？我還没看到，咱們隊已經連輸三場了，＿＿＿＿＿＿這場再輸＿＿＿＿＿，咱們就没機會進半決賽了！咱們這場的對手是誰？

甲：旋風隊。這可是支強隊，他們的隊員在場上＿＿＿＿＿肯拼＿＿＿＿＿能搶，籃板優勢很明顯。

乙：那我們没有贏的可能嗎？

甲：旋風隊＿＿＿＿＿是＿＿＿＿＿，但我們也不是没有可能贏。＿＿＿＿＿贏他們，＿＿＿＿＿提高投籃命中率。

乙：＿＿＿＿＿，我們還是有機會贏的！因為昨天大威的傷已經好了，可以上場了，他可是投籃高手！

甲：＿＿＿＿＿怎樣，＿＿＿＿＿有一線生機，＿＿＿＿＿要拼一拼！

要想……就得……

不管……只要……都……

既……又……

要是……的話……

這麼説來……

A是A

COMMON EXPRESSIONS

简体版
练习与活动

我觉得……
is used to express an opinion. It means "认为," but is not as definite.

For example
■ 我觉得打太极拳对大脑很有好处。

我喜欢……
is used to express a strong liking for something.

For example
■ 我喜欢跑步，因为跑步对心脏很有好处。

不反对……
is used to show your agreement but to add your own point of view.

For example
A：我觉得学生应该多参加社会活动。
B：你的看法呢？
C：我不反对学生参加社会活动，但我觉得参加社会活动一定要有老师的指导。

不希望……
is used to express hope that something won't happen.

For example
■ 我不希望考试题目太难。

Think of two situations for each expression given below. Then role play each situation with your partner.

A 我觉得…… (I feel/think...)

" 我觉得足球是一种速度和力量结合的运动。"

Situation **1** : _____

Situation **2** : _____

B 我喜欢…… (I like...)

" 我喜欢游泳、打羽毛球。这些运动不太剧烈，特别适合我。"

Situation **1** : _____

Situation **2** : _____

C 不反对…… (not opposed to...)

" 我不反对儿子参加体育运动，但不希望他打乱正常的作息时间，影响学习。"

Situation **1** : _____

Situation **2** : _____

D 不希望…… (hope not...)

" 我不反对儿子参加体育运动，但不希望他打乱正常的作息时间，影响学习。"

Situation **1** : _____

Situation **2** : _____

Think of two situations for each expression given below.
Then role play each situation with your partner.

A 我覺得…… (I feel/think…)

"我覺得足球是一種速度和力量結合的運動。"

Situation 1 : _____

Situation 2 : _____

B 我喜歡…… (I like…)

"我喜歡游泳、打羽毛球。這些運動不太劇烈，特別適合我。"

Situation 1 : _____

Situation 2 : _____

C 不反對…… (not opposed to…)

"我不反對兒子參加體育運動，但不希望他打亂正常的作息時間，影響學習。"

Situation 1 : _____

Situation 2 : _____

D 不希望…… (hope not…)

"我不反對兒子參加體育運動，但不希望他打亂正常的作息時間，影響學習。"

Situation 1 : _____

Situation 2 : _____

我覺得……

is used to express an opinion. It means "認為," but is not as definite.

For example
■ 我覺得打太極拳對大腦很有好處。

我喜歡……

is used to express a strong liking for something.

For example
■ 我喜歡跑步，因爲跑步對心臟很有好處。

不反對……

is used to show your agreement but to add your own point of view.

For example
A：我覺得學生應該多參加社會活動。
B：你的看法呢？
C：我不反對學生參加社會活動，但我覺得參加社會活動一定要有老師的指導。

不希望……

is used to express hope that something won't happen.

For example
■ 我不希望考試題目太難。

繁體版

練習與活動

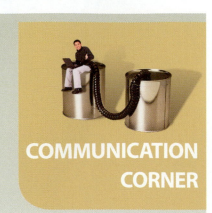

COMMUNICATION CORNER

Instructions:

- In groups, discuss which is the most popular sport in your culture. Explain your choice thoroughly.

- Appoint a representative to summarize your group's opinions. Make an oral presentation to the class for 3-5 minutes.

- Keep your presentation to about 3-5 minutes.

最流行的体育运动

Guidelines:

You may start by clearly stating your group's position; in this case, the sport you believe is most popular.

- 在这个问题上，我的看法是……
- 对于这个问题，我认为……
- 在这个方面，我反对……观点，赞成……观点

Next, offer facts and evidence in support of your position.

- 我之所以这样认为，是因为我觉得……
- 我这样说，有三方面原因，第一……，第二（其次）……，第三（另外）……
- 我说出我的看法，并不是说我反对……，而是强调我希望……

You may cite specific examples to support your argument.

- 举个例子说吧，……
- 以……为例……
- 我这样说是什么意思呢？打个比方吧，……

Finally, sum up your argument in one or two sentences using one of the following sentence patterns:

- 所以，从以上这些方面来看，我的观点总结起来就是……
- 由于上述原因，我认为……

最流行的體育運動

Guidelines:

🗣 You may start by clearly stating your group's position; in this case, the sport you believe is most popular.

🔊 在這個問題上，我的看法是⋯⋯

🔊 對於這個問題，我認爲⋯⋯

🔊 在這個方面，我反對⋯⋯觀點，贊成⋯⋯觀點

🗣 Next, offer facts and evidence in support of your position.

🔊 我之所以這樣認爲，是因爲我覺得⋯⋯

🔊 我這樣說，有三方面原因，第一⋯⋯，第二（其次）⋯⋯，第三（另外）⋯⋯

🔊 我說出我的看法，並不是說我反對⋯⋯，而是強調我希望⋯⋯

🗣 You may cite specific examples to support your argument.

🔊 舉個例子說吧，⋯⋯

🔊 以⋯⋯爲例⋯⋯

🔊 我這樣說是什麼意思呢？打個比方吧，⋯⋯

🗣 Finally, sum up your argument in one or two sentences using one of the following sentence patterns:

🔊 所以，從以上這些方面來看，我的觀點總結起來就是⋯⋯

🔊 由於上述原因，我認爲⋯⋯

Instructions:

• In groups, discuss which is the most popular sport in your culture. Explain your choice thoroughly.

• Appoint a representative to summarize your group's opinions. Make an oral presentation to the class for 3-5 minutes.

• Keep your presentation to about 3-5 minutes.

繁體版　練習與活動

WRITING TASK

Instructions:

- Imagine you and your classmates are setting up a new club for your favorite sport.

- Create a notice to recruit members for your club.

- Keep your notice to about 300 words.

俱乐部成立广告

Guidelines:

- You may refer to the supplementary text of this lesson to get ideas about what to include in a notice of this kind.

- Have a clear and catchy title.

- Describe the club's mission, philosophy, organizational structure and policies, activities, and meeting schedules.

- Explain the benefits of taking up this sport, such as improving fitness, learning skills, enjoying teamwork, and having fun.

- List any criteria for new members. State the information you require for member registration.

- Provide your contact information.

- Include any unique ideas you have for your club.

俱樂部成立廣告

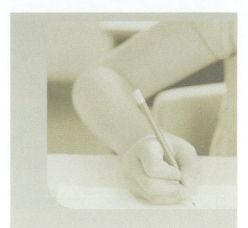

Guidelines:

- You may refer to the supplementary text of this lesson to get ideas about what to include in a notice of this kind.

- Have a clear and catchy title.

- Describe the club's mission, philosophy, organizational structure and policies, activities, and meeting schedules.

- Explain the benefits of taking up this sport, such as improving fitness, learning skills, enjoying teamwork, and having fun.

- List any criteria for new members. State the information you require for member registration.

- Provide your contact information.

- Include any unique ideas you have for your club.

Instructions:

- Imagine you and your classmates are setting up a new club for your favorite sport.

- Create a notice to recruit members for your club.

- Keep your notice to about 300 words.

繁體版　練習與活動

The Table -Tennis Club

副课文

乒乓球 俱乐部

简体版

■ 你们学校有哪些俱乐部？

■ 向大家介绍一下你喜欢的俱乐部。

欢迎加入乒乓球俱乐部！

你想**体验**"**国球**"的**魅力**吗？

你想感受速度与**旋转**的结合吗？

你想提高身体的灵活性与**协调性**吗？

你想**结交**更多新朋友吗？

——请加入学校乒乓球俱乐部！

1.加入乒乓球俱乐部有哪些好处**？**

2.为什么说乒乓球是中国的"国球"**？**

3.乒乓球运动有哪些特点**？**

乒乓球是中国的"国球"，有最广泛的群众基础，是中国人最喜爱的体育运动项目之一。

乒乓球速度快，变化多，它能提高你身体的灵活性与协调性，提高你的反应速度。

乒乓球是一种**竞技**运动，它能锻炼你的**心理素质**。

乒乓球是一种**群体**的运动，它能给你提供与别人相互交流、相互学习、共同提高的机会，帮助你建立良好的**人际**关系。

乒乓球是一种**娱乐**活动，它能带给你快乐。

The Table -Tennis Club

副課文

乒乓球俱樂部

繁體版

Pre-reading

■ 你們學校有哪些俱樂部?
■ 向大家介紹一下你喜歡的俱樂部。

歡迎加入乒乓球俱樂部!

你想體驗"國球"的魅力嗎?
你想感受速度與旋轉的結合嗎?
你想提高身體的靈活性與協調性嗎?
你想結交更多新朋友嗎?

——請加入學校乒乓球俱樂部!

1.加入乒乓球俱樂部有哪些好處?

乒乓球是中國的"國球",有最廣泛的群眾基礎,是中國人最喜愛的體育運動項目之一。

乒乓球速度快,變化多,它能提高你身體的靈活性與協調性,提高你的反應速度。

乒乓球是一種競技運動,它能鍛煉你的心理素質。

乒乓球是一種群體的運動,它能給你提供與別人相互交流、相互學習、共同提高的機會,幫助你建立良好的人際關系。

乒乓球是一種娛樂活動,它能帶給你快樂。

2.爲什麼説乒乓球是中國的"國球"?

3.乒乓球運動有哪些特點?

4.什么人适合打乒乓球 ?

5.乒乓球俱乐部的宗旨是什么 ?

6.俱乐部要组织哪些大型活动 ?

7.参加俱乐部有什么条件吗 ?

8.你想加入乒乓球俱乐部吗？为什么 ?

乒乓球运动量可大可小，不同年龄、性别和身体条件的人都可以参加，你当然也可以参加！

学校乒乓球俱乐部是一个自由、开放的俱乐部，我们的宗旨是为大家服务，为大家的活动和比赛提供方便。

现在每个星期我们至少会有一次集体活动，每年组织会员参加的重要比赛有：4月举行的全校乒乓球公开赛，10月举行的北京地区高校乒乓球联赛选拔赛。俱乐部组织的各项活动都会提前发出通知，会员可以自由参与。

参加我们的俱乐部不用交会费。只要你对乒乓球有热情，不管你是一个乒乓高手，还是一个新手，我们都欢迎你的加入！从今天开始，只要把你的基本信息告诉我们，那你就是本俱乐部的新一批会员了。我们所需要的信息包括：

你的姓名、联系电话、电邮地址。

同学，不要再犹豫了，我们欢迎你的到来，我们期待着你与我们联系。

联系人：张希文、武小平
电　话：010-82088485
电　邮：pingpang@fau.edu.cn

乒乓球運動量可大可小，不同年齡、性別和身體條件的人都可以參加，你當然也可以參加！

學校乒乓球俱樂部是一個自由、開放的俱樂部，我們的宗旨是為大家服務，為大家的活動和比賽提供方便。

現在每個星期我們至少會有一次集體活動，每年組織會員參加的重要比賽有：4月舉行的全校乒乓球公開賽，10月舉行的北京地區高校乒乓球聯賽選拔賽。俱樂部組織的各項活動都會提前發出通知，會員可以自由參與。

參加我們的俱樂部不用交會費。只要你對乒乓球有熱情，不管你是一個乒乓高手，還是一個新手，我們都歡迎你的加入！從今天開始，只要把你的基本信息告訴我們，那你就是本俱樂部的新一批會員了。我們所需要的信息包括：

你的姓名、聯系電話、電郵地址。

同學，不要再猶豫了，我們歡迎你的到來，我們期待着你與我們聯系。

聯系人：張希文、武小平
電　話：010-82088485
電　郵：pingpang@fau.edu.cn

4.什麼人適合打乒乓球？

5.乒乓球俱樂部的宗旨是什麼？

6.俱樂部要組織哪些大型活動？

7.參加俱樂部有什麼條件嗎？

8.你想加入乒乓球俱樂部嗎？為什麼？

繁體版

Photo: Getty Images

VOCABULARY
副课文 **生词表**

简体版

1	体验	tǐyàn	to experience
2	国球	guóqiú	national sport (ballgame)
3	魅力	mèilì	charm, attractiveness
4	旋转	xuánzhuǎn	to rotate
5	协调性	xiétiáoxìng	coordination
6	结交	jiéjiāo	to socialize, make new friends
7	竞技	jìngjì	to compete
8	心理	xīnlǐ	psychology, psychological
9	素质	sùzhì	quality
10	群体	qúntǐ	group
11	人际	rénjì	interpersonal
12	娱乐	yúlè	amusement, entertainment
13	性别	xìngbié	gender
14	宗旨	zōngzhǐ	aim, purpose
15	高校	gāoxiào	university
16	联赛	liánsài	league matches
17	选拔赛	xuǎnbásài	preliminary games
18	新手	xīnshǒu	novice, recruit
19	信息	xìnxī	information
20	电邮	diànyóu	e-mail
21	犹豫	yóuyù	to hesitate
22	期待	qīdài	to hope for, expect

VOCABULARY
副課文 **生詞表**

繁體版

1	體驗	tǐyàn	to experience
2	國球	guóqiú	national sport (ballgame)
3	魅力	mèilì	charm, attractiveness
4	旋轉	xuánzhuǎn	to rotate
5	協調性	xiétiáoxìng	coordination
6	結交	jiéjiāo	to socialize, make new friends
7	競技	jìngjì	to compete
8	心理	xīnlǐ	psychology, psychological
9	素質	sùzhì	quality
10	群體	qúntǐ	group
11	人際	rénjì	interpersonal
12	娛樂	yúlè	amusement, entertainment
13	性別	xìngbié	gender
14	宗旨	zōngzhǐ	aim, purpose
15	高校	gāoxiào	university
16	聯賽	liánsài	league matches
17	選拔賽	xuǎnbásài	preliminary games
18	新手	xīnshǒu	novice, recruit
19	信息	xìnxī	information
20	電郵	diànyóu	e-mail
21	猶豫	yóuyù	to hesitate
22	期待	qīdài	to hope for, expect

UNIT SUMMARY
学习小结

简体版

一、重点句型

以及……	说到功夫，人们就会想到少林寺以及武艺高强的僧人。
在于……	他们的不同就在于会不会武术。
不仅……而且……	学习功夫不仅可以锻炼身体，而且可以修身养性。
是……的	你是从哪儿来的？
不……吗	你不准备当武术教练吗？
如果……那就……	如果我能参加奥运会，那就好了。
要想……就得……	我们要想取胜就得团结。
不管……只要……都……	不管大球小球，只要是球类运动我都喜欢。
既……又……	这种运动既能锻炼身体又不累。
要是……的话……	要是没有人和我一起玩的话，我宁可呆在家里。
这么说来……	这么说来，您特别支持儿子参加运动了？
A是A	支持是支持，但是参加体育运动不能影响学习。

二、交际功能

如何恰当地询问和说明原因。

如何深入地表达一种观点。

三、常用表达式

……所以……	这个店的菜很好吃，所以每天有很多人来吃饭。
请问……	请问你们是从哪儿来的？
怎么会……	僧人怎么会和武术联系在一起呢？
怎么知道……	你是怎么知道少林寺的？
因为……	因为我对中国功夫感兴趣。
另外……	我的老师来过少林寺，另外，是电影的影响。
我觉得……	我觉得足球运动非常好。
我喜欢……	我喜欢打羽毛球。
不反对……	我不反对踢足球，但是不能天天踢。
不希望……	我不希望你总是呆在家里。

UNIT SUMMARY
學習小結

一、重點句型

以及……	説到功夫，人們就會想到少林寺以及武藝高強的僧人。
在於……	他們的不同就在於會不會武術。
不僅……而且……	學習功夫不僅可以鍛煉身體，而且可以修身養性。
是……的	你是從哪兒來的？
不……嗎	你不準備當武術教練嗎？
如果……那就……	如果我能參加奧運會，那就好了。
要想……就得……	我們要想取勝就得團結。
不管……只要……都……	不管大球小球，只要是球類運動我都喜歡。
既……又……	這種運動既能鍛煉身體又不累。
要是……的話……	要是沒有人和我一起玩的話，我寧可呆在家裏。
這麼説來……	這麼説來，您特別支持兒子參加運動了？
A是A	支持是支持，但是參加體育運動不能影響學習。

繁體版

二、交際功能

如何恰當地詢問和説明原因。
如何深入地表達一種觀點。

三、常用表達式

……所以……	這個店的菜很好吃，所以每天有很多人來吃飯。
請問……	請問你們是從哪兒來的？
怎麼會……	僧人怎麼會和武術聯繫在一起呢？
怎麼知道……	你是怎麼知道少林寺的？
因爲……	因爲我對中國功夫感興趣。
另外……	我的老師來過少林寺，另外，是電影的影響。
我覺得……	我覺得足球運動非常好。
我喜歡……	我喜歡打羽毛球。
不反對……	我不反對踢足球，但是不能天天踢。
不希望……	我不希望你總是呆在家裏。

UNIT **2**

FOOD AND FASHION

饮食与服装
飲食與服裝

Communicative Goals

- Talk about similarities and differences between food and fashion in different cultures
- Express personal experiences and feelings clearly and precisely
- Discuss views and opinions

Cultural Information

- Chinese food culture, and how it has evolved over time
- Chinese clothing and fashion, and how they have evolved over time

Warm up

无论是在古代还是今天，吃饭、穿衣都是和人们生活关系最密切的事情。

1. 请你讲讲，在你的国家或者你熟悉的国家里，在古代和现代，人们都吃什么？穿什么？

2. 请你设想一下，下一个世纪人们会吃什么？穿什么？

無論是在古代還是今天，吃飯、穿衣都是和人們生活關係最密切的事情。

1. 請你講講，在你的國家或者你熟悉的國家裏，在古代和現代，人們都吃什麼？穿什麼？

2. 請你設想一下，下一個世紀人們會吃什麼？穿什麼？

简体版

繁體版

The Beijing
Teahouse

第 三 课

北京的茶馆

简体版

Pre-reading

■ 你喜欢喝茶还是喜欢喝咖啡？
■ 你去过茶馆吗？你觉得茶馆和咖啡馆有哪些不同？

〔一〕在家里

茶在中国人的生活中是非常重要的。中国有句俗话，叫"开门七件事，柴米油盐酱醋茶"。早在几千年前，中国人就开始种植茶树。在长期的制茶、饮茶历史中，形成了独特的茶文化，并传播到别的国家。无论中国人走到哪里，喝茶的习惯总是保持着。

小云的爷爷最近从美国回到北京。五十多年前，她爷爷从北京到了台湾，后来又从台湾到了美国。回到离开了半个多世纪的故乡，老人家很激动，但也觉得有些遗憾……

小　云：爷爷，您回来好几天了，逛了这么多地方，感觉怎么样？

爷　爷：北京的变化实在太大了，老北京的样子几乎一点儿也看不见了。

小　云：都几十年了，哪能不变呢？

爷　爷：别的不说，就说昨天吧。在城里逛了半天，又累又渴，可连一家茶馆也没见到。以前茶馆可是北京人离不开的地方啊！

小　云：您怎么不到肯德基、麦当劳里去喝点儿什么呢？

爷　爷：要去那些地方，我还用回国吗？

小　云：其实北京的茶馆也不少。前门那儿就有一家老舍茶馆，很有名。听说那儿不但可以喝茶，还可以看演出，哪天我陪您去看看。

爷　爷：那太好了，咱们明天就去吧！

Pre-reading

■ 你喜歡喝茶還是喜歡喝咖啡？

■ 你去過茶館嗎？你覺得茶館和咖啡館有哪些不同？

〖一〗在家裏

茶在中國人的生活中是非常重要的。中國有句俗話，叫"開門七件事，柴米油鹽醬醋茶"。早在幾千年前，中國人就開始種植茶樹。在長期的製茶、飲茶歷史中，形成了獨特的茶文化，並傳播到別的國家。無論中國人走到哪裏，喝茶的習慣總是保持着。

小雲的爺爺最近從美國回到北京。五十多年前，她爺爺從北京到了臺灣，後來又從臺灣到了美國。回到離開了半個多世紀的故鄉，老人家很激動，但也覺得有些遺憾……

小　雲：爺爺，您回來好幾天了，逛了這麼多地方，感覺怎麼樣？

爺　爺：北京的變化實在太大了，老北京的樣子幾乎一點兒也看不見了。

小　雲：都幾十年了，哪能不變呢？

爺　爺：別的不説，就説昨天吧。在城裏逛了半天，又累又渴，可連一家茶館也沒見到。以前茶館可是北京人離不開的地方啊！

小　雲：您怎麼不到肯德基、麥當勞裏去喝點兒什麼呢？

爺　爺：要去那些地方，我還用回國嗎？

小　雲：其實北京的茶館也不少。前門那兒就有一家老舍茶館，很有名。聽説那兒不但可以喝茶，還可以看演出，哪天我陪您去看看。

爺　爺：那太好了，咱們明天就去吧！

繁體版

简体版

〖二〗在茶馆里

服务员：两位请这边坐。想喝点儿什么茶？

爷　爷：要一<u>壶</u>花茶吧。

服务员：好，请<u>稍</u>等。

小　云：爷爷，您觉得这里怎么样？

爷　爷：不错，这里的<u>陈设</u>很有老北京的味道，不过感觉还是不太一样。

小　云：那老北京的茶馆是什么样的？

爷　爷：以前的北京城里，各种各样的茶馆多极了。远远地，你就能看见茶馆外面大大的"茶"字。有的茶馆只卖茶，有的除了茶以外，还卖北京<u>小吃</u>，有的茶馆里还表演节目，很热闹。老北京人，不管<u>身份</u>高的还是身份低的、穷的还是富的，都爱去茶馆。你可以在那儿休息、<u>下棋</u>、看表演、谈<u>生意</u>，还可以在那儿结交很多朋友，<u>谈天说地</u>，既便宜又方便，真是个好地方。

小　云：现在的人生活<u>节奏</u>快，不像以前那么<u>悠闲</u>，可以有很多时间<u>呆</u>在茶馆里。

爷　爷：是的。我在<u>旧金山</u>，经常看见人们在<u>咖啡</u>馆里买一杯咖啡、一个面包，<u>匆匆忙忙</u>就上班去了。（服务员送来茶，两人边喝茶边聊天。）

小　云：爷爷，这茶怎么样？

爷　爷：还可以，挺香的，就是有点淡。

小　云：台北是不是也有很多茶馆？

〔二〕在茶館裏

服務員：兩位請這邊坐。想喝點兒什麼茶？

爺　爺：要一壺花茶吧。

服務員：好，請稍等。

小　雲：爺爺，您覺得這裏怎麼樣？

爺　爺：不錯，這裏的陳設很有老北京的味道，不過感覺還是不太一樣。

小　雲：那老北京的茶館是什麼樣的？

Photo: Xinhua News Agency

繁體版

爺　爺：以前的北京城裏，各種各樣的茶館多極了。遠遠地，你就能看見茶館外面大大的"茶"字。有的茶館只賣茶，有的除了茶以外，還賣北京小吃，有的茶館裏還表演節目，很熱鬧。老北京人，不管身份高的還是身份低的、窮的還是富的，都愛去茶館。你可以在那兒休息、下棋、看表演、談生意，還可以在那兒結交很多朋友，談天說地，既便宜又方便，真是個好地方。

小　雲：現在的人生活節奏快，不像以前那麼悠閒，可以有很多時間呆在茶館裏。

爺　爺：是的。我在舊金山，經常看見人們在咖啡館裏買一杯咖啡、一個麵包，匆匆忙忙就上班去了。（服務員送來茶，兩人邊喝茶邊聊天。）

小　雲：爺爺，這茶怎麼樣？

爺　爺：還可以，挺香的，就是有點淡。

小　雲：臺北是不是也有很多茶館？

爷　爷：有很多，不过跟老北京的风格也不太一样。北京的老式茶馆没有了，真是很可惜。

小　云：我倒是很喜欢现在的茶馆，可以喝各种各样自己喜欢的茶，可以听音乐，也可以安安静静地跟朋友聊天。您知道吗？据说现在北京的茶馆有五六百家，生意都不错。

爷　爷：现在人们工作紧张，压力很大，空闲的时候去茶馆坐一坐，要一壶茶，听听音乐，的确挺不错。

小　云：您说得太对了。除了这种休闲茶馆外，还有茶艺馆，就是用表演的方式把传统的茶文化展示给大家，也很受欢迎。

爷　爷：这也很有意思。你知道得这么多，是不是经常到茶馆喝茶？

小　云：有时候到茶馆喝茶，有时候也跟朋友去咖啡馆或别的地方。爷爷，这是免费送的小点心，您尝尝？

爺　爺：有很多，不過跟老北京的風格也不太一
　　　　樣。北京的老式茶館沒有了，真是很
　　　　可惜。

小　雲：我倒是很喜歡現在的茶館，可以喝各種各
　　　　樣自己喜歡的茶，可以聽音樂，也可以安
　　　　安靜靜地跟朋友聊天。您知道嗎？據說現
　　　　在北京的茶館有五六百家，生意都不錯。

爺　爺：現在人們工作緊張，壓力很大，空閒的時
　　　　候去茶館坐一坐，要一壺茶，聽聽音樂，
　　　　的確挺不錯。

小　雲：您說得太對了。除了這種休閒茶館外，還
　　　　有茶藝館，就是用表演的方式把傳統的茶
　　　　文化展示給大家，也很受歡迎。

爺　爺：這也很有意思。你知道得這麼多，是不是
　　　　經常到茶館喝茶？

小　雲：有時候到茶館喝茶，有時候也跟朋友去咖
　　　　啡館或別的地方。爺爺，這是免費送的小
　　　　點心，您嚐嚐？

繁體版

VOCABULARY
生词表

1	俗话	súhuà	proverb

【名】他写文章喜欢引用*俗话*。|*俗话*说："世上无难事，只怕有心人。"|中国有句*俗话*，叫做"礼轻情意重"。▣俗：普遍流行的；大众的。▣俗人｜俗称｜俗语｜俗名｜俗体｜俗字｜通俗。

2	柴	chái	firewood

【名】砍柴｜柴刀｜木柴｜上山打柴｜往灶里添把柴。

3	盐	yán	salt

【名】海盐｜精盐｜盐商｜盐粒｜加点盐｜一斤盐｜这么快就吃了一袋盐。|盐吃多了对身体没好处。

4	酱	jiàng	sauce

【名】大酱｜甜面酱｜辣酱｜黄酱｜买一斤*酱*｜这种*酱*太咸了。|*酱*是中国人喜爱的调味品。|吃北京烤鸭，没有*酱*不行。

5	醋	cù	vinegar

【名】一斤*醋*｜这种*醋*真够酸的。|山西的陈年老*醋*最正宗，又酸又香。|做鱼时放点儿*醋*，味道更鲜美。

6	种植	zhòngzhí	to plant

【动】这种土地适合*种植*棉花。|这块地专门*种植*花卉。|他靠*种植*果树挣钱。▣植：栽培。▣植树｜培植｜植皮。

7	茶树	cháshù	tea plant

【名】山上有几棵*茶树*。|她家的茶树今年产量很高。▣茶叶｜茶园｜茶馆｜茶座｜茶鸡蛋。

8	传播	chuánbō	to spread

【动】*传播*文化｜*传播*疾病｜*传播*的范围｜停止*传播*谣言｜信息*传播*得很快。|新技术被广泛*传播*。▣传：广泛散布。▣传言｜传教｜传情｜传诵｜传阅。▣播：把信息或消息传出去。▣广播｜点播｜演播｜直播｜转播。

9	世纪	shìjì	century

【名】本*世纪*｜上个*世纪*｜跨*世纪*的一代｜他是 19 *世纪* 80 年代的著名画家。

10	激动	jīdòng	excited

【形】情绪*激动*｜万分*激动*｜心脏不好的人不能过分*激动*。|老朋友见面，*激动*地拥抱起来。|她*激动*地告诉我："成功了！"

11	遗憾[1]	yíhàn	disappointed, regretful

【形】*遗憾*得很｜深深地感到*遗憾*｜没有见到老朋友，只好*遗憾*地走了。|因为生病没能去参加比赛，实在太*遗憾*了！▣遗：留下。▣遗留｜遗产。▣憾：失望，不满意。▣憾事｜缺憾。

12	逛	guàng	to stroll

【动】*逛*街｜*逛*公园｜*逛*北京｜*逛*了一天逛累了｜他每天在街上*逛*来*逛*去。|今天我不买东西，只是*逛逛*。

13	咱们	zánmen	we (usually used in spoken Chinese)

【代】〈口〉*咱们*好久没见面了，得好好聊聊。|走，*咱们*一起照张相去吧。|这事*咱们*以后再说吧。

VOCABULARY
生詞表

1	<u>俗話</u>	súhuà	proverb

【名】他寫文章喜歡引用*俗話*。| *俗話*説："世上無難事，只怕有心人。" | 中國有句*俗話*，叫做"禮輕情意重"。▣俗：普遍流行的；大衆的。▣ 俗人 | 俗稱 | 俗語 | 俗名 | 俗體 | 俗字 | 通俗。

2	柴	chái	firewood

【名】砍*柴* | *柴*刀 | 木*柴* | 上山打*柴* | 往竈裏添把*柴*。

3	<u>鹽</u>	yán	salt

【名】海*鹽* | 精*鹽* | *鹽*商 | *鹽*粒 | 加點*鹽* | 一斤*鹽* | 這麼快就吃了一袋*鹽*。| *鹽*吃多了對身體没好處。

4	醬	jiàng	sauce

【名】大*醬* | 甜麵*醬* | 辣*醬* | 黃*醬* | 買一斤*醬* | 這種*醬*太鹹了。| *醬*是中國人喜愛的調味品。| 吃北京烤鴨，没有*醬*不行。

5	<u>醋</u>	cù	vinegar

【名】一斤*醋* | 這種*醋*真夠酸的。| 山西的陳年老*醋*最正宗，又酸又香。| 做魚時放點兒*醋*，味道更鮮美。

6	種植	zhòngzhí	to plant

【動】這種土地適合*種植*棉花。| 這塊地專門*種植*花卉。| 他靠*種植*果樹挣錢。▣植：栽培。▣ 植樹 | 培植 | 植皮。

7	茶樹	cháshù	tea plant

【名】山上有幾棵*茶樹*。| 她家的*茶樹*今年産量很高。▣茶葉 | 茶園 | 茶館 | 茶座 | 茶鷄蛋。

8	傳播	chuánbō	to spread

【動】*傳播*文化 | *傳播*疾病 | *傳播*的範圍 | 停止*傳播*謠言 | 信息*傳播*得很快。| 新技術被廣泛*傳播*。▣傳：廣泛散布。▣ 傳言 | 傳教 | 傳情 | 傳誦 | 傳閱。▣播：把信息或消息傳出去。▣ 廣播 | 點播 | 演播 | 直播 | 轉播。

9	<u>世紀</u>	shìjì	century

【名】本*世紀* | 上個*世紀* | 跨*世紀*的一代 | 他是 19 *世紀* 80 年代的著名畫家。

10	<u>激動</u>	jīdòng	excited

【形】情緒*激動* | 萬分*激動* | 心臟不好的人不能過分*激動*。| 老朋友見面，*激動*地擁抱起來。| 她*激動*地告訴我："成功了！"

11	<u>遺憾</u>[1]	yíhàn	disappointed, regretful

【形】*遺憾*得很 | 深深地感到*遺憾* | 没有見到老朋友，只好*遺憾*地走了。| 因爲生病没能去參加比賽，實在太*遺憾*了！▣遺：留下。▣ 遺留 | 遺産。▣憾：失望，不滿意。▣ 憾事 | 缺憾。

12	<u>逛</u>	guàng	to stroll

【動】*逛*街 | *逛*公園 | *逛*北京 | *逛*了一天*逛*累了 | 他每天在街上*逛*來*逛*去。| 今天我不買東西，只是*逛逛*。

13	<u>咱們</u>	zánmen	we (usually used in spoken Chinese)

【代】〈口〉*咱們*好久没見面了，得好好聊聊。| 走，*咱們*一起照張相去吧。| 這事*咱們*以後再説吧。

简体版

14	陪	péi	to accompany

【动】*陪*伴 | *陪*送 | 作*陪* | 失*陪* | 今天我*陪*孩子去学小提琴。| 他愿意*陪*老人去看病。

15	壶	hú	a measure word (usually for liquids in a kettle or pot)

【量】一*壶*水 | 两*壶*茶。

16	花茶	huāchá	scented tea

【名】这种*花茶*很香。| 你喜欢喝*花茶*还是绿茶？ 🔖红茶 | 绿茶 | 黑茶 | 沱茶。

17	稍	shāo	a little, a bit, slightly

【副】衣服*稍*长了一点。| 说到这儿，他*稍*停了停。| 我*稍*休息一会儿就来。

18	陈设	chénshè	furnishing

【名】古朴的*陈设* | 卧室里的*陈设*很精致。

19	小吃	xiǎochī	snack

【名】*小吃*店 | 风味*小吃* | 各种各样的*小吃* | 北京王府井有*小吃*一条街。

20	身份	shēnfèn	status

【名】*身份*平等 | *身份*提高了 | 他有两个*身份*：教师和作家。| 他是以记者的*身份*来中国访问的。

21	下棋	xiàqí	to play chess

小王最爱*下棋*。| 我们俩*下*盘*棋*吧。| 他刚学*下*中国象棋。

22	生意	shēngyì	business

【名】他是个做*生意*的。| 最近这家商店*生意*不错。

23	谈天说地	tántiān-shuōdì	to chat (about anything and everything)

老同学聚在一起，*谈天说地*，非常开心。

24	节奏	jiézòu	rhythm, tempo

【名】有*节奏* | *节奏*缓慢 | 大城市里人们的工作*节奏*非常快。| 环境的改变打乱了我的生活*节奏*。
🔖节拍 | 节律。

25	悠闲	yōuxián	leisurely, carefree

【形】非常*悠闲* | 神态*悠闲* | 退休后，他过着*悠闲*的生活。| 老人在植物园里*悠闲*地散步。
🔖悠：舒缓；闲适。🔖悠然。

26	呆	dāi	to stay

【动】*呆*了五天 | 你*呆*一会儿再来。| 一个人在屋里*呆*得烦了。| 我不能在这里*呆*太久，我该走了。

27	咖啡	kāfēi	coffee

【名】*咖啡*店 | *咖啡*壶 | *咖啡*色 | 牛奶和*咖啡*。

28	匆匆忙忙	cōngcōng-mángmáng	in a hurry

这个人总是*匆匆忙忙*的。| 他没有带笔，就*匆匆忙忙*地去参加考试了。

29	老式	lǎoshì	old-fashioned

【形】*老式*汽车 | 这种*老式*家具现在已经很难找到了。🔖式：样子。🔖新式 | 旧式 | 西式 | 中式。

30	压力	yālì	pressure

【名】经济*压力* | 减轻心理*压力* | 巨大的精神*压力* | 工作上有*压力*是好事，我们可以把*压力*变成工作的动力。

14	陪	péi	to accompany

【動】陪伴 | 陪送 | 作陪 | 失陪 | 今天我陪孩子去學小提琴。| 他願意陪老人去看病。

15	壺	hú	a measure word (usually for liquids in a kettle or pot)

【量】一壺水 | 兩壺茶。

16	花茶	huāchá	scented tea

【名】這種花茶很香。| 你喜歡喝花茶還是綠茶? 📖紅茶 | 綠茶 | 黑茶 | 沱茶。

17	稍	shāo	a little, a bit, slightly

【副】衣服稍長了一點。| 說到這兒,他稍停了停。| 我稍休息一會兒就來。

18	陳設	chénshè	furnishing

【名】古樸的陳設 | 臥室裏的陳設很精緻。

19	小吃	xiǎochī	snack

【名】小吃店 | 風味小吃 | 各種各樣的小吃 | 北京王府井有小吃一條街。

20	身份	shēnfèn	status

【名】身份平等 | 身份提高了 | 他有兩個身份:教師和作家。| 他是以記者的身份來中國訪問的。

21	下棋	xiàqí	to play chess

小王最愛下棋。| 我們倆下盤棋吧。| 他剛學下中國象棋。

22	生意	shēngyì	business

【名】他是個做生意的。| 最近這家商店生意不錯。

23	談天說地	tántiān-shuōdì	to chat (about anything and everything)

老同學聚在一起,談天說地,非常開心。

24	節奏	jiézòu	rhythm, tempo

【名】有節奏 | 節奏緩慢 | 大城市裏人們的工作節奏非常快。| 環境的改變打亂了我的生活節奏。
📖節拍 | 節律。

25	悠閒	yōuxián	leisurely, carefree

【形】非常悠閒 | 神態悠閒 | 退休後,他過着悠閒的生活。| 老人在植物園裏悠閒地散步。
📖悠:舒緩;閒適。📖悠然。

26	呆	dāi	to stay

【動】呆了五天 | 你呆一會兒再來。| 一個人在屋裏呆得煩了。| 我不能在這裏呆太久,我該走了。

27	咖啡	kāfēi	coffee

【名】咖啡店 | 咖啡壺 | 咖啡色 | 牛奶和咖啡。

28	匆匆忙忙	cōngcōng-mángmáng	in a hurry

這個人總是匆匆忙忙的。| 他沒有帶筆,就匆匆忙忙地去參加考試了。

29	老式	lǎoshì	old-fashioned

【形】老式汽車 | 這種老式家具現在已經很難找到了。📖式:樣子。📖新式 | 舊式 | 西式 | 中式。

30	壓力	yālì	pressure

【名】經濟壓力 | 減輕心理壓力 | 巨大的精神壓力 | 工作上有壓力是好事,我們可以把壓力變成
工作的動力。

31	空闲	kòngxián	free, not busy

【形】你空*闲*的时候，陪我去逛街吧！ | 最近大家都比较空*闲*。

32	茶艺馆	cháyìguǎn	a tea house that performs tea ceremonies

【名】这个茶艺馆很有特色。 | 街对面新开了一家茶艺馆。

33	展示	zhǎnshì	to display

【动】展示魅力 | 展示历史 | 展示前景 | 展示艺术才能。 📖 展现 | 展览 | 展出 | 展销 | 展会。

34	免费	miǎnfèi	to be free of charge

【动】免费医疗 | 节假日，公园免费游览。 | 天下没有免费的午餐。

35	尝	cháng	to taste

【动】尝鲜 | 我尝了一口，味道太咸了。 | 我没尝出来这饺子是什么馅儿的。 | 那是一个新饭馆，我们去那里尝一尝吧！ | 什么时候去我家尝尝我做的菜？

简体版

PROPER NOUNS			
36	肯德基	Kěndéjī	Kentucky Fried Chicken (KFC)

连锁快餐店的名字。

37	麦当劳	Màidāngláo	McDonald's

连锁快餐店的名字。

38	老舍	Lǎoshě	Laoshe, a noted Chinese Writer

(1899~1966) 原名舒庆春，中国当代著名作家。

39	旧金山	Jiùjīnshān	San Francisco

美国城市名。

31	空閒	kòngxián	free, not busy

【形】你空閒的時候，陪我去逛街吧！ | 最近大家都比較空閒。

32	茶藝館	cháyìguǎn	a tea house that performs tea ceremonies

【名】這個茶藝館很有特色。 | 街對面新開了一家茶藝館。

33	展示	zhǎnshì	to display

【動】展示魅力 | 展示歷史 | 展示前景 | 展示藝術才能。📖 展現 | 展覽 | 展出 | 展銷 | 展會。

34	免費	miǎnfèi	to be free of charge

【動】免費醫療 | 節假日，公園免費遊覽。 | 天下沒有免費的午餐。

35	嚐	cháng	to taste

【動】嚐鮮 | 我嚐了一口，味道太鹹了。 | 我沒嚐出來這餃子是什麼餡兒的。 | 那是一個新飯館，我們去那裏嚐一嚐吧！ | 什麼時候去我家嚐嚐我做的菜?

PROPER NOUNS

36	肯德基	Kěndéjī	Kentucky Fried Chicken (KFC)

連鎖快餐店的名字。

37	麥當勞	Màidāngláo	McDonald's

連鎖快餐店的名字。

38	老舍	Lǎoshě	Laoshe, a noted Chinese Writer

(1899~1966) 原名舒慶春，中國當代著名作家。

39	舊金山	Jiùjīnshān	San Francisco

美國城市名。

繁體版

VOCABULARY IN CONTEXT

保持	俗话
世纪	压力
传播	空闲
壶	展示
稍	免费
节奏	悠闲
匆匆忙忙	激动

匆匆忙忙 节奏　压力
激动　免费

A　Fill in the blanks with words from the boxes.

1. _____说"尺有所短，寸有所长"。电视要想_____自己的地位，必须对新_____互联网的性质和_____特点有正确认识，才能更好地发展。

2. 我生活的_____非常快，哪怕安排得再适当，休闲的时间也很少。每天当我_____地赶回家的时候，别人已经在_____地散步了，当我吃完饭想散步的时候，路上已经没有多少人了，所以，无论再怎么赶，总是赶不上时间。

3. 生活中都会有或多或少的_____，你是怎样调节的呢？我的办法是：当遇到事情的时候，不要让自己太_____，_____的时候，泡上一_____清茶，慢慢品，让自己的心情平静下来。

4. 几分钟就可建立一个_____自己才华的_____网站！只要你会打字，点击这个程序，_____等两分钟就可以建立你的个人网站了。

B　Write a paragraph using the words from the boxes.

1. _____

_____

2. _____

_____

Fill in the blanks with words from the boxes. **A**

1. ＿＿＿＿＿說"尺有所短，寸有所長"。電視要想＿＿＿＿＿
   自己的地位，必須對新＿＿＿＿＿互聯網的性質和＿＿＿＿＿
   特點有正確認識，才能更好地發展。

2. 我生活的＿＿＿＿＿非常快，哪怕安排得再適當，休閒
   的時間也很少。每天當我＿＿＿＿＿地趕回家的時候，
   別人已經在＿＿＿＿＿地散步了，當我吃完飯想散步的
   時候，路上已經沒有多少人了，所以，無論再怎麼
   趕，總是趕不上時間。

3. 生活中都會有或多或少的＿＿＿＿＿，你是怎樣調節的
   呢？我的辦法是：當遇到事情的時候，不要讓自己
   太＿＿＿＿＿，＿＿＿＿＿的時候，泡上一＿＿＿＿＿清茶，慢慢
   品，讓自己的心情平靜下來。

4. 幾分鐘就可建立一個＿＿＿＿＿自己才華的＿＿＿＿＿網站！
   只要你會打字，點擊這個程序，＿＿＿＿＿等兩分鐘就
   可以建立你的個人網站了。

保持	俗話
世紀	壓力
傳播	空閒
壺	展示
稍	免費
節奏	悠閒
匆匆忙忙	激動

練習與活動

繁體版

Write a paragraph using the words from the boxes. **B**

1. ＿＿＿＿＿＿＿＿＿＿＿＿＿＿＿＿＿＿＿＿＿＿＿＿＿＿＿＿＿
   ＿＿＿＿＿＿＿＿＿＿＿＿＿＿＿＿＿＿＿＿＿＿＿＿＿＿＿＿＿

2. ＿＿＿＿＿＿＿＿＿＿＿＿＿＿＿＿＿＿＿＿＿＿＿＿＿＿＿＿＿
   ＿＿＿＿＿＿＿＿＿＿＿＿＿＿＿＿＿＿＿＿＿＿＿＿＿＿＿＿＿

匆匆忙忙 節奏　壓力

激動　免費

LANGUAGE CONNECTION

简体版

练习与活动

几乎

means almost.

For example

■ 这道题太难了，我**几乎**做了一下午，也没做出来。
■ 今天**几乎**有五十万人参加了集会。

要……还……吗

is used to ask a rhetorical question. "**要……**" can sometimes be omitted.

For example

■ **要**没有你的父母，你**还**能生活得这么舒服**吗**？
■ **要**有台电脑，我写文章**还**用这么累**吗**？

A **几乎**（almost）

"老北京的样子**几乎**一点儿也看不见了。"

Rewrite the sentences using "几乎."

1. 原　句：这个幼儿园的老师当中，女教师占了百分之九十以上。

　 替换句：_____。

2. 原　句：这些单词太难，我只记住了极少的几个。

　 替换句：_____。

3. 原　句：这些菜好像没有人动过，可能太难吃了。

　 替换句：_____。

B **要……还……吗**（if..., still...?）

"**要**去那些地方，我**还**用回国**吗**？"

Role play the following situations using "要……还……吗……."

Situation 1： You are in Beijing and your friend wants to take you to McDonald's for lunch. However, you feel that you should eat Chinese food while you're in Beijing, not American fast food. Role play the conversation with your friend.

Situation 2： Your friend is going to attend a party and asks you to accompany him to buy new clothes. You feel that he is spending money unnecessarily and there is no need to go to such lengths. Role play the conversation with your friend.

Situation 3： Your friend wants to ask you to go hiking but he is afraid you don't have time. However, you are actually thinking of going hiking anyway. Role play the conversation with your friend.

A 幾乎（almost）

"老北京的樣子幾乎一點兒也看不見了。"

Rewrite the sentences using "幾乎."

1. 原　句：這個幼兒園的老師當中，女教師占了百分之
　　　　　九十以上。

　　替換句：_____。

2. 原　句：這些單詞太難，我只記住了極少的幾個。

　　替換句：_____。

3. 原　句：這些菜好像沒有人動過，可能太難吃了。

　　替換句：_____。

幾乎
means almost.

For example

■ 這道題太難了，我幾乎做了一下午，也沒做出來。

■ 今天幾乎有五十萬人參加了集會。

B 要⋯⋯還⋯⋯嗎（if..., still...?）

"要去那些地方，我還用回國嗎？"

Role play the following situations using "要⋯⋯還⋯⋯嗎⋯⋯."

要⋯⋯還⋯⋯嗎
is used to ask a rhetorical question. "要⋯⋯" can sometimes be omitted.

For example

■ 要沒有你的父母，你還能生活得這麼舒服嗎？

■ 要有臺電腦，我寫文章還用這麼累嗎？

Situation 1 : You are in Beijing and your friend wants to take you to McDonald's for lunch. However, you feel that you should eat Chinese food while you're in Beijing, not American fast food. Role play the conversation with your friend.

Situation 2 : Your friend is going to attend a party and asks you to accompany him to buy new clothes. You feel that he is spending money unnecessarily and there is no need to go to such lengths. Role play the conversation with your friend.

Situation 3 : Your friend wants to ask you to go hiking but he is afraid you don't have time. However, you are actually thinking of going hiking anyway. Role play the conversation with your friend.

繁體版　練習與活動

简体版

练习与活动

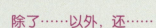

请 + V

is used to make a polite request.

For example
- 请进！
- 请不要紧张，随便讲一讲就可以了。

请

can also be used on its own.

For example
- 请！别客气。

除了……以外，还……

For example
- 这里除了有山以外，还有一条小河。
- 我除了选修数学、物理以外，还选修了音乐、美术。

C 请 + V（please + V）

"两位请这边坐。"

Role play the following situations using "请＋V."

Situation 1: You forgot to bring your pencil case and you need to borrow a pen from a classmate. Role play the conversation with your classmate.

Situation 2: You are watching a movie in a cinema. The people sitting behind you are talking loudly. Role play the conversation with the people behind you.

Situation 3: You want to ask your family members to provide ideas to help solve a problem you have. Role play the conversation with your family.

D 除了……以外，还……（apart from... , there is also...）

"有的茶馆只卖茶，有的除了茶以外，还卖北京小吃。"

Rewrite the sentences using "除了…以处，还……."

1. 原　句：我们这里有男装，也有女装。

   替换句：＿＿＿＿＿＿＿＿＿＿＿＿＿＿＿＿。

2. 原　句：她每天在家做家务，还得带孩子。

   替换句：＿＿＿＿＿＿＿＿＿＿＿＿＿＿＿＿。

3. 原　句：他家里几乎什么都没有，只有一台彩电。

   替换句：＿＿＿＿＿＿＿＿＿＿＿＿＿＿＿＿。

C 請 + Ｖ（please + Ｖ）

" 兩位請這邊坐。"

Role play the following situations using "請＋Ｖ."

Situation 1 ：You forgot to bring your pencil case and you need to borrow a pen from a classmate. Role play the conversation with your classmate.

Situation 2 ：You are watching a movie in a cinema. The people sitting behind you are talking loudly. Role play the conversation with the people behind you.

Situation 3 ：You want to ask your family members to provide ideas to help solve a problem you have. Role play the conversation with your family.

D 除了⋯⋯以外，還⋯⋯（apart from... , there is also...）

" 有的茶館只賣茶，有的除了茶以外，還賣北京小吃。"

Rewrite the sentences using "除了⋯以處，還⋯⋯."

1. 原　句：我們這裏有男裝，也有女裝。

   替換句：＿＿＿＿＿＿＿＿＿＿＿＿＿。

2. 原　句：她每天在家做家務，還得帶孩子。

   替換句：＿＿＿＿＿＿＿＿＿＿＿＿＿。

3. 原　句：他家裏幾乎什麼都沒有，只有一臺彩電。

   替換句：＿＿＿＿＿＿＿＿＿＿＿＿＿。

請 + Ｖ
is used to make a polite request.

For example
- 請進！
- 請不要緊張，隨便講一講就可以了。

請
can also be used on its own.

For example
- 請！別客氣。

除了⋯⋯以外，還⋯⋯

For example
- 這裏除了有山以外，還有一條小河。
- 我除了選修數學、物理以外，還選修了音樂、美術。

繁體版

練習與活動

**COMMON
EXPRESSIONS**

简体版

练习与活动

实在……
For example
- 他的表演实在是太棒了！
- 这件事的经过她实在不知道。

一点儿也……
For example
- 他什么时候来的，我一点儿也不知道。
- 好几年过去了，他的样子一点儿也没变。

跟……不太一样
For example
- 我们这里的气候跟北京不太一样。
- 这个菜的味道跟家里自己做的不太一样。

不错
For example
- 不错，这里的环境挺好的。
- 这个苹果的味道真不错。

A 实在……（really...）

means "really." It is used when you are very sure about something.

"北京的变化实在太大了。"

B 一点儿也……（absolutely not...）

means "a little." When used together with "也" or "都," it means "absolutely not."

"老北京的样子几乎一点儿也看不见了。"

C 跟……不太一样（not the same）

is used to show that two things are not the same. "跟" introduces the object of comparison.

"不过跟老北京的风格也不太一样。"

D 不错（not bad）

means "not bad" or "pretty good."

"不错，这里的陈设很有老北京的味道。"

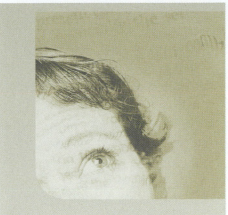

A 實在……（really...）

means "really." It is used when you are very sure about something.

" 北京的變化實在太大了。 "

B 一點兒也……（absolutely not...）

means "a little." When used together with "也" or "都," it means "absolutely not."

" 老北京的樣子幾乎一點兒也看不見了。 "

C 跟……不太一樣（not the same）

is used to show that two things are not the same. "跟" introduces the object of comparison.

" 不過跟老北京的風格也不太一樣。 "

D 不錯（not bad）

means "not bad" or "pretty good."

" 不錯，這裏的陳設很有老北京的味道。 "

實在……
For example
■他的表演實在是太棒了！
■這件事的經過她實在不知道。

一點兒也……
For example
■他什麼時候來的，我一點兒也不知道。
■好幾年過去了，他的樣子一點兒也沒變。

跟……不太一樣
For example
■我們這裏的氣候跟北京不太一樣。
■這個菜的味道跟家裏自己做的不太一樣。

不錯
For example
■不錯，這裏的環境挺好的。
■這個蘋果的味道真不錯。

繁體版

練習與活動

简
体
版

练
习
与
活
动

不过（感觉）还是……

For example

■ 这个菜味道不错，不过还是不太地道。

■ 工作人员做了很多努力，不过大家的感觉还是不太好。

还可以，就是……

For example

A：昨天的电影怎么样？

B：还可以，演员演得不错，就是情节有点简单。

A：这次的考试题难吗？

B：还可以，不太难，就是时间有点紧。

E 不过（感觉）还是…… (yes, but...)

is used when acknowledging a fact, but at the same time expressing your true feelings.

" 不过感觉还是不太一样。"

F 还可以，就是…… (okay, but...)

shows partial agreement. The text after "就是" explains the thing you don't agree with.

" 还可以，挺香的，就是有点淡。"

RECAP

1. Listen to the recording. A manager is asking some customers for their opinions about his new Sichuan restaurant. Write down what the customers said. Then discuss with a partner which customer had the best opinion and which had the worst opinion of the restaurant.

2. Role play a conversation between a customer and the manager. Give your opinion about the restaurant. Using the structures "实在……," "一点儿也……," "跟……不太一样," "不错," "不过（感觉）还是……" and "还可以，就是……." Now swap roles.

E 不過（感覺）還是……（yes, but...）

is used when acknowledging a fact, but at the same time expressing your true feelings.

" 不過感覺還是不太一樣。"

F 還可以，就是……（okay, but...）

shows partial agreement. The text after "就是" explains the thing you don't agree with.

" 還可以，挺香的，就是有點淡。"

不過（感覺）還是……
For example
- 這個菜味道不錯，不過還是不太地道。
- 工作人員做了很多努力，不過大家的感覺還是不太好。

還可以，就是……
For example
A：昨天的電影怎麼樣？
B：還可以，演員演得不錯，就是情節有點簡單。
A：這次的考試題難嗎？
B：還可以，不太難，就是時間有點緊。

RECAP

1. Listen to the recording. A manager is asking some customers for their opinions about his new Sichuan restaurant. Write down what the customers said. Then discuss with a partner which customer had the best opinion and which had the worst opinion of the restaurant.

2. Role play a conversation between a customer and the manager. Give your opinion about the restaurant. Using the structures "實在……," "一點兒也……," "跟……不太一樣," "不錯," "不過（感覺）還是……" and "還可以，就是……." Now swap roles.

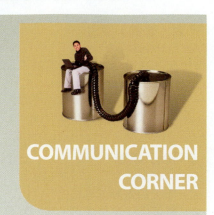

COMMUNICATION CORNER

Instructions:

- In groups, discuss the similarities and differences between Western and Chinese food.
- Take notes and prepare a presentation to the class. Include your own personal feeling and ideas.
- Keep your presentation to about 3-5 minutes.

确实不一样！

Guidelines:

🗣 Describe the differences between Chinese and Western food. Compare details such as appearance, taste, smell, preparation methods, etc.

◀ 和中国的绿茶相比，咖啡最明显的特点是味道比较浓。

◀ 这道西餐和这道中餐在制作上的最大区别是一个简单、一个复杂。

🗣 You can also describe them by comparing them with other things, using expressions like:

◀ 和……不一样

◀ 跟……完全不一样……

◀ 比较起……不同的是……

🗣 Inject personal feelings by making connections to prior knowledge, personal experiences and changes of impressions:

◀ 以前我一直认为中国茶的味道都一样，不过现在我的印象大大改变了。

◀ 我原来不太爱吃豆腐，因为我觉得它没有什么味道，有一次吃了"麻婆豆腐"，才发现原来豆腐这么好吃！

🗣 Summarize your overall impression of both Chinese and Western food.

◀ 这两道菜各有特点，确实不一样，我都很爱吃。

🗣 Other useful expressions include:

◀ ……所以说……

◀ 还可以……就是……

◀ 让我吃惊的是……

◀ 我印象最深的是……

◀ 太让人……

◀ 真让人……

確實不一樣！

Guidelines:

🗣 Describe the differences between Chinese and Western food. Compare details such as appearance, taste, smell, preparation methods, etc.

🔊 和中國的綠茶相比，咖啡最明顯的特點是味道比較濃。

🔊 這道西餐和這道中餐在製作上的最大區別是一個簡單、一個複雜。

🗣 You can also describe them by comparing them with other things, using expressions like:

🔊 和……不一樣
🔊 跟……完全不一樣……
🔊 比較起……不同的是……

🗣 Inject personal feelings by making connections to prior knowledge, personal experiences and changes of impressions:

🔊 以前我一直認爲中國茶的味道都一樣，不過現在我的印象大大改變了。

🔊 我原來不太愛吃豆腐，因爲我覺得它沒有什麽味道，有一次吃了"麻婆豆腐"，才發現原來豆腐這麽好吃！

🗣 Summarize your overall impression of both Chinese and Western food.

🔊 這兩道菜各有特點，確實不一樣，我都很愛吃。

🗣 Other useful expressions includ4:

🔊 ……所以説……
🔊 還可以……就是……
🔊 讓我吃驚的是……
🔊 我印象最深的是……
🔊 太讓人……
🔊 真讓人……

Instructions:

- In groups, discuss the similarities and differences between Western and Chinese food.

- Take notes and prepare a presentation to the class. Include your own personal feeling and ideas.

- Keep your presentation to about 3-5 minutes.

繁體版

練習與活動

简体版

练习与活动

WRITING TASK

Instructions:

- Write about your favorite food or drink.
- Keep your writing to about 300 words.

我喜欢的美食/饮料

Guidelines:

- Describe what your favorite food looks likes – its color and appearance; what it smells like; and what it tastes like.

- Talk about when you eat it, and who makes it. Give your composition a personal feel by incorporating feelings, and opinions.

- Describe why you like it. Elaborate on your personal taste in food as much as you can. Do you like sweet or savory dishes? Western or Chinese food? Meat- or vegetable- based dishes?

我喜歡的美食/飲料

Guidelines:

📋 Describe what your favorite food looks likes – its color and appearance; what it smells like; and what it tastes like.

📋 Talk about when you eat it, and who makes it. Give your composition a personal feel by incorporating feelings, and opinions.

📋 Describe why you like it. Elaborate on your personal taste in food as much as you can. Do you like sweet or savory dishes? Western or Chinese food? Meat- or vegetable- based dishes?

Instructions:

• Write about your favorite food or drink.

• Keep your writing to about 300 words.

繁體版

練習與活動

Dining at a Chinese Restaurant

副课文

您二位来点儿什么？

简体版

Pre-reading

- 你喜欢吃中国菜吗？
- 到中国餐馆吃饭，你常点什么菜？

〖一〗

张忠文和彼得来到一家四川菜馆吃晚饭。这是彼得第三次到中国餐馆吃饭，他还不太熟悉点菜呢。张忠文和他一起点菜。

服务员：（递上菜单）您二位来点儿什么？

张忠文：（对彼得）你喜欢吃什么？

彼　得：我不熟悉四川菜，你给我推荐两个吧。

服务员：先生能吃辣的吗？

张忠文：我没什么问题。（对彼得）你呢？

彼　得：还可以。

服务员：麻婆豆腐、水煮鱼都是我们的特色菜。

张忠文：要麻婆豆腐和水煮牛肉吧。

彼　得：（指菜单上"水煮牛肉"后标记的两个红辣椒）菜单上画的两个红辣椒是什么意思？

张忠文：意思是这个菜比较辣。

服务员：对！一个辣椒是有点辣，两个辣椒是比较辣，三个辣椒是特别辣。

彼　得：那就试一试两个辣椒的吧。

服务员：好，一份水煮牛肉，一份麻婆豆腐。

彼　得：这个宫保鸡丁怎么样？

1.你知道川菜的特点吗？

2.菜单上的菜怎么表示辣的程度？

Dining at a Chinese Restaurant

副課文

您二位來點兒什麼？

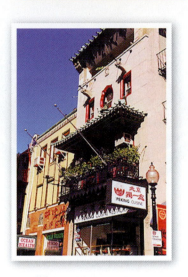

繁體版

Pre-reading

■ 你喜歡吃中國菜嗎？

■ 到中國餐館吃飯，你常點什麼菜？

〖一〗

　　張忠文和彼得來到一家四川菜館吃晚飯。這是彼得第三次到中國餐館吃飯，他還不太熟悉點菜呢。張忠文和他一起點菜。

服務員：（遞上菜單）您二位來點兒什麼？

張忠文：（對彼得）你喜歡吃什麼？

彼　得：我不熟悉四川菜，你給我推薦兩個吧。

服務員：先生能吃辣的嗎？

張忠文：我沒什麼問題。（對彼得）你呢？

彼　得：還可以。

服務員：麻婆豆腐、水煮魚都是我們的特色菜。

張忠文：要麻婆豆腐和水煮牛肉吧。

彼　得：（指菜單上"水煮牛肉"後標記的兩個紅辣椒）菜單上畫的兩個紅辣椒是什麼意思？

張忠文：意思是這個菜比較辣。

服務員：對！一個辣椒是有點辣，兩個辣椒是比較辣，三個辣椒是特別辣。

彼　得：那就試一試兩個辣椒的吧。

服務員：好，一份水煮牛肉，一份麻婆豆腐。

彼　得：這個宮保雞丁怎麼樣？

1.你知道川菜的特點嗎？

2.菜單上的菜怎麼表示辣的程度？

张忠文：那也是川菜的名菜呢，可以点一个。

服务员：您二位，三个热菜够了，可以再来一两个凉菜。

张忠文：来一个四川泡菜吧。

彼　得：主食呢？

张忠文：两碗汤圆。

服务员：二位喝点什么？

张忠文：（对彼得）茶？

彼　得：好。

服务员：有绿茶和红茶。

张忠文：那绿茶吧。

服务员：请稍等。

3.川菜有哪些有名的菜？

简体版

Phtographer: Tiger

〖二〗

彼　得：这菜味道真不错，看着也漂亮。

张忠文：是啊。一般中国菜都讲究色、香、味俱全。

彼　得：色是颜色，香是香味，那"味"指什么？

张忠文：比如咸味儿、辣味儿。我们今天吃的是川菜的家常菜，特点是麻、辣、香。如果是宴席菜，就更讲究了——除了色、香、味，还要注意菜的形状、盛菜的餐具什么的。

彼　得：是啊，漂亮的餐具会让人更有食欲。哎，你说这"麻婆豆腐"的"麻婆"是什么意思？

张忠文：麻婆是传说中发明这道菜的人。一般从中国菜的名字上可以大概知道这道菜是用什么材料做的，是怎么做的，或者是由谁发明的，等等。

彼　得："天府豆花鱼"是什么意思呢？

张忠文：天府指四川。"豆花鱼"就是把豆花和鱼做在一起。

4.什么叫"色、香、味俱全"？

5.你喜欢吃麻辣的菜吗？为什么？

6.中国菜是怎么起名的？

張忠文：那也是川菜的名菜呢，可以點一個。

服務員：您二位，三個熱菜夠了，可以再來一兩個
涼菜。

張忠文：來一個四川泡菜吧。

彼　得：主食呢？

張忠文：兩碗湯圓。

服務員：二位喝點什麽？

張忠文：（對彼得）茶？

彼　得：好。

服務員：有綠茶和紅茶。

張忠文：那綠茶吧。

服務員：請稍等。

Photographer: Tiger

〖二〗

彼　得：這菜味道真不錯，看着也漂亮。

張忠文：是啊。一般中國菜都講究色、香、味
俱全。

彼　得：色是顏色，香是香味，那"味"指什麽？

張忠文：比如鹹味兒、辣味兒。我們今天吃的是川
菜的家常菜，特點是麻、辣、香。如果是宴席
菜，就更講究了——除了色、香、味，還
要注意菜的形狀、盛菜的餐具什麽的。

彼　得：是啊，漂亮的餐具會讓人更有食慾。哎，
你說這"麻婆豆腐"的"麻婆"是什麽
意思？

張忠文：麻婆是傳說中發明這道菜的人。一般從中
國菜的名字上可以大概知道這道菜是用什
麽材料做的，是怎麽做的，或者是由誰發
明的，等等。

彼　得："天府豆花魚"是什麽意思呢？

張忠文：天府指四川。"豆花魚"就是把豆花和魚
做在一起。

3.川菜有哪些有名的菜？

4.什麽叫"色、香、味俱全"？

5.你喜歡吃麻辣的菜嗎？爲什麽

6.中國菜是怎麽起名的？

繁體版

彼　得："干煸牛肉"呢？

张忠文：干煸是做法，主料是牛肉。

彼　得：原来如此。

张忠文：当然也有一些菜从菜名上根本看不出是怎么回事，比如"白玉翡翠汤"、"平地一声雷"等等。四川的名小吃"龙抄手"，外地人看了就不知道是什么。

彼　得：那我来问问服务员。

附录：巴蜀川菜馆菜单

简体版

菜　单

冷　菜				海　鲜　类			
芝麻牛肉	10元	香油姜豆	4元	白灼虾	时价	蒜茸开边虾	时价
五香熏鱼	10元	蒜泥黄瓜	4元	醉虾	30元	腰果虾仁	25元
香菜花生	5元	凉拌粉皮	6元	盐水河虾	时价	葱爆河虾	时价
				清蒸蟹	时价	姜爆蟹	时价
肉　类				豆　腐　类			
宫保肉丁	10元	水煮肉片	18元	麻婆豆腐	6元	脆皮豆腐	12元
青椒肉丝	12元	鱼香肉丝	12元	红烧豆腐	6元	西施豆腐	6元
回锅肉	14元	干煸牛肉	22元				
锅巴肉片	16元			蔬　菜　类			
鱼　类				红烧茄子	6元	鱼香茄子	8元
水煮鱼	22元	豆花鱼	20元	开洋冬瓜	6元	香菇炒菜心	6元
酸菜鱼	20元	豆瓣鱼	18元	松仁玉米	18元	三鲜锅巴	16元
干烧鱼	18元	椒盐带鱼	14元				
鸡　类				汤　类			
醋溜鸡	16元	纸包鸡	20元	黄瓜皮蛋汤	8元	番茄肉丝汤	8元
宫保鸡丁	12元	辣子鸡丁	12元	酸菜肚片汤	8元	香菇蛋花汤	6元
				酸萝卜鸭块汤	28元	酸辣汤	10元
鸭　类				主　食			
姜爆仔鸭	26元	虫草鸭	时价	金银馒头	12元	黄金南瓜饼	14元
香酥鸭	26元	魔芋烧鸭	28元	麻团	1元/只	阳春面	10元
				龙抄手	4元	担担面	4元
铁　板　类				麻辣拌面	4元	米饭	1元
铁板回锅肉	18元	铁板鳝鱼片	26元				
铁板豆豉鲜鱿	26元	铁板牛柳	18元				

彼　得：“乾煸牛肉”呢？

張忠文：乾煸是做法，主料是牛肉。

彼　得：原來如此。

張忠文：當然也有一些菜從菜名上根本看不出是怎
　　　　麼回事，比如“白玉翡翠湯”、“平地一
　　　　聲雷”等等。四川的名小吃“龍抄手”，
　　　　外地人看了就不知道是什麼。

彼　得：那我來問問服務員。

附錄：巴蜀川菜館菜單

菜　單

冷　菜				海　鮮　類		
芝麻牛肉	10元	香油姜豆	4元	白灼蝦	時價	蒜茸開邊蝦	時價
五香燻魚	10元	蒜泥黃瓜	4元	醉蝦	30元	腰果蝦仁	25元
香菜花生	5元	涼拌粉皮	6元	鹽水河蝦	時價	葱爆河蝦	時價
				清蒸蟹	時價	姜爆蟹	時價

肉　類			
宮保肉丁	10元	水煮肉片	18元
青椒肉絲	12元	魚香肉絲	12元
回鍋肉	14元	乾煸牛肉	22元
鍋巴肉片	16元		

豆　腐　類			
麻婆豆腐	6元	脆皮豆腐	12元
紅燒豆腐	6元	西施豆腐	6元

魚　類			
水煮魚	22元	豆花魚	20元
酸菜魚	20元	豆瓣魚	18元
乾燒魚	18元	椒鹽帶魚	14元

蔬　菜　類			
紅燒茄子	6元	魚香茄子	8元
開洋冬瓜	6元	香菇炒菜心	6元
松仁玉米	18元	三鮮鍋巴	16元

鷄　類			
醋溜鷄	16元	紙包鷄	20元
宮保鷄丁	12元	辣子鷄丁	12元

湯　類			
黃瓜皮蛋湯	8元	番茄肉絲湯	8元
酸菜肚片湯	8元	香菇蛋花湯	6元
酸蘿蔔鴨塊湯	28元	酸辣湯	10元

鴨　類			
姜爆仔鴨	26元	蟲草鴨	時價
香酥鴨	26元	魔芋燒鴨	28元

主　食			
金銀饅頭	12元	黃金南瓜餅	14元
麻團	1元／隻	陽春麵	10元
龍抄手	4元	擔擔麵	4元
麻辣拌麵	4元	米飯	1元

鐵　板　類			
鐵板回鍋肉	18元	鐵板鱔魚片	26元
鐵板豆豉鮮魷	26元	鐵板牛柳	18元

繁體版

VOCABULARY
副课文 **生词表**

1	递	dì	to pass something to someone
2	菜单	càidān	menu
3	推荐	tuījiàn	to recommend
4	辣椒	làjiāo	chilli
5	泡菜	pàocài	pickles
6	主食	zhǔshí	staple food (rice, dumplings, noodles, etc.)
7	汤圆	tāngyuán	glutinous rice dumpling
8	咸	xián	salty
9	家常菜	jiāchángcài	home-style cooking
10	宴席	yànxí	banquet
11	盛	chéng	to fill
12	餐具	cānjù	tableware
13	食欲	shíyù	appetite
14	传说	chuánshuō	legend

PROPER NOUNS

15	麻婆豆腐	mápódòufu	a spicy tofu dish
16	宫保鸡丁	gōngbǎojīdīng	a spicy shredded chicken dish
17	龙抄手	lóngchāoshǒu	spicy soup dumpling

VOCABULARY
副課文 生詞表

1	遞	dì	to pass something to someone
2	菜單	càidān	menu
3	推薦	tuījiàn	to recommend
4	辣椒	làjiāo	chilli
5	泡菜	pàocài	pickles
6	主食	zhǔshí	staple food (rice, dumplings, noodles, etc.)
7	湯圓	tāngyuán	glutinous rice dumpling
8	鹹	xián	salty
9	家常菜	jiāchángcài	home-style cooking
10	宴席	yànxí	banquet
11	盛	chéng	to fill
12	餐具	cānjù	tableware
13	食慾	shíyù	appetite
14	傳說	chuánshuō	legend

PROPER NOUNS

15	麻婆豆腐	mápódòufu	a spicy tofu dish
16	宮保雞丁	gōngbǎojīdīng	a spicy shredded chicken dish
17	龍抄手	lóngchāoshǒu	spicy soup dumpling

繁體版

What Should a Bridesmaid Wear?

第四课

伴娘的服装

简体版

Pre-reading

■ 你参加过婚礼吗？
■ 参加婚礼时人们常常穿什么服装？

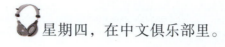 星期四，在中文俱乐部里。

珍　妮：明明，你是从中国来的，能帮我一个忙吗？

明　明：当然可以。

珍　妮：我姐姐的男朋友是一个华裔，下个月他们要结婚。姐姐让我做伴娘，我不知道应该穿什么衣服。

明　明：你现在有什么好衣服？

珍　妮：你知道，我平时总是穿牛仔裤、白T恤，而且我从不穿裙子和高跟鞋，看起来比较休闲。婚礼上应该穿比较正式的服装吧？

明　明：当然了。可是我对这个也不太清楚。咱们问问其他同学吧。哎，各位，在婚礼上伴娘应该穿什么衣服？

欧　汉：是在教堂举行婚礼吗？

珍　妮：不是，是一个中国式的婚礼。

欧　汉：那就穿旗袍吧。

大　卫：我认为在中式婚礼上应该穿一件红颜色的唐装。

明　明：我觉得红颜色的不行。在中式婚礼上，新郎新娘都穿大红颜色的衣服，打扮得漂漂亮亮的。伴娘和伴郎不能跟他们穿同样颜色的衣服，否则就搞混了。

Pre-reading

■ 你參加過婚禮嗎？

■ 參加婚禮時人們常常穿什麼服裝？

星期四，在中文俱樂部裏。

珍　妮：明明，你是從中國來的，能幫我一個忙嗎？

明　明：當然可以。

珍　妮：我姐姐的男朋友是一個華裔，下個月他們要結婚。姐姐讓我做伴娘，我不知道應該穿什麼衣服。

明　明：你現在有什麼好衣服？

珍　妮：你知道，我平時總是穿牛仔褲、白T恤，而且我從不穿裙子和高跟鞋，看起來比較休閒。婚禮上應該穿比較正式的服裝吧？

明　明：當然了。可是我對這個也不太清楚。咱們問問其他同學吧。哎，各位，在婚禮上伴娘應該穿什麼衣服？

歐　漢：是在教堂舉行婚禮嗎？

珍　妮：不是，是一個中國式的婚禮。

歐　漢：那就穿旗袍吧。

大　衛：我認為在中式婚禮上應該穿一件紅顏色的唐裝。

明　明：我覺得紅顏色的不行。在中式婚禮上，新郎新娘都穿大紅顏色的衣服，打扮得漂漂亮亮的。伴娘和伴郎不能跟他們穿同樣顏色的衣服，否則就搞混了。

繁體版

简体版

林　红：尽管我只在台湾参加过一次婚礼，但是对伴娘的服装还是有印象的，是粉红色的衣服，既能突出新郎新娘，又很漂亮。

珍　妮：真是一个好主意，可是穿什么式样的衣服呢？

欧　汉：我还是倾向于旗袍。因为我听说东方人在婚礼的服装上很讲究民族特色，比如在日本就穿和服，在韩国穿韩服，在印度穿沙丽。珍妮穿上旗袍，一定特别好看。

大　卫：还是穿唐装好，既有传统风格，又有现代感。

林　红：这要看新娘穿什么式样的衣服。如果新娘穿白色婚纱服，你应该穿浅色的裙装；如果新娘穿红色的西式礼服，你最好穿粉红色的西式套裙；如果新娘穿红色旗袍，你应该穿粉红色的旗袍或唐装。反正你的服装式样、颜色都要比新娘差一点。此外，你的发型也要和新娘不一样，而且不应该戴太显眼的首饰。总之，在婚礼上要让大家觉得你姐姐是最突出、最漂亮的。

珍　妮：是这样啊。可是我要准备这么多衣服吗？还是先问问我姐姐穿什么吧？然后我就准备一套。

欧　汉：按照中国的传统习俗，举办婚礼时新娘要坐轿子，还要有红盖头呢，你姐姐也要盖吗？

珍　妮：在我们这里可没有轿子，就坐汽车吧。什么是红盖头？

欧　汉：就是一块红布，举行结婚仪式时，要蒙在新娘的头上，等进入新房以后，新郎再把盖头揭开。

林　紅：儘管我只在臺灣參加過一次婚禮，但是對
　　　　伴娘的服裝還是有印象的，是粉紅色的衣
　　　　服，既能突出新郎新娘，又很漂亮。

珍　妮：真是一個好主意，可是穿什麼式樣的衣服
　　　　呢？

歐　漢：我還是傾向於旗袍。因為我聽說東方人在
　　　　婚禮的服裝上很講究民族特色，比如在日
　　　　本就穿和服，在韓國穿韓服，在印度穿沙
　　　　麗。珍妮穿上旗袍，一定特別好看。

大　衛：還是穿唐裝好，既有傳統風格，又有
　　　　現代感。

林　紅：這要看新娘穿什麼式樣的衣服。如果新娘
　　　　穿白色婚紗服，你應該穿淺色的裙裝；如
　　　　果新娘穿紅色的西式禮服，你最好穿粉紅
　　　　色的西式套裙；如果新娘穿紅色旗袍，你
　　　　應該穿粉紅色的旗袍或唐裝。反正你的服
　　　　裝式樣、顏色都要比新娘差一點。此外，
　　　　你的髮型也要和新娘不一樣，而且不應該
　　　　戴太顯眼的首飾。總之，在婚禮上要讓大
　　　　家覺得你姐姐是最突出、最漂亮的。

珍　妮：是這樣啊。可是我要準備這麼多衣服嗎？
　　　　還是先問問我姐姐穿什麼吧？然後我就準
　　　　備一套。

歐　漢：按照中國的傳統習俗，舉辦婚禮時新娘要
　　　　坐轎子，還要有紅蓋頭呢，你姐姐也要
　　　　蓋嗎？

珍　妮：在我們這裏可没有轎子，就坐汽車吧。什
　　　　麼是紅蓋頭？

歐　漢：就是一塊紅布，舉行結婚儀式時，要蒙在
　　　　新娘的頭上，等進入新房以後，新郎再把
　　　　蓋頭揭開。

繁體版

简体版

珍　妮：为什么要把头盖上？

欧　汉：过去新婚男女，到结婚时揭开盖头才第一次见面，为了给新郎一个<u>惊喜</u>嘛。

珍　妮：我姐姐他们可不是第一次见面。

大　卫：你姐夫要不要伴郎？我很想有一个惊喜。我又有西服，又有唐装，<u>肯定合格</u>。

明　明：人家才不用你呢。

大　卫：为什么？

明　明：你长得那么<u>帅</u>，人家怕你<u>出风头</u>！你再穿那么漂亮，别说新郎了，就是其他的小伙子也会<u>嫉妒</u>你。

大　家：哈哈！

珍　妮：爲什麼要把頭蓋上？

歐　漢：過去新婚男女，到結婚時揭開蓋頭才第一次見面，爲了給新郎一個<u>驚喜</u>嘛。

珍　妮：我姐姐他們可不是第一次見面。

大　衛：你姐夫要不要伴郎？我很想有一個驚喜。我又有西服，又有唐裝，<u>肯定合格</u>。

明　明：人家才不用你呢。

大　衛：爲什麼？

明　明：你長得那麼<u>帥</u>，人家怕你<u>出風頭</u>！你再穿那麼漂亮，別說新郎了，就是其他的小伙子也會<u>嫉妒</u>你。

大　家：哈哈！

繁體版

VOCABULARY
生词表

1	华裔	huáyì	Chinese born overseas

【名】他是一个*华裔*。▣华:中国。📖华侨 | 华商 | 华人。

2	伴娘	bànniáng	bridesmaid

【名】*伴娘*陪在新娘身边 | 她有两个*伴娘* | *伴娘*要帮助新娘敬酒。

3	牛仔裤	niúzǎikù	jeans

【名】买一条*牛仔裤* | *牛仔裤*的裤腿比较瘦。

4	T恤	T xù	t-shirt

【名】印着学校标志的 *T 恤* | 买一件 *T 恤*。

5	高跟鞋	gāogēnxié	high-heeled shoes

【名】穿*高跟鞋* | 这双*高跟鞋*的跟儿太高了。📖皮鞋 | 布鞋 | 平跟鞋 | 坡跟鞋 | 绣花鞋 | 旅游鞋。

6	休闲	xiūxián	to rest, relax

【动】*休闲*场所 | *休闲*服。

7	婚礼	hūnlǐ	wedding

【名】参加*婚礼* | *婚礼*的安排。

8	教堂	jiàotáng	church

【名】一座漂亮的*教堂* | 在*教堂*里做礼拜。▣教:宗教。📖教父 | 教母 | 教皇 | 教会 | 教徒 | 佛教 | 天主教 | 伊斯兰教。

9	旗袍	qípáo	cheongsam

【名】*旗袍*的式样 | 穿*旗袍* | 买一件*旗袍*。

10	唐装	tángzhuāng	traditional Chinese clothing

【名】一套*唐装* | 流行穿*唐装* | 儿童*唐装*。

11	新郎	xīnláng	bridegroom

【名】*新郎*的照片 | 他是*新郎*。

12	新娘	xīnniáng	bride

【名】*新郎*和*新娘*喝交杯酒。 | *新娘*的脸红红的。

13	伴郎	bànláng	best man

【名】*伴郎*穿着西服。 | 他是第一次做*伴郎*。

14	混	hùn	to mix

【动】*混*合 | *混*杂 | *混*为一谈 | 把这三种糖*混*在一起吧。 | 我常常搞*混*他们俩的名字。

15	式样	shìyàng	style

【名】衣服的*式样* | *式样*新颖 | 老*式样* | 这座楼的*式样*像宫殿。

16	倾向	qīngxiàng	to tend to agree with

【动】在这三种意见中我*倾向*于最后一种。 | 不知她会*倾向*谁的意见。

VOCABULARY
生詞表

1	華裔	huáyì	Chinese born overseas

【名】他是一個*華裔*。🔲華：中國。📖*華僑 | 華商 | 華人*。

2	伴娘	bànniáng	bridesmaid

【名】*伴娘*陪在新娘身邊 | 她有兩個*伴娘* | *伴娘*要幫助新娘敬酒。

3	牛仔褲	niúzǎikù	jeans

【名】買一條*牛仔褲* | *牛仔褲*的褲腿比較瘦。

4	T 恤	T xù	t-shirt

【名】印着學校標誌的 *T 恤* | 買一件 *T 恤*。

5	高跟鞋	gāogēnxié	high-heeled shoes

【名】穿*高跟鞋* | 這雙*高跟鞋*的跟兒太高了。📖*皮鞋 | 布鞋 | 平跟鞋 | 坡跟鞋 | 繡花鞋 | 旅游鞋*。

6	休閒	xiūxián	to rest, relax

【動】*休閒*場所 | *休閒*服。

7	婚禮	hūnlǐ	wedding

【名】參加*婚禮* | *婚禮*的安排。

8	教堂	jiàotáng	church

【名】一座漂亮的*教堂* | 在*教堂*裏做禮拜。🔲教：宗教。📖*教父 | 教母 | 教皇 | 教會 | 教徒 | 佛教 | 天主教 | 伊斯蘭教*。

9	旗袍	qípáo	cheongsam

【名】*旗袍*的式樣 | 穿*旗袍* | 買一件*旗袍*。

10	唐裝	tángzhuāng	traditional Chinese clothing

【名】一套*唐裝* | 流行穿*唐裝* | 兒童*唐裝*。

11	新郎	xīnláng	bridegroom

【名】*新郎*的照片 | 他是*新郎*。

12	新娘	xīnniáng	bride

【名】*新郎*和*新娘*喝交杯酒。 | *新娘*的臉紅紅的。

13	伴郎	bànláng	best man

【名】*伴郎*穿着西服。 | 他是第一次做*伴郎*。

14	混	hùn	to mix

【動】*混*合 | *混*雜 | *混*為一談 | 把這三種糖*混*在一起吧。 | 我常常搞*混*他們倆的名字。

15	式樣	shìyàng	style

【名】衣服的*式樣* | *式樣*新穎 | 老*式樣* | 這座樓的*式樣*像宮殿。

16	傾向	qīngxiàng	to tend to agree with

【動】在這三種意見中我*傾向*於最後一種。 | 不知她會*傾向*誰的意見。

繁體版

简体版

| 17 | 讲究 | jiǎngjiu | to be particular about |

【动】讲究式样 | 讲究菜的色香味。

| 18 | 特色 | tèsè | features, characteristics |

【名】中国特色 | 讲究民族特色 | 有没有特色？ | 这件衣服的特色是色彩艳丽。

| 19 | 和服 | héfú | kimono |

【名】三件和服 | 和服配有腰带。 | 穿和服的方法很复杂。

| 20 | 韩服 | hánfú | traditional Korean clothing |

【名】一套韩服 | 男式韩服一般是黑裤子、白上衣。

| 21 | 沙丽 | shālì | traditional Indian clothing |

【名】一件沙丽服 | 穿上沙丽的姑娘很漂亮。

| 22 | 风格 | fēnggé | style |

【名】艺术风格 | 民族风格 | 不同风格的电影。

| 23 | 现代感 | xiàndàigǎn | fashion sense |

【名】有现代感的音乐 | 这个式样的服装很有现代感。 📖感：感觉。 📖时代感 | 时尚感 | 节奏感。

| 24 | 婚纱 | hūnshā | wedding dress |

【名】在教堂结婚要穿婚纱 | 买一件婚纱礼服。

| 25 | 浅色 | qiǎnsè | light colors |

【名】白、粉、黄都是浅色。 | 和浅色相反的是深色。 | 我喜欢浅色的 T 恤。

| 26 | 礼服 | lǐfú | formal wear |

【名】一套礼服 | 买礼服参加婚礼 | 结婚礼服与一般礼服不一样。

| 27 | 套裙 | tàoqún | women's suit (with skirt) |

【名】这个式样的套裙很便宜。 | 一身套裙。

| 28 | 发型 | fàxíng | hair style |

【名】最时髦的发型 | 发型设计比赛 | 你要理什么发型？

| 29 | 显眼 | xiǎnyǎn | conspicuous |

【形】显眼的地方 | 这样摆放不显眼。 | 新娘的服装特别显眼。

| 30 | 首饰 | shǒushì | jewelry |

【名】戴首饰 | 首饰盒 | 这些耳环、戒指、项链是很贵重的首饰。

| 31 | 套 | tào | set |

【量】一套服装 | 三套课本 | 买一套家具。

| 32 | 习俗 | xísú | custom |

【名】中国的习俗 | 传统习俗 | 形成习俗 | 打破旧习俗 | 各个民族的婚姻习俗都不一样。

| 33 | 轿子 | jiàozi | sedan chair |

【名】一顶轿子 | 新娘坐在轿子里。 | 抬轿子的小伙子唱起了歌。

| 34 | 盖头 | gàitou | traditional Chinese bridal veil |

【名】蒙上盖头 | 揭开红盖头 | 给新娘子蒙红盖头是中国的传统习俗。

17	講究	jiǎngjiu	to be particular about
	【動】講究式樣 ｜ 講究菜的色香味。		

18	特色	tèsè	features, characteristics
	【名】中國特色 ｜ 講究民族特色 ｜ 有没有特色？ ｜ 這件衣服的特色是色彩艷麗。		

19	和服	héfú	kimono
	【名】三件和服 ｜ 和服配有腰帶。 ｜ 穿和服的方法很複雜。		

20	韓服	hánfú	traditional Korean clothing
	【名】一套韓服 ｜ 男式韓服一般是黑褲子、白上衣。		

21	沙麗	shālì	traditional Indian clothing
	【名】一件沙麗服 ｜ 穿上沙麗的姑娘很漂亮。		

22	風格	fēnggé	style
	【名】藝術風格 ｜ 民族風格 ｜ 不同風格的電影。		

23	現代感	xiàndàigǎn	fashion sense
	【名】有現代感的音樂 ｜ 這個式樣的服裝很有現代感。 ▣感：感覺。 ▣時代感 ｜ 時尚感 ｜ 節奏感。		

24	婚紗	hūnshā	wedding dress
	【名】在教堂結婚要穿婚紗 ｜ 買一件婚紗禮服。		

25	淺色	qiǎnsè	light colors
	【名】白、粉、黃都是淺色。 ｜ 和淺色相反的是深色。 ｜ 我喜歡淺色的 T 恤。		

26	禮服	lǐfú	formal wear
	【名】一套禮服 ｜ 買禮服參加婚禮 ｜ 結婚禮服與一般禮服不一樣。		

27	套裙	tàoqún	women's suit (with skirt)
	【名】這個式樣的套裙很便宜。 ｜ 一身套裙。		

28	髮型	fàxíng	hair style
	【名】最時髦的髮型 ｜ 髮型設計比賽 ｜ 你要理什麼髮型？		

29	顯眼	xiǎnyǎn	conspicuous
	【形】顯眼的地方 ｜ 這樣擺放不顯眼。 ｜ 新娘的服裝特別顯眼。		

30	首飾	shǒushì	jewelry
	【名】戴首飾 ｜ 首飾盒 ｜ 這些耳環、戒指、項鏈是很貴重的首飾。		

31	套	tào	set
	【量】一套服裝 ｜ 三套課本 ｜ 買一套家具。		

32	習俗	xísú	custom
	【名】中國的習俗 ｜ 傳統習俗 ｜ 形成習俗 ｜ 打破舊習俗 ｜ 各個民族的婚姻習俗都不一樣。		

33	轎子	jiàozi	sedan chair
	【名】一頂轎子 ｜ 新娘坐在轎子裏。 ｜ 抬轎子的小伙子唱起了歌。		

34	蓋頭	gàitou	traditional Chinese bridal veil
	【名】蒙上蓋頭 ｜ 揭開紅蓋頭 ｜ 給新娘子蒙紅蓋頭是中國的傳統習俗。		

繁體版

35	仪式	yíshì	ceremony
	【名】婚礼*仪式*	开学*仪式*	国庆庆祝*仪式*。		

36	蒙	méng	to cover
	【动】*蒙*上红盖头	*蒙*住眼睛	头上*蒙*一块纱巾。		

37	揭	jiē	to uncover
	【动】*揭*开盖头	*揭*锅盖	*揭*牌	*揭*幕。		

38	惊喜	jīngxǐ	surprised
	【形】十分*惊喜*	*惊喜*地说	*惊喜*得说不出话来。		

39	肯定	kěndìng	certainly, undoubtedly
	【副】明天*肯定*会下雨。	这次考试*肯定*及格。	她*肯定*会同意。	你*肯定*知道结果了，快告诉我嘛。	这么做虽然他会不高兴，但*肯定*是正确的。		

40	合格	hégé	qualified
	【形】完全*合格*	考试*合格*	*合格*证	你的身体*合格*不*合格*?		

41	帅	shuài	handsome
	【形】真*帅*	*帅*哥	*帅*小伙儿	他长得那么*帅*。		

42	出风头	chūfēngtou	to show off
	他喜欢*出风头*。	别*出风头*了。		

43	嫉妒	jídù	to be jealous of, envy
	【动】*嫉妒*别人	*嫉妒*心理	不要*嫉妒*人。	*嫉妒*是一种不好的心理。		

简体版

35	儀式	yíshì	ceremony

【名】婚禮儀式 ｜ 開學儀式 ｜ 國慶慶祝儀式。

36	蒙	méng	to cover

【動】蒙上紅蓋頭 ｜ 蒙住眼睛 ｜ 頭上蒙一塊紗巾。

37	揭	jiē	to uncover

【動】揭開蓋頭 ｜ 揭鍋蓋 ｜ 揭牌 ｜ 揭幕。

38	驚喜	jīngxǐ	surprised

【形】十分驚喜 ｜ 驚喜地說 ｜ 驚喜得說不出話來。

39	肯定	kěndìng	certainly, undoubtedly

【副】明天肯定會下雨。 ｜ 這次考試肯定及格。 ｜ 她肯定會同意。 ｜ 你肯定知道結果了，快告訴我嘛。 ｜ 這麼做雖然他會不高興，但肯定是正確的。

40	合格	hégé	qualified

【形】完全合格 ｜ 考試合格 ｜ 合格證 ｜ 你的身體合格不合格？

41	帥	shuài	handsome

【形】真帥 ｜ 帥哥 ｜ 帥小伙兒 ｜ 他長得那麼帥。

42	出風頭	chūfēngtou	to show off

他喜歡出風頭。 ｜ 別出風頭了。

43	嫉妒	jídù	to be jealous of, envy

【動】嫉妒別人 ｜ 嫉妒心理 ｜ 不要嫉妒人。 ｜ 嫉妒是一種不好的心理。

繁體版

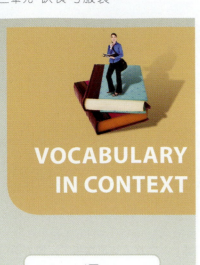

VOCABULARY IN CONTEXT

简体版

练习与活动

混

式样

讲究

风格

显眼

惊喜

合格

嫉妒

揭

套

Read the dialog. Describe the content of the dialog using appropriate words from the boxes.

A

小王：告诉你一个好消息，这次考试我得了满分。

小张：你觉得很了不起吗？这次考试根本不难。

改写的句子：小王告诉小张自己考试得了满分，小张并没有为小王感到高兴，反而说这次考试不难。实际上他可能有点儿嫉妒小王。

1. 小刚：别把你的书放在我的桌子上。

   小琴：为什么？

   小刚：因为那样我就分不清楚哪些是你的书，哪些是我的书了。

   改写的句子：＿＿＿＿＿＿＿＿＿＿＿

2. 小美：你的结婚礼服真漂亮，一看就和一般的礼服不一样，很特别。

   小琴：是吗，谢谢，这套服装不但设计好，做工也不错。

   改写的句子：＿＿＿＿＿＿＿＿＿＿＿

3. 妻子：咱们家的电视怎么了？看一会儿眼睛就不舒服。

   丈夫：谁让你买便宜货，大概质量有问题。

   改写的句子：＿＿＿＿＿＿＿＿＿＿＿

4. 儿子：妈妈，开门，我回来了。

   母亲：怎么是你啊，儿子！你不是说下星期一才到吗？

   改写的句子：＿＿＿＿＿＿＿＿＿＿＿

5. 老李：昨天晚上你到哪儿去了？

   老朱：我看魔术表演去了，其中有个节目特别有意思。魔术师在一个空笼子上蒙上一块布，几秒钟以后把布拿开，没想到，里面出来一个美女。

   改写的句子：＿＿＿＿＿＿＿＿＿＿＿

Read the dialog. Describe the content of the dialog using appropriate words from the boxes.

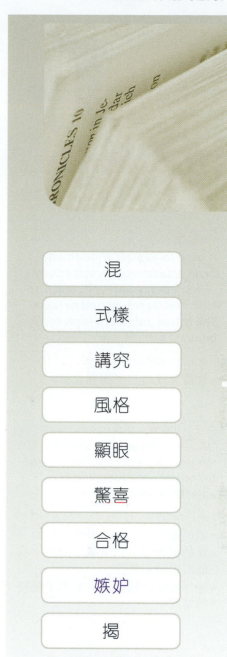

小王：告訴你一個好消息，這次考試我得了滿分。

小張：你覺得很了不起嗎？這次考試根本不難。

改寫的句子：小王告訴小張自己考試得了滿分，小張並沒有爲小王感到高興，反而説這次考試不難。實際上他可能有點兒嫉妒小王。

1. 小剛：別把你的書放在我的桌子上。

   小琴：爲什麼？

   小剛：因爲那樣我就分不清楚哪些是你的書，哪些是我的書了。

   改寫的句子：_____

2. 小美：你的結婚禮服真漂亮，一看就和一般的禮服不一樣，很特別。

   小琴：是嗎，謝謝，這套服裝不但設計好，做工也不錯。

   改寫的句子：_____

3. 妻子：咱們家的電視怎麼了？看一會兒眼睛就不舒服。

   丈夫：誰讓你買便宜貨，大概質量有問題。

   改寫的句子：_____

4. 兒子：媽媽，開門，我回來了。

   母親：怎麼是你啊，兒子！你不是説下星期一才到嗎？

   改寫的句子：_____

5. 老李：昨天晚上你到哪兒去了？

   老朱：我看魔術表演去了，其中有個節目特別有意思。魔術師在一個空籠子上蒙上一塊布，幾秒鐘以後把布拿開，没想到，裏面出來一個美女。

   改寫的句子：_____

混
式樣
講究
風格
顯眼
驚喜
合格
嫉妒
揭
套

繁體版
練習與活動

LANGUAGE CONNECTION

练习与活动

V+起来

is used to express a judgment or an assessment on somebody or something with verbs such as look, feel, seem , sound or taste. The actual judgment is placed behind "起来."

For example

■这篇文章读起来很有意思。

形容词重叠

"漂漂亮亮" is an example of a lanuage patterns used in Chinese to intensify the meaning of adjectives and adverbs.

For example

■ 她的眼睛大大的，头发长长的。
■ 我的视力很好，黑板上的小字我能看得清清楚楚。
■ 他仔仔细细地问了有关那个学校的情况。

A **V+起来**

" 我平时总是穿牛仔裤、白T恤，而且我从不穿裙子和高跟鞋，看起来比较休闲。"

Complete the sentences using "V+起来."

1. 这孩子太淘气了，_____

   _____。

2. 这件衣服是用什么做的？_____

   _____

3. 这种冰淇淋太棒了，_____

   _____。

B **形容词重叠** (*reduplicative patterns of adjectives*)

" 新郎新娘都穿大红颜色的衣服，打扮得漂漂亮亮的。"

Please speak the patterns of each of the following adjective or adverb aloud, and choose three to form sentences.

| 认真 | 大方 | 高兴 | 简单 | 安静 | 匆忙 | 红火 |
| 急忙 | 冷清 | 平安 | 普通 | 清白 | 痛快 | 许多 |

1. _____

   _____

2. _____

   _____

3. _____

   _____

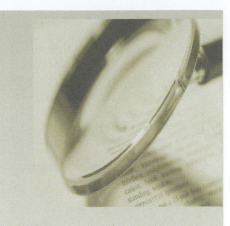

Ⓐ V+起來

" 我平時總是穿牛仔褲、白T恤，而且我從不穿裙子和高跟鞋，看起來比較休閒。"

Complete the sentences using "V+起來."

1. 這孩子太淘氣了，_____

   _____ 。

2. 這件衣服是用什麼做的？_____

   _____ 。

3. 這種冰淇淋太棒了，_____

   _____ 。

V+起來

is used to express a judgment or an assessment on somebody or something with verbs such as look, feel, seem, sound or taste. The actual judgment is placed behind "起來."

For example
- 這篇文章讀起來很有意思。

Ⓑ 形容詞重疊 (*reduplicative patterns of adjectives*)

" 新郎新娘都穿大紅顏色的衣服，打扮得漂漂亮亮的。"

Please speak the patterns of each of the following adjective or adverb aloud, and choose three to form sentences.

| 認真 | 大方 | 高興 | 簡單 | 安靜 | 匆忙 | 紅火 |
| 急忙 | 冷清 | 平安 | 普通 | 清白 | 痛快 | 許多 |

形容詞重疊
"漂漂亮亮" is an example of a lanuage patterns used in Chinese to intensify the meaning of adjectives and adverbs.

For example
- 她的眼睛大大的，頭髮長長的。
- 我的視力很好，黑板上的小字我能看得清清楚楚。
- 他仔仔細細地問了有關那個學校的情況。

1. _____

   _____

2. _____

   _____

3. _____

   _____

繁體版

練習與活動

简体版

练习与活动

尽管……但是……

is used to connect two transitional clauses to mean "in spite of" or "notwithstanding." The first clause introduces one fact, and the second clause gives another that is not affected by the first.

For example

■ 尽管今天天气不好，但是比赛进行得很顺利。

C　尽管……但是…… （in spite of..., but...）

"尽管我只在台湾参加过一次婚礼，但是对伴娘的服装还是有印象的。"

Rewrite the sentences using "尽管……但是……"

1.　原　句：她心里不太高兴，嘴上什么也没有说。

替换句：_____。

2.　原　句：钱很少，我们要把学校办好。

替换句：_____。

3.　原　句：他一个劲儿地说，别着急，别着急，可是我怎么能不着急呢？

替换句：_____。

（别说……）就是……也……

is often used in spoken Chinese. When used together with "就是……也……," "别说" introduces a situation or person, "就是" introduces another different situation or person in supposition, and "也" gives the similar outcome of the two. In some cases, "别说" may be dropped.

For example

■ 这点困难算什么？就是有再大的困难，我们也能做好这件事。

D　（别说……）就是……也…… （even though..., but still...）

"别说新郎了，就是其他的小伙子也会嫉妒你。"

Complete the sentences "就是……也……"

1.　别说下雨了，就是_____

也_____。

2.　别说是朋友，就是_____

也_____。

3.　有钱又能怎么样呢？就是_____

_____也_____。

C 儘管……但是…… (in spite of..., but...)

"儘管我只在臺灣參加過一次婚禮，但是對伴娘的服裝還是有印象的。"

Rewrite the sentences using "儘管……但是……."

1. 原　句：她心裏不太高興，嘴上什麼也沒有説。

    替換句： _____ 。

2. 原　句：錢很少，我們要把學校辦好。

    替換句： _____ 。

3. 原　句：他一個勁兒地説，別着急，別着急，可是我

    怎麼能不着急呢？

    替換句： _____ 。

D （別説……）就是……也…… (even though..., but still...)

"別説新郎了，就是其他的小伙子也會嫉妒你。"

Complete the sentences "就是……也……."

1. 別説下雨了，就是 _____

    也 _____ 。

2. 別説是朋友，就是 _____

    也 _____ 。

3. 有錢又能怎麼樣呢？就是 _____

    _____ 也 _____ 。

儘管……但是……

is used to connect two transitional clauses to mean "in spite of" or "notwithstanding." The first clause introduces one fact, and the second clause gives another that is not affected by the first.

For example

■ 儘管今天天氣不好，但是比賽進行得很順利。

（別説……）就是……也……

is often used in spoken Chinese. When used together with "就是……也……," "別説" introduces a situation or person, "就是" introduces another different situation or person in supposition, and "也" gives the similar outcome of the two. In some cases, "別説" may be dropped.

For example

■ 這點困難算什麼？就是有再大的困難，我們也能做好這件事。

繁體版

練習與活動

COMMON EXPRESSIONS

简体版

练习与活动

……认为……
For example
- 我认为多吃蔬菜更有利于健康。

在……上
For example
- 在教学上，张老师总是能想出好办法来提高教学效率。

比如……就…
For example
- 有人以为中国人过春节都吃饺子，其实是不对的，比如广东人过春节就不吃饺子。

倾向于……
For example
- 男生的观点和女生的观点不同。我倾向于男生的观点。

此外……
For example
- 打太极拳可以锻炼人的四肢、大脑，此外，对人的性格也有好处。

A ……认为……（...believe/think...）

is used to express opinions or make comments.

"我认为在中式婚礼上应该穿一件红颜色的唐装。"

B 在……上（in some aspect...）

"上" means area or aspect. It can be used to start the description of one situation.

"因为我听说东方人在婚礼的服装上很讲究民族特色。"

C 比如……就……

is used when giving an example to support or oppose an opinion. The example is placed after "比如."

"比如在日本就穿和服，在韩国穿韩服，在印度穿沙丽。"

D 倾向于……（tend to agree with...）

is used to show your agreement with a certain opinion. It is used in written or formal spoken Chinese.

"我还是倾向于旗袍。"

E 此外……（besides/moreover...）

is used for giving additional information.

"此外，你的发型也要和新娘不一样。"

A ……認爲……（ ...believe/think... ）

is used to express opinions or make comments.

"我認爲在中式婚禮上應該穿一件紅顏色的唐裝。"

……認爲……

For example

■ 我認爲多吃蔬菜更有利於健康。

B 在……上（ in some aspect... ）

"上"means area or aspect. It can be used to start the description of one situation.

"因爲我聽說東方人在婚禮的服裝上很講究民族特色。"

在……上

For example

■ 在教學上，張老師總是能想出好辦法來提高教學效率。

C 比如……就……

is used when giving an example to support or oppose an opinion. The example is placed after "比如."

"比如在日本就穿和服，在韓國穿韓服，在印度穿沙麗。"

比如……就…

For example

■ 有人以爲中國人過春節都吃餃子，其實是不對的，比如廣東人過春節就不吃餃子。

D 傾向於……（ tend to agree with... ）

is used to show your agreement with a certain opinion. It is used in written or formal spoken Chinese.

"我還是傾向於旗袍。"

傾向於……

For example

■ 男生的觀點和女生的觀點不同。我傾向於男生的觀點。

E 此外……（ besides/moreover... ）

is used for giving additional information.

"此外，你的髮型也要和新娘不一樣。"

此外……

For example

■ 打太極拳可以鍛煉人的四肢、大腦，此外，對人的性格也有好處。

RECAP

Discuss with your partner about "The Advantages and Disadvantages of ..." using the common expressions learned above.

For example

甲：有人**认为**玩电子游戏浪费时间，**在**电子游戏**上**花太多时间，一定会影响学习和工作，你们怎么看这个问题？

乙：我不同意这种看法，电子游戏有很多种，有的电子游戏其实是非常好的智力游戏。**此外**，电子游戏现在已经是一个体育竞赛项目，有些人的工作就是打电子游戏，所以不能简单地说玩电子游戏会影响工作。

丙：现在是电子时代，电子游戏是年轻人重要的生活娱乐方式，很难说这是浪费时间，但是我**倾向于**有限度地玩，否则就会影响正常的生活和学习。**比如**我邻居家的孩子**就**成天呆在网吧打电子游戏，学习非常糟糕，他妈妈都急死了。

Discuss with your partner about "The Advantages and Disadvantages of …" using the common expressions learned above.

For example

甲: 有人認爲玩電子遊戲浪費時間，在電子遊戲上花太多時間，一定會影響學習和工作，你們怎麼看這個問題？

乙: 我不同意這種看法，電子遊戲有很多種，有的電子遊戲其實是非常好的智力遊戲。此外，電子遊戲現在已經是一個體育競賽項目，有些人的工作就是打電子遊戲，所以不能簡單地說玩電子遊戲會影響工作。

丙: 現在是電子時代，電子遊戲是年輕人重要的生活娛樂方式，很難說這是浪費時間，但是我傾向於有限度地玩，否則就會影響正常的生活和學習。比如我鄰居家的孩子就成天呆在網吧打電子遊戲，學習非常糟糕，他媽媽都急死了。

繁體版

練習與活動

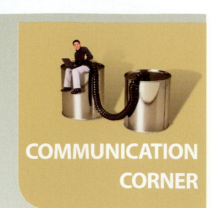

COMMUNICATION CORNER

Instructions:

- Before class, think about a costume design for a Halloween Party. Use sketches or photos to show what your costume would look like.

- In groups, take turns to give a 2-minute presentation on your design. Then discuss the merits of each design. Decide on the best costume.

万圣节的服装设计

Guidelines:

🗣 When introducing your own ideas, you can start by saying:

◀ 我们的参赛小组由三人组成。我想，穿……，戴……，全身上下……会比较合适/刺激/新颖。

◀ 一个穿……，一个穿……，另一个穿……，三个人扮成……。我想这样一定特别有意思。

◀ 在这个方面，我反对……观点，赞成……观点。

🗣 To make constructive comments or suggestions about another person's ideas, you can say:

◀ 这个设计比较有个性，可能会给人留下深刻的印象。

◀ 另外，如果你们想扮成……，可以……，也可以……，反正……，头上必须带……，否则……

◀ 这个设计听起来不错，也许能够吸引人们的注意，不过，……。如果……，最好穿……；如果……，应该穿……

萬聖節的服裝設計

Guidelines:

When introducing your own ideas, you can start by saying:

- 我們的參賽小組由三人組成。我想，穿……，戴……，全身上下……會比較合適/刺激/新穎。
- 一個穿……，一個穿……，另一個穿……，三個人扮成……。我想這樣一定特別有意思。
- 在這個方面，我反對……觀點，贊成……觀點。

To make constructive comments or suggestions about another person's ideas, you can say:

- 這個設計比較有個性，可能會給人留下深刻的印象。
- 另外，如果你們想扮成……，可以……，也可以……，反正……，頭上必須帶……，否則……
- 這個設計聽起來不錯，也許能夠吸引人們的注意，不過，……。如果……，最好穿……；如果……，應該穿……

Instructions:

- Before class, think about a costume design for a Halloween Party. Use sketches or photos to show what your costume would look like.

- In groups, take turns to give a 2-minute presentation on your design. Then discuss the merits of each design. Decide on the best costume.

繁體版

練習與活動

简体版

练习与活动

WRITING TASK

Instructions:

- Think of the Halloween costume design that impressed you most from the Communication Corner activity.

- Describe the design and give your opinion and feelings about it.

- Keep your writing to about 300 words.

我最喜欢的万圣节服装

Guidelines:

You can start by describing in detail the design presented by your classmate. Say why you found it the most interesting.

> 我对……的设计最感兴趣，他的设计是……，其中，一个穿……，一个穿……，另一个穿……。……的服装……是用……做成的……，……特别讲究……。此外……

Next, give your evaluation of each of the three designs; what you liked or didn't like about them and why.

> 这套服装的设计是最突出、最漂亮的。而另一套……，我觉得……可能不太好，……不能穿……，否则就……
> 尽管这个设计很大胆，但是我并不喜欢……

In your concluding remarks, summarize your overall impression of the design.

> 总的来说，我比较喜欢……的设计，因为……

我最喜歡的萬聖節服裝

Guidelines:

You can start by describing in detail the design presented by your classmate. Say why you found it the most interesting.

> 我對⋯⋯的設計最感興趣，他的設計是⋯⋯，其中，一個穿⋯⋯，一個穿⋯⋯，另一個穿⋯⋯。⋯⋯的服裝⋯⋯是用⋯⋯做成的⋯⋯，⋯⋯特別講究⋯⋯。此外⋯⋯

Next, give your evaluation of each of the three designs; what you liked or didn't like about them and why.

> 這套服裝的設計是最突出、最漂亮的。而另一套⋯⋯，我覺得⋯⋯可能不太好，⋯⋯不能穿⋯⋯，否則就⋯⋯
> 儘管這個設計很大膽，但是我並不喜歡⋯⋯

In your concluding remarks, summarize your overall impression of the design.

> 總的來說，我比較喜歡⋯⋯的設計，因為⋯⋯

Instructions:

- Think of the Halloween costume design that impressed you most from the Communication Corner activity.
- Describe the design and give your opinion and feelings about it.
- Keep your writing to about 300 words.

繁體版

練習與活動

My Views on Unisex Clothes

副课文

我看中性服装

简体版

■ 你喜欢穿什么服装?

■ 你对女性穿中性服装有什么看法?

最近,有些年轻女性很喜欢剪短发、穿中性服装。本报记者对这种现象进行了随机采访。

某些女性: "反传统的打扮带来了清新感。"

1.一些女性喜欢中性服装的理由是什么?你怎么看?

"我觉得中性美是一种潮流和时尚。现在,男、女界线越来越不明显,人们对女生留长发、穿裙子的传统打扮已经看腻了,而女孩子反传统的中性打扮会给人带来一种清新感。"

"我很喜欢中性服装,穿起来让自己觉得很轻松,比如穿裤子就不像穿裙子那样拘谨。每次我买衣服,不管是款式还是颜色,我都喜欢性别特征不是很明显的那种。"

某些男性: "看着就不舒服!"

2.为什么有些男性不喜欢中性服装?

"我们班有一个女生打扮得很中性,她把头发理得短短的,老有人以为她是男生。可有时这类女生却很受人欢迎,怪!"

My Views on Unisex Clothes

副課文

我看中性服裝

Pre-reading

■ 你喜歡穿什麼服裝?

■ 你對女性穿中性服裝有什麼看法?

　　最近，有些年輕女性很喜歡剪短髮、穿中性服裝。本報記者對這種現象進行了隨機採訪。

　　某些女性：　"反傳統的打扮帶來了清新感。"

　　"我覺得中性美是一種潮流和時尚。現在，男、女界線越來越不明顯，人們對女生留長髮、穿裙子的傳統打扮已經看膩了，而女孩子反傳統的中性打扮會給人帶來一種清新感。"

　　"我很喜歡中性服裝，穿起來讓自己覺得很輕鬆，比如穿褲子就不像穿裙子那樣拘謹。每次我買衣服，不管是款式還是顏色，我都喜歡性別特徵不是很明顯的那種。"

　　某些男性：　"看着就不舒服！"

　　"我們班有一個女生打扮得很中性，她把頭髮理得短短的，老有人以爲她是男生。可有時這類女生却很受人歡迎，怪！"

> 1.一些女性喜歡中性服裝的理由是什麼?你怎麼看？

> 2.爲什麼有些男性不喜歡中性服裝？

3. 家长为什么不喜欢女孩子穿中性服装？你爸爸妈妈会给你穿什么样的衣服提建议吗？

家长：希望女儿穿得像个漂亮公主

"我的女儿小时候是一个很可爱、听话的女孩，梳着两条长长的辫子，穿着粉色的衣服，配上粉色的小皮鞋，漂漂亮亮的，就像一个小公主。可是现在，剪去了长发，平时穿中性的衣服，就是周六周日，也专门选那些宽宽大大的衣服穿，看起来就像个'假小子'。我觉得女孩儿穿衣服就得有女孩子的样儿，但女儿反而认为我'老土'。"

专家：要适合自己的年龄段和身份

"现在有些年轻人喜欢中性着装，其实只是单纯追逐流行，就像是一阵风一样，之后他们很容易回到原点。"

"中性着装是对传统着装的一种颠覆，家长和老师要多引导，中学生着装要符合中学生的身份，要反映出积极向上的精神面貌。"

（《海峡导报》，2005年11月4日，作者魏文，有删改。）

4. 你对专家的意见怎么看？

家長：希望女兒穿得像個漂亮公主

　　"我的女兒小時候是一個很可愛、聽話的女孩，梳着兩條長長的辮子，穿着粉色的衣服，配上粉色的小皮鞋，漂漂亮亮的，就像一個小公主。可是現在，剪去了長髮，平時穿中性的衣服，就是周六周日，也專門選那些寬寬大大的衣服穿，看起來就像個'假小子'。我覺得女孩兒穿衣服就得有女孩子的樣兒，但女兒反而認爲我'老土'。"

3.家長爲什麽不喜歡女孩子穿中性服裝？你爸爸媽媽會給你穿什麽樣的衣服提建議嗎？

專家：要適合自己的年齡段和身份

　　"現在有些年輕人喜歡中性着裝，其實只是單純追逐流行，就像是一陣風一樣，之後他們很容易回到原點。"

　　"中性着裝是對傳統着裝的一種顛覆，家長和老師要多引導，中學生着裝要符合中學生的身份，要反映出積極向上的精神面貌。"

4.你對專家的意見怎麽看？

（《海峽導報》，2005年11月4日，作者魏文，有刪改。）

繁體版

VOCABULARY
副课文 生词表

1	中性	zhōngxìng	unisex
2	清新感	qīngxīngǎn	refreshing look/feel
3	潮流	cháoliú	fashion
4	时尚	shíshàng	trend, fashion
5	界线	jièxiàn	boundary, border
6	腻	nì	tired of
7	拘谨	jūjǐn	restrained
8	款式	kuǎnshì	pattern
9	公主	gōngzhǔ	princess
10	梳	shū	to comb
11	辫子	biànzi	braids
12	粉色	fěnsè	pink
13	配	pèi	to match
14	假小子	jiǎxiǎozi	tomboy
15	老土	lǎotǔ	old-fashioned
16	单纯	dānchún	simply, purely
17	追逐	zhuīzhú	to follow (fashion)
18	流行	liúxíng	popular
19	颠覆	diānfù	to overturn

VOCABULARY
副課文 生詞表

1	中性	zhōngxìng	unisex
2	清新感	qīngxīngǎn	refreshing look/feel
3	潮流	cháoliú	fashion
4	時尚	shíshàng	trend, fashion
5	界線	jièxiàn	boundary, border
6	膩	nì	tired of
7	拘謹	jūjǐn	restrained
8	款式	kuǎnshì	pattern
9	公主	gōngzhǔ	princess
10	梳	shū	to comb
11	辮子	biànzi	braids
12	粉色	fěnsè	pink
13	配	pèi	to match
14	假小子	jiǎxiǎozi	tomboy
15	老土	lǎotǔ	old-fashioned
16	單純	dānchún	simply, purely
17	追逐	zhuīzhú	to follow (fashion)
18	流行	liúxíng	popular
19	顛覆	diānfù	to overturn

繁體版

UNIT SUMMARY
学习小结

简体版

一、重点句型

几乎	老北京的样子几乎一点也看不见了。
要……还……吗?	要去那些地方,我还用回国吗?
请 + V	两位请这边坐。
除了……以外,还……	有的茶馆只卖茶,有的除了茶以外,还卖北京小吃。
V+起来	我平时总是穿牛仔裤、白T恤……看起来比较休闲。
形容词重叠	在中式婚礼上,新郎新娘都……,打扮得漂漂亮亮的。
尽管……但是……	尽管我只在台湾参加过一次婚礼,但是对伴娘的服装还是有印象的。
就是……也……	别说新郎了,就是其他的小伙子也会嫉妒你。

二、交际功能

准确地谈出自己的亲身感受。
辩论。

三、常用表达式

实在……	北京的变化实在太大了。
一点儿也……	老北京的样子几乎一点儿也看不见了。
跟……不太一样	台北的茶馆跟老北京的风格也不太一样。
不错	不错,这里的陈设很有老北京的味道。
不过(感觉)还是……	这茶馆和过去的老茶馆风格差不多,不过,感觉还是不太一样。
还可以,就是……	这茶还可以,挺香的,就是有点淡。
……认为……	我认为在中式婚礼上应该穿一件红颜色的唐装。
在……上	我听说东方人在婚礼的服装上很讲究民族特色。
比如……就……	比如在日本就穿和服,在韩国穿韩服,在印度穿沙丽。
倾向于……	我还是倾向于旗袍。
此外……	此外,你的发型也要和新娘不一样,而且不应该戴太显眼的首饰。

UNIT SUMMARY
學習小結

一、重點句型

幾乎	老北京的樣子幾乎一點也看不見了。
要……還……嗎?	要去那些地方,我還用回國嗎?
請 + V	兩位請這邊坐。
除了……以外,還……	有的茶館只賣茶,有的除了茶以外,還賣北京小吃。
V+起來	我平時總是穿牛仔褲、白T恤……看起來比較休閒。
形容詞重疊	在中式婚禮上,新郎新娘都……,打扮得漂漂亮亮的。
儘管……但是……	儘管我只在臺灣參加過一次婚禮,但是對伴娘的服裝還是有印象的。
就是……也……	別說新郎了,就是其他的小伙子也會嫉妒你。

二、交際功能

準確地談出自己的親身感受。
辯論。

三、常用表達式

實在……	北京的變化實在太大了。
一點兒也……	老北京的樣子幾乎一點兒也看不見了。
跟……不太一樣	臺北的茶館跟老北京的風格也不太一樣。
不錯	不錯,這裏的陳設很有老北京的味道。
不過(感覺)還是……	這茶館和過去的老茶館風格差不多,不過,感覺還是不太一樣。
還可以,就是……	這茶還可以,挺香的,就是有點淡。
……認為……	我認為在中式婚禮上應該穿一件紅顏色的唐裝。
在……上	我聽說東方人在婚禮的服裝上很講究民族特色。
比如……就……	比如在日本就穿和服,在韓國穿韓服,在印度穿沙麗。
傾向於……	我還是傾向於旗袍。
此外……	此外,你的髮型也要和新娘不一樣,而且不應該戴太顯眼的首飾。

UNIT 3
SCHOOL AND FAMILY

学校与家庭
學校與家庭

Communicative Goals
- Talk about what you like and give reasons why you like it
- Ask follow-up questions to obtain detailed answers

Cultural Information
- Traditional Chinese family values
- Changes in Chinese culture as reflected in modern Chinese family life
- Famous Chinese novelist and dramatist, Laoshe

Warm up

学校和家庭是我们生活的主要环境，它们就像一个广阔的舞台，每天都上演着丰富多彩的节目。你、你的同学和你的家庭在这个舞台上扮演着怎样的角色呢？

1. 你的学校生活是怎样的？你认为在学校生活中最有意思的是什么？请仿照下列表格，记录你一天的学习和活动安排，你也可以使用你熟悉和喜欢的各种图表。

	时间段	课程	喜爱程度
课堂学习	8:00–9:00	中文课	比较喜欢
课余生活	3:00–4:00	打篮球	喜欢
	晚上		

简体版

繁體版

學校和家庭是我們生活的主要環境，它們就像一個廣闊的舞臺，每天都上演著豐富多彩的節目。你、你的同學和你的家庭在這個舞臺上扮演著怎樣的角色呢？

1. 你的學校生活是怎樣的？你認爲在學校生活中最有意思的是什麼？請仿照下列表格，記錄你一天的學習和活動安排，你也可以使用你熟悉和喜歡的各種圖表。

	時間段	課程	喜愛程度
課堂學習	8:00–9:00	中文課	比較喜歡
課餘生活	3:00–4:00	打籃球	喜歡
	晚上		

简
体
版

繁
體
版

2.　根据下面这个家庭关系图，说一说这些家庭成员之间的关系和称呼。

Photo: Getty Images

奶奶　爷爷	姥爷　姥姥

伯伯　叔叔　姑姑 伯母　婶婶　姑父	爸爸	妈妈	舅舅　　姨 舅妈　　姨父

哥哥　弟弟	我	姐姐　妹妹
嫂子　弟妹	爱人	姐夫　妹夫

侄子/侄女	儿子/女儿	外甥/外甥女

孙子/孙女	外孙/外孙女

2. 根據下面這個家庭關係圖，說一說這些家庭成員之間的關係和稱呼。

Photo: Getty Images

簡体版

繁體版

奶奶 爺爺	姥爺 姥姥

伯伯 叔叔 姑姑 伯母 嬸嬸 姑父	爸爸	媽媽	舅舅 姨 舅媽 姨父

哥哥 弟弟	我	姐姐 妹妹
嫂子 弟妹	愛人	姐夫 妹夫

侄子/侄女	兒子/女兒	外甥/外甥女

孫子/孫女	外孫/外孫女

Chinese is Fun!

第五课

我爱学中文

简体版

■ 你喜欢学中文吗？为什么？
■ 你觉得应该怎样学习中文？

外语不能只在教室里学，我在学中文的时候深深地体会到了这一点，因此越来越爱学中文。

　　首先，我爱学中文的原因是非常欣赏它的实用性。在我看来，在学校里跟老师学习语法、词汇固然重要，但更重要的是把这些知识用在实际的生活中，而且我觉得在街道、超市、篮球场学来的话更实用。当我说这些话时觉得很自然，中国人都能听得懂。

　　其次，我爱学中文，是因为汉语能帮助我了解中国文化。我在中国留学的经验证明，真正的中文学校是没有围墙的。我曾在北京留学五个星期，住在中国人家里，每天和家里的姥姥和姥爷聊天。在看电视时、在火锅店点菜时、在上街购物时，我慢慢学会了在各种情况下应该说什么，什么时候可以开玩笑，什么时候应该认认真真地谈话。

Chinese is Fun!

第五課
我愛
學中文

Pre-reading

■ 你喜歡學中文嗎？爲什麼？

■ 你覺得應該怎樣學習中文？

外語不能只在教室裏學，我在學中文的時候深深地體會到了這一點，因此越來越愛學中文。

　　首先，我愛學中文的原因是非常欣賞它的實用性。在我看來，在學校裏跟老師學習語法、詞彙固然重要，但更重要的是把這些知識用在實際的生活中，而且我覺得在街道、超市、籃球場學來的話更實用。當我說這些話時覺得很自然，中國人都能聽得懂。

　　其次，我愛學中文，是因爲漢語能幫助我了解中國文化。我在中國留學的經驗證明，真正的中文學校是沒有圍牆的。我曾在北京留學五個星期，住在中國人家裏，每天和家裏的姥姥和姥爺聊天。在看電視時、在火鍋店點菜時、在上街購物時，我慢慢學會了在各種情況下應該說什麼，什麼時候可以開玩笑，什麼時候應該認認真真地談話。

繁體版

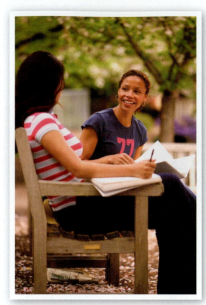

简体版

另外，没有人可以否认跟小贩聊天也是很好的学习方法。别看他们说的普通话不太标准，可是跟他们交谈对提高听力是非常有用的。我还从朋友、服务员、队友那里学会了很多常用的词语和一些成语、方言俚语。好像会说中文的十几亿人不知不觉都成了我的老师。在学习中，我也慢慢了解了中国。

最后，我爱学中文是因为学习有挑战性。很多人说中文难学，但我并没有被吓倒。我知道如果只学习课本知识，进步一定很慢。这就意味着要想让你的中文进步快，就需要有勇气利用各种听、说、读、写的机会。在我看来，中文学习真的是"师傅领进门，修行在个人"，只要对中文感兴趣，学得努力，中文水平很快就可以提高。

比如说我喜欢看足球，可是在学校没有学过怎么说球队、球星的名字，后来问别人，知道曼彻斯特联队也叫"曼联"，皇家马德里也称"皇马"。这件事更坚定了我学习中文的态度，那就是：想知道什么，就马上问别人，千万别不好意思。爱学中文的话，害羞是有害无益的。

(作者：麦特，美国东部地区某中学学生，学过三年中文，曾获全美中文论文比赛中级组第一名。本文在选入时有删改。)

另外，没有人可以否認跟小販聊天也是很好的學習方法。別看他們説的普通話不太標準，可是跟他們交談對提高聽力是非常有用的。我還從朋友、服務員、隊友那裏學會了很多常用的詞語和一些成語、方言俚語。好像會説中文的十幾億人不知不覺都成了我的老師。在學習中，我也慢慢了解了中國。

最後，我愛學中文是因爲學習有挑戰性。很多人説中文難學，但我並没有被嚇倒。我知道如果只學習課本知識，進步一定很慢。這就意味着要想讓你的中文進步快，就需要有勇氣利用各種聽、説、讀、寫的機會。在我看來，中文學習真的是"師傅領進門，修行在個人"，只要對中文感興趣，學得努力，中文水平很快就可以提高。

比如説我喜歡看足球，可是在學校没有學過怎麼説球隊、球星的名字，後來問別人，知道曼徹斯特聯隊也叫"曼聯"，皇家馬德里也稱"皇馬"。這件事更堅定了我學習中文的態度，那就是：想知道什麼，就馬上問別人，千萬別不好意思。愛學中文的話，害羞是有害無益的。

(作者：麥特，美國東部地區某中學學生，學過三年中文，曾獲全美中文論文比賽中級組第一名。本文在選入時有删改。)

繁體版

VOCABULARY
生词表

| 1 | 体会 | tǐhuì | to understand, experience |

【动】你自己*体会*一下这个动作。｜我们总能*体会*到父母的爱。

| 2 | 首先 | shǒuxiān | first of all |

【连】我们重视的，*首先*是一个人的能力，其次是他的人品。｜等到了北京，大家*首先*去长城，然后去天坛等景点。📖首：第一，最初。📑首次｜首位｜首日｜首班车。

| 3 | 欣赏 | xīnshǎng | to appreciate |

【动】大家都很*欣赏*他的做法。｜我不太*欣赏*这种风格的建筑。

| 4 | 实用性 | shíyòngxìng | practicality |

【名】没有什么*实用性*｜*实用性*是首先要考虑的。｜这种技术*实用性*很强。📖性：性质；性能。📑专业性｜知识性｜统一性。

| 5 | 词汇 | cíhuì | vocabulary |

【名】*词汇*手册｜汉语常用*词汇*。

| 6 | 固然 | gùrán | certainly, of course |

【连】这里风景*固然*不错，但是交通太不方便了。｜学汉语背生词*固然*重要，在生活中多练习听和说更重要。

| 7 | 街道 | jiēdào | street |

【名】一条*街道*｜打扫*街道*｜*街道*委员会｜*街道*上冷冷清清。

| 8 | 超市 | chāoshì | supermarket |

【名】一家*超市*｜我家旁边有个小*超市*。｜*超市*里的东西比较便宜。📖市：市场。📑股市｜集市｜菜市｜早市。

| 9 | 篮球场 | lánqiúchǎng | basketball court |

【名】学校有五个*篮球场*。｜足球场大概有十七个*篮球场*那么大。📖场：某些比较大的地方。📑足球场｜排球场｜运动场｜停车场。

| 10 | 自然 | zìrán | natural |

【形】表情*自然*｜今天大家的表演都很*自然*。

| 11 | 其次 | qícì | secondly |

【连】学汉语首先要学拼音，*其次*要学写汉字。｜今天我来这里，首先是要看一看大家，*其次*也想和大家讨论几个问题。

| 12 | 经验 | jīngyàn | experience |

【名】*经验*丰富｜先进*经验*｜大家都没有什么*经验*。

| 13 | 证明 | zhèngmíng | to prove |

【动】事实*证明*你说得对。｜时间可以*证明*一切。｜如果你有能力，你就*证明*给大家看。

| 14 | 围墙 | wéiqiáng | surrounding wall |

【名】一道*围墙*｜学校的*围墙*外有一家商店。📑城墙｜院墙｜砖墙｜土墙。

VOCABULARY
生詞表

1	體會	tǐhuì	to understand, experience

【動】你自己*體會*一下這個動作。 | 我們總能*體會*到父母的愛。

2	首先	shǒuxiān	first of all

【連】我們重視的，*首先*是一個人的能力，其次是他的人品。 | 等到了北京，大家*首先*去長城，然後去天壇等景點。📖首：第一，最初。📑*首次* | *首位* | *首日* | *首班車*。

3	欣賞	xīnshǎng	to appreciate

【動】大家都很*欣賞*他的做法。 | 我不太*欣賞*這種風格的建築。

4	實用性	shíyòngxìng	practicality

【名】沒有什麼*實用性* | *實用性*是首先要考慮的。 | 這種技術*實用性*很強。📖性：性質；性能。📑*專業性* | *知識性* | *統一性*。

5	詞彙	cíhuì	vocabulary

【名】*詞彙手册* | *漢語常用詞彙*。

6	固然	gùrán	certainly, of course

【連】這裏風景*固然*不錯，但是交通太不方便了。 | 學漢語背生詞*固然*重要，在生活中多練習聽和説更重要。

7	街道	jiēdào	street

【名】一條*街道* | 打掃*街道* | *街道委員會* | *街道*上冷冷清清。

8	超市	chāoshì	supermarket

【名】一家*超市* | 我家旁邊有個小*超市*。 | *超市*裏的東西比較便宜。📖市：市場。📑*股市* | *集市* | *菜市* | *早市*。

9	籃球場	lánqiúchǎng	basketball court

【名】學校有五個*籃球場*。 | 足球場大概有十七個*籃球場*那麼大。📖場：某些比較大的地方。📑*足球場* | *排球場* | *運動場* | *停車場*。

10	自然	zìrán	natural

【形】表情*自然* | 今天大家的表演都很*自然*。

11	其次	qícì	secondly

【連】學漢語首先要學拼音，*其次*要學寫漢字。 | 今天我來這裏，首先是要看一看大家，*其次*也想和大家討論幾個問題。

12	經驗	jīngyàn	experience

【名】*經驗豐富* | *先進經驗* | 大家都沒有什麼*經驗*。

13	證明	zhèngmíng	to prove

【動】事實*證明*你説得對。 | 時間可以*證明*一切。 | 如果你有能力，你就*證明*給大家看。

14	圍牆	wéiqiáng	surrounding wall

【名】一道*圍牆* | 學校的*圍牆*外有一家商店。📑*城牆* | *院牆* | *磚牆* | *土牆*。

繁體版

简体版

15	曾	céng	ever

【副】有谁曾到过中国？ ｜ 这家餐厅我们曾来过。

16	留学	liúxué	to study abroad

【动】到国外留学 ｜ 在欧洲留过三年学 ｜ 谁留过学？ ｜ 小王到日本留学去了。

17	姥姥	lǎolao	maternal grandmother

【名】我姥姥家住天津。

18	姥爷	lǎoye	maternal grandfather

【名】姥爷今年七十八岁了。 ｜ 姥姥和姥爷只有一个女儿。

19	聊天（儿）	liáotiān(r)	to chat

【动】上网聊天 ｜ 和奶奶聊一会儿天 ｜ 我们只聊过两次天。 ｜ 咱们聊聊天儿吧。

20	火锅店	huǒguōdiàn	hot-pot restaurant

【名】一家火锅店 ｜ 马路对面的火锅店生意很好。

21	点菜	diǎncài	to order dishes in a restaurant

我们现在可以点菜了。 ｜ 每个人点一道自己最喜欢的菜。

22	上街	shàngjiē	to go shopping

今天上街吗？ ｜ 昨天上了一回街，什么都没买到。

23	购物	gòuwù	to shop, to buy things

【动】上街购物 ｜ 一周外出购一回物。📖购：买。物：东西。

24	开玩笑	kāiwánxiào	to joke

他不喜欢开玩笑。 ｜ 大家经常开他的玩笑。 ｜ 我只是和你开一个小玩笑。

25	否认	fǒurèn	to deny

【动】他否认自己曾来过这里。 ｜ 事实是无法否认的。

26	小贩	xiǎofàn	street vendor, hawker

【名】几个小贩 ｜ 小贩们叫卖着自己的商品。

27	服务员	fúwùyuán	salesperson, waiter

【名】招三名服务员 ｜ 请服务员把盘子拿走。

28	队友	duìyǒu	teammate

【名】她是我的队友。 ｜ 队友们都走了。

29	成语	chéngyǔ	idiom, set expression

【名】一条成语 ｜ 成语词典 ｜ 用成语造句。

30	方言	fāngyán	dialect

【名】一种方言 ｜ 上海方言 ｜ 中国各地方言差别很大。

31	俚语	lǐyǔ	slang

【名】有些俚语很粗俗。 ｜ 使用俚语能使你的话听起来更有意思。

32	好像	hǎoxiàng	to seem like

【副】天好像要下雨。 ｜ 他好像忘记了自己曾经说过的话。

33	不知不觉	bùzhī-bùjué	without realizing

不知不觉就到了冬天。 ｜ 我们不知不觉就做完了所有工作。

15	曾	céng	ever
	【副】有誰曾到過中國？ ｜ 這家餐廳我們曾來過。		

16	留學	liúxué	to study abroad
	【動】到國外留學 ｜ 在歐洲留過三年學 ｜ 誰留過學？ ｜ 小王到日本留學去了。		

17	姥姥	lǎolao	maternal grandmother
	【名】我姥姥家住天津。		

18	姥爺	lǎoye	maternal grandfather
	【名】姥爺今年七十八歲了。 ｜ 姥姥和姥爺只有一個女兒。		

19	聊天（兒）	liáotiān(r)	to chat
	【動】上網聊天 ｜ 和奶奶聊一會兒天 ｜ 我們只聊過兩次天。 ｜ 咱們聊聊天兒吧。		

20	火鍋店	huǒguōdiàn	hot-pot restaurant
	【名】一家火鍋店 ｜ 馬路對面的火鍋店生意很好。		

21	點菜	diǎncài	to order dishes in a restaurant
	我們現在可以點菜了。 ｜ 每個人點一道自己最喜歡的菜。		

22	上街	shàngjiē	to go shopping
	今天上街嗎？ ｜ 昨天上了一回街，什麼都沒買到。		

23	購物	gòuwù	to shop, to buy things
	【動】上街購物 ｜ 一周外出購一回物。 購：買。物：東西。		

24	開玩笑	kāiwánxiào	to joke
	他不喜歡開玩笑。 ｜ 大家經常開他的玩笑。 ｜ 我只是和你開一個小玩笑。		

25	否認	fǒurèn	to deny
	【動】他否認自己曾來過這裏。 ｜ 事實是無法否認的。		

26	小販	xiǎofàn	street vendor, hawker
	【名】幾個小販 ｜ 小販們叫賣着自己的商品。		

27	服務員	fúwùyuán	salesperson, waiter
	【名】招三名服務員 ｜ 請服務員把盤子拿走。		

28	隊友	duìyǒu	teammate
	【名】她是我的隊友。 ｜ 隊友們都走了。		

29	成語	chéngyǔ	idiom, set expression
	【名】一條成語 ｜ 成語詞典 ｜ 用成語造句。		

30	方言	fāngyán	dialect
	【名】一種方言 ｜ 上海方言 ｜ 中國各地方言差別很大。		

31	俚語	lǐyǔ	slang
	【名】有些俚語很粗俗。 ｜ 使用俚語能使你的話聽起來更有意思。		

32	好像	hǎoxiàng	to seem like
	【副】天好像要下雨。 ｜ 他好像忘記了自己曾經說過的話。		

33	不知不覺	bùzhī-bùjué	without realizing
	不知不覺就到了冬天。 ｜ 我們不知不覺就做完了所有工作。		

繁體版

简体版

34	挑战性	tiǎozhànxìng	challenge

【名】具有*挑战性* | 这样的工作对我没什么*挑战性*。

35	课本	kèběn	textbook

【名】一套*课本* | 几本*课本* | 我们用的*课本*都是新的。

36	进步	jìnbù	to progress, improve

【动】没有*进步* | 只有努力才能*进步*。 | 一年的学习使我的汉语水平向前进了一大步。

37	意味着	yìwèizhe	to mean

【动】你没有不舒服的感觉并不*意味着*你没有病。 | 这种现象*意味着*大家都不喜欢他。

38	勇气	yǒngqì	courage

【名】有*勇气* | 一股*勇气* | 鼓起*勇气*。 📖 土气 | 洋气 | 锐气 | 志气。

39	师傅领进门，修行在个人	shīfu lǐng jìn mén, xiūxíng zài gèrén	"The master teaches the trade, but an apprentice is self made."

我只是教大家一些最基本的东西，以后全靠大家自己学了。"*师傅领进门，修行在个人*"嘛！📖 师傅：老师。领：带，引。修行：实践；做。在：取决于，由……决定。个人：自己。

40	球队	qiúduì	team (in a ball game)

【名】组建一支新*球队* | 我们的*球队*取得了胜利。

41	球星	qiúxīng	star athlete (in a ball game)

【名】一名*球星* | 一位*球星* | 所有的*球星*都登场亮相了。

42	坚定	jiāndìng	to strengthen, solidify

【动】*坚定*立场 | *坚定*信心 | 这更*坚定*了我的看法。

43	害羞	hàixiū	shy, timid

【形】这个小孩有点*害羞*。 | 别*害羞*，胆子大一点！

44	有害无益	yǒu hài wú yì	harmful, not beneficial

你这么想，对你自己*有害无益*。 | 这样的做法*有害无益*。📖 害：坏处。益：好处。

PROPER NOUNS			
45	曼彻斯特联队	Mànchèsītè Liánduì	Manchester United
46	皇家马德里	Huángjiā Mǎdélǐ	Real Madrid

34	挑戰性	tiǎozhànxìng	challenge

【名】具有*挑戰性* | 這樣的工作對我沒什麼*挑戰性*。

35	課本	kèběn	textbook

【名】一套*課本* | 幾本*課本* | 我們用的*課本*都是新的。

36	進步	jìnbù	to progress, improve

【動】沒有*進步* | 只有努力才能*進步*。 | 一年的學習使我的漢語水平向前*進*了一大步。

37	意味着	yìwèizhe	to mean

【動】你沒有不舒服的感覺並不*意味着*你沒有病。 | 這種現象*意味着*大家都不喜歡他。

38	勇氣	yǒngqì	courage

【名】有*勇氣* | 一股*勇氣* | 鼓起*勇氣*。 土氣 | 洋氣 | 銳氣 | 志氣。

39	師傅領進門，修行在個人	shīfu lǐng jìn mén, xiūxíng zài gèrén	"The master teaches the trade, but an apprentice is self made."

我只是教大家一些最基本的東西，以後全靠大家自己學了。"*師傅領進門，修行在個人*"嘛！ 師傅：老師。領：帶，引。修行：實踐；做。在：取決於，由……決定。個人：自己。

40	球隊	qiúduì	team (in a ball game)

【名】組建一支新*球隊* | 我們的*球隊*取得了勝利。

41	球星	qiúxīng	star athlete (in a ball game)

【名】一名*球星* | 一位*球星* | 所有的*球星*都登場亮相了。

42	堅定	jiāndìng	to strengthen, solidify

【動】*堅定*立場 | *堅定*信心 | 這更*堅定*了我的看法。

43	害羞	hàixiū	shy, timid

【形】這個小孩有點*害羞*。 | 別*害羞*，膽子大一點！

44	有害無益	yǒu hài wú yì	harmful, not beneficial

你這麼想，對你自己*有害無益*。 | 這樣的做法*有害無益*。 害：壞處。益：好處。

PROPER NOUNS

45	曼徹斯特聯隊	Mànchèsītè Liánduì	Manchester United
46	皇家馬德里	Huángjiā Mǎdélǐ	Real Madrid

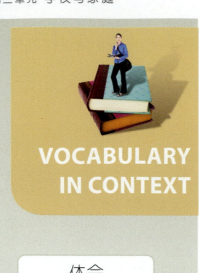

VOCABULARY IN CONTEXT

简体版

练习与活动

体会

首先

其次

最后

固然

曾

否认

好像

不知不觉

意味

后来

A Read the passage below.

一说到中文，你马上会联想到哪些词呢？汉字，对你又意味着什么？

谈起自己学中文的经历，你又有哪些有趣或者难忘的故事呢？

你曾很害怕学中文吗？对学习写汉字又有哪些体会？

你也许会说："中国文化固然对我有吸引力，但是不能否认，中文确实不太好学，尤其是汉字不好写。"

其实，我也经历了和你非常相似的过程。别看我现在的普通话好像很流利，可三年前我连一个中文词都不会说，后来经过努力，才达到今天的水平。

我的经验告诉我：要学好中文，首先，一定要有兴趣，要真正愿意学习中文；其次，要努力寻找一个学习中文的好环境，这样才能多练习；最后，一定要有信心！

只要你肯坚持，不知不觉你会发现，学中文可以带给你一个完全不同的、神奇的世界。

B Find the words in the boxes in the passage above.

C Talk with your partner about your experiences in learning Chinese. Use the words from the boxes in your conversation.

A Read the passage below.

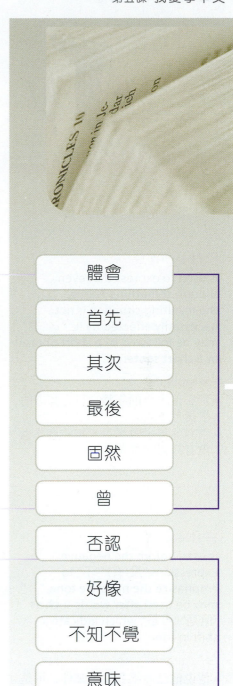

一說到中文，你馬上會聯想到哪些詞呢？漢字，對你又意味着什麼？

談起自己學中文的經歷，你又有哪些有趣或者難忘的故事呢？

你曾很害怕學中文嗎？對學習寫漢字又有哪些體會？

你也許會說："中國文化固然對我有吸引力，但是不能否認，中文確實不太好學，尤其是漢字不好寫。"

其實，我也經歷了和你非常相似的過程。別看我現在的普通話好像很流利，可三年前我連一個中文詞都不會說，後來經過努力，才達到今天的水平。

我的經驗告訴我：要學好中文，首先，一定要有興趣，要真正願意學習中文；其次，要努力尋找一個學習中文的好環境，這樣才能多練習；最後，一定要有信心！

只要你肯堅持，不知不覺你會發現，學中文可以帶給你一個完全不同的、神奇的世界。

B Find the words in the boxes in the passage above.

體會

首先

其次

最後

固然

曾

否認

好像

不知不覺

意味

後來

C Talk with your partner about your experiences in learning Chinese. Use the words from the boxes in your conversation.

繁體版 練習與活動

LANGUAGE CONNECTION

别看……可是……

is used to express that even though something is true, the resulting situation is not necessarily affected by it. "别看" may be followed by a short phrase or a short sentence.

For example

- 别看他小小的年龄，可是知道的事情却不少。
- 别看他得了冠军，可是一点儿也没有高兴的样子。

并+Neg.

is used before the negative expressions "没(有)""不" to emphasize the negative tone. "并" may be used after words such as "但是""可是", which indicate a shift in tone.

For example

- 他说他已经给我发了邮件，可是我并没有收到。
- 现在已经是冬天了，但天气并不太冷。

A 别看……可是……（even though..., but...）

"别看他们说的普通话不太标准，可是跟他们交谈对提高听力是非常有用的。"

Complete the sentences using "别看……可是……."

1. 别看这件衣服价格不高，＿＿＿＿＿＿＿＿＿＿＿＿＿

＿＿＿＿＿＿＿＿＿＿＿＿＿＿＿＿＿＿＿＿＿。

2. ＿＿＿＿＿＿＿＿＿＿＿＿＿＿＿，可是他心里

却没有这么想。

3. 别看这个老师平时笑眯眯的，＿＿＿＿＿＿＿＿＿

＿＿＿＿＿＿＿＿＿＿＿＿＿＿＿＿＿＿＿＿＿。

B 并+Neg.（not really）

"我并没有被吓倒。"

Complete the dialogs using "并."

1. 甲：你怎么能随便说朋友的坏话？

乙：＿＿＿＿＿＿＿＿＿＿＿＿＿＿＿＿＿＿。

2. 甲：看你，一点小小的麻烦用不着这么着急嘛。

乙：＿＿＿＿＿＿＿＿＿＿＿＿＿＿＿＿＿＿。

3. 甲：我上周寄给你的礼物收到了吗？

乙：＿＿＿＿＿＿＿＿＿＿＿＿＿＿＿＿＿＿＿

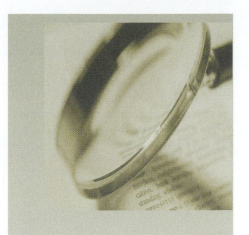

A 別看……可是…… (even though..., but...)

" 別看他們説的普通話不太標準，可是跟他們交談對提高聽力是非常有用的。"

Complete the sentences using "別看……可是……."

1. 別看這件衣服價格不高，_____

   _____。

2. _____，可是他心裏

   卻沒有這麼想。

3. 別看這個老師平時笑眯眯的，_____

   _____。

別看……可是……
is used to express that even though something is true, the resulting situation is not necessarily affected by it. "別看" may be followed by a short phrase or a short sentence.

For example
- 別看他小小的年齡，可是知道的事情卻不少。
- 別看他得了冠軍，可是一點兒也沒有高興的樣子。

B 並+Neg. (not really)

" 我並沒有被嚇倒。"

Complete the dialogs using "並."

1. 甲：你怎麼能隨便説朋友的壞話？

   乙：_____。

2. 甲：看你，一點小小的麻煩用不着這麼着急嘛。

   乙：_____。

3. 甲：我上周寄給你的禮物收到了嗎？

   乙：_____。

並+Neg.
is used before the negative expressions "没(有)""不" to emphasize the negative tone. "並" may be used after words such as "但是""可是", which indicate a shift in tone.

For example
- 他説他已經給我發了郵件，可是我並沒有收到。
- 現在已經是冬天了，但天氣並不太冷。

"被" 字句

is a passive sentence construction. "被" is used before a noun, a pronoun, or a noun phrase. The verb used generally takes an object. In circumstances when the context is clear, the part after "被" may be omitted.

For example

- 我们被这里的景色迷住了。
- 那个箱子已经被拿走了。

"把" 字句

is used to express how a matter is handled, and the results produced by the behavior. The common pattern is "把+N+V+其他".

For example

- 我把作业做完了。
- 请把你的地址告诉我。

C "被" 字句

"我并没有被吓倒。"

Complete the sentences using "'被'字句."

1. 这里的情况太可怕了，＿＿＿＿＿＿＿＿＿＿

＿＿＿＿＿＿＿＿＿＿＿＿＿＿＿＿＿＿＿。

2. 今天我真是太倒霉了，＿＿＿＿＿＿＿＿＿＿

＿＿＿＿＿＿＿＿＿＿＿＿＿＿＿＿＿＿＿。

3. ＿＿＿＿＿＿＿＿＿＿＿＿＿＿＿＿＿＿＿，

瓶子里一点牛奶都没剩下。

D "把" 字句

"更重要的是把这些知识用在实际的生活中。"

Complete the dialogs using "'把'字句."

1. 甲：外面好冷哦！

乙：我建议你＿＿＿＿＿＿＿＿＿＿＿＿＿＿。

2. 甲：＿＿＿＿＿＿＿＿＿＿＿＿＿＿＿＿＿＿！

乙：我从来没有碰过你的电脑。

3. 甲：我觉得这件事情一定没有这么简单。

乙：这件事情就是这么简单，＿＿＿＿＿＿＿

＿＿＿＿＿＿＿＿＿＿＿＿＿＿＿＿＿＿＿。

C "被" 字句

" 我並沒有被嚇倒。"

Complete the sentences using " '被' 字句."

1. 這裏的情況太可怕了, _____

   _____ 。

2. 今天我真是太倒霉了, _____

   _____ 。

3. _____ ,

   瓶子裏一點牛奶都沒剩下。

D "把" 字句

" 更重要的是把這些知識用在實際的生活中。"

Complete the dialogs using " '把' 字句."

1. 甲：外面好冷哦！

   乙：我建議你 _____ 。

2. 甲：_____ ！

   乙：我從來沒有碰過你的電腦。

3. 甲：我覺得這件事情一定沒有這麼簡單。

   乙：這件事情就是這麼簡單, _____

   _____ 。

"被" 字句
is a passive sentence construction. "被" is used before a noun, a pronoun, or a noun phrase. The verb used generally takes an object. In circumstances when the context is clear, the part after "被" may be omitted.

For example
- 我們被這裏的景色迷住了。
- 那個箱子已經被拿走了。

"把" 字句
is used to express how a matter is handled, and the results produced by the behavior. The common pattern is "把+N+V+其他".

For example
- 我把作業做完了。
- 請把你的地址告訴我。

繁體版

練習與活動

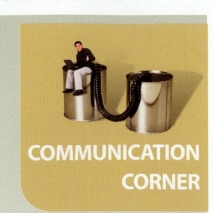

COMMUNICATION CORNER

Intructions:

- In groups, prepare a list of interview questions on the topic "Your favorite school activity."

- Individually, interview other classmates on this subject. Take notes during the interviews. Collate the interview results.

- Appoint a representative to give a presentation of your group's findings. Summarize clearly what you discovered about your classmates' favorite activities and why they like them.

- Keep your presentation to about 300 words.

你喜欢学校里的哪些活动？

Guidelines:

You can use the common expressions you have learnt in this lesson to answer interview questions about what you like and why. These expressions are also useful when you are recording your interview findings.

首先，其次，最后
A：你为什么喜欢旅游？
B：首先，旅游可以增长我的见识。其次，我可以欣赏各地的风光。最后，我还可以品尝不同地区以及不同国家的美食。

我非常欣赏它（他）的……
A：你为什么喜欢那个小伙子？
B：我非常欣赏他的才能。

我爱(喜欢)……是因为……
- 我喜欢去云南旅游，是因为我希望更多地了解当地少数民族的风俗习惯。
- 我爱参加学校音乐社团活动的原因是非常欣赏乐团的指挥。
- 我喜欢这个活动，是因为在学校的万圣节舞会上，我可以邀请任何一位姑娘做我的舞伴。

在我看来，……
A：你为什么想去上海学习汉语？
B：在我看来，上海是个非常现代化的城市，所以我愿意去那里学习汉语。

Here are some other useful expressions to list reasons why a particular activity is well-liked.

- 他喜欢参加学校的中文演讲比赛，一是因为通过这项活动可以提高他自己的中文水平，二是由于在活动的过程中可以结交新的朋友。
- 学校每年一次的话剧节规模大、参与人员多、活动气氛热烈、持续时间前后也长达一个月，很多人非常喜欢。
- 我调查的五个人都对学校篮球协会的比赛非常感兴趣，因为比赛激烈、刺激、紧张。

你喜歡學校裏的哪些活動?

Guidelines:

🗣 You can use the common expressions you have learnt in this lesson to answer interview questions about what you like and why. These expressions are also useful when you are recording your interview findings.

首先，其次，最後
A：你爲什麼喜歡旅遊?
B：首先，旅遊可以增長我的見識。其次，我可以欣賞各地的風光。最後，我還可以品嚐不同地區以及不同國家的美食。

我非常欣賞它（他）的……
A：你爲什麼喜歡那個小伙子?
B：我非常欣賞他的才能。

我愛(喜歡)……是因爲……
🔊 我喜歡去雲南旅遊，是因爲我希望更多地了解當地少數民族的風俗習慣。
🔊 我愛參加學校音樂社團活動的原因是非常欣賞樂團的指揮。
🔊 我喜歡這個活動，是因爲在學校的萬聖節舞會上，我可以邀請任何一位姑娘做我的舞伴。

在我看來，……
A：你爲什麼想去上海學習漢語?
B：在我看來，上海是個非常現代化的城市，所以我願意去那裏學習漢語。

🗣 Here are some other useful expressions to list reasons why a particular activity is well-liked.

🔊 他喜歡參加學校的中文演講比賽，一是因爲通過這項活動可以提高他自己的中文水平，二是由於在活動的過程中可以結交新的朋友。
🔊 學校每年一次的話劇節規模大、參與人員多、活動氣氛熱烈、持續時間前後也長達一個月，很多人非常喜歡。
🔊 我調查的五個人都對學校籃球協會的比賽非常感興趣，因爲比賽激烈、刺激、緊張。

Intructions:

- In groups, prepare a list of interview questions on the topic "Your favorite school activity."
- Individually, interview other classmates on this subject. Take notes during the interviews. Collate the interview results.
- Appoint a representative to give a presentation of your group's findings. Summarize clearly what you discovered about your classmates' favorite activities and why they like them.
- Keep your presentation to about 300 words.

繁體版

練習與活動

WRITING
TASK

夏令营活动申请表

Instruction:

Fill out the form below.
Provide as much detail as possible.

"快乐中国行" 暑假夏令营活动申请表

姓名：		性别：	照片或自画像
国籍：	所在城市：	出生年月：	
所在学校：			
详细通讯地址：			
电子邮件信箱：			
电话：			

是否参加过同类夏令营活动： 如"是"，最近一次活动时间：	你从哪里得知本次夏令营的信息？ 请在符合你情况的选项后划"√"。 同学或朋友　（　　） 老师　　　　（　　） 海报或其他广告（　　） 网络　　　　（　　） 其他　　　　（　　）

申请参加本次夏令营的原因：

本次夏令营中你最大的愿望是什么？为什么？

你对本次夏令营活动安排有什么具体建议，并请简要说明建议理由：

在你所参加过的其他夏令营或其他校外活动中，你最喜欢哪一次活动？为什么？
并请简要描述那次活动的主要过程。

夏令營活動申請表

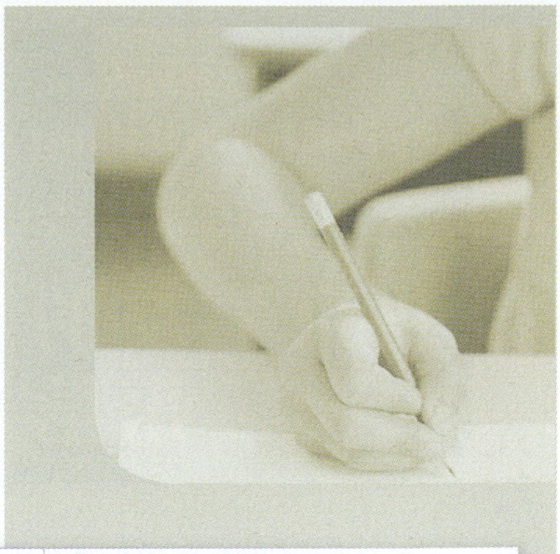

Instruction:

Fill out the form below. Provide as much detail as possible.

"快樂中國行"暑假夏令營活動申請表

姓名：		性別：	照片或自畫像
國籍：	所在城市：	出生年月：	
所在學校：			
詳細通訊地址：			
電子郵件信箱：			
電話：			

是否參加過同類夏令營活動： 如"是"，最近一次活動時間：	你從哪里得知本次夏令營的信息？ 請在符合你情況的選項後劃"√"。 同學或朋友　　　（　　） 老師　　　　　　（　　） 海報或其他廣告　（　　） 網絡　　　　　　（　　） 其他　　　　　　（　　）

申請參加本次夏令營的原因：

本次夏令營中你最大的願望是什麼？爲什麼？

你對本次夏令營活動安排有什麼具體建議，並請簡要說明建議理由：

在你所參加過的其他夏令營或其他校外活動中，你最喜歡哪一次活動？爲什麼？
并請簡要描述那次活動的主要過程。

A Letter from
My Pen Pal in Beijing

副课文

**北京笔友的
来信**

简体版

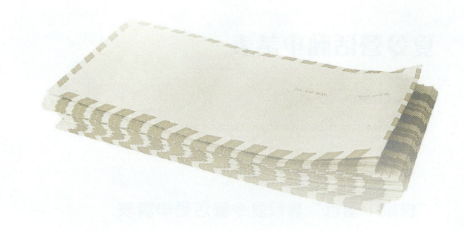

1.你觉得杨弘的英文名字怎么样？如果你给你的中国朋友取英文名字，你会取什么名字 ?

2.杨弘为什么要记录朋友的生日 ?

3.杨弘什么时候开始迷上了欧美流行音乐？她为什么更喜欢乐队 ?

Pre-reading

■ 你有中国朋友吗？给我们讲讲他（她）是个什么样的人？
■ 你和你的朋友通信时喜欢谈些什么？

下面是北京一位同学写给她笔友的信。

Ashley同学：

你好！我叫杨弘，英文名字叫Holly Yang。Holly这个名字是英语老师给我起的，我又在后面加上了Yang——因为我姓杨。你觉得这个英文名字怎么样？

我前天刚刚过完生日。你是哪天的生日？请原谅我的好奇，因为我有一个习惯，就是记录朋友的生日，然后做一个生日一览表。这样，每到朋友过生日的时候，我总能很及时地送出我的祝福。

你的爱好是什么呢？参加体育运动？上网？听音乐？还是玩游戏？我喜欢音乐。记得第一次听外国流行歌曲的时候，不知道为什么，一下子就迷上了欧美流行音乐。我现在最喜欢的乐队是Coldplay，歌手是Avril Lavigne。跟独唱歌手比起来，我还是更喜欢乐队组合，因为乐队组合的和声听起来感觉非常棒。当然，我还喜欢其他一些乐队组合，比如Snow Patrol，尤其那首Chasing Cars & Run。

A Letter from
My Pen Pal in Beijing

副課文

北京筆友的來信

繁體版

Pre-reading

■ 你有中國朋友嗎？給我們講講他（她）是個什麼樣的人？

■ 你和你的朋友通信時喜歡談些什麼？

下面是北京一位同學寫給她筆友的信。

Ashley同學：

你好！我叫楊弘，英文名字叫Holly Yang。Holly這個名字是英語老師給我起的，我又在後面加上了Yang——因爲我姓楊。你覺得這個英文名字怎麼樣？

我前天剛剛過完生日。你是哪天的生日？請原諒我的好奇，因爲我有一個習慣，就是記錄朋友的生日，然後做一個生日一覽表。這樣，每到朋友過生日的時候，我總能很及時地送出我的祝福。

你的愛好是什麼呢？參加體育運動？上網？聽音樂？還是玩遊戲？我喜歡音樂。記得第一次聽外國流行歌曲的時候，不知道爲什麼，一下子就迷上了歐美流行音樂。我現在最喜歡的樂隊是Coldplay，歌手是Avril Lavigne。跟獨唱歌手比起來，我還是更喜歡樂隊組合，因爲樂隊組合的和聲聽起來感覺非常棒。當然，我還喜歡其他一些樂隊組合，比如Snow Patrol，尤其那首Chasing Cars & Run。

1. 你覺得楊弘的英文名字怎麼樣？如果你給你的中國朋友取英文名字，你會取什麼名字？

2. 楊弘爲什麼要記錄朋友的生日？

3. 楊弘什麼時候開始迷上了歐美流行音樂？她爲什麼更喜歡樂隊？

Photo: Getty Images

Photo: Getty Images

简体版

我还喜欢比较**富有动感**的歌曲，比如说 Gwen Stefani 的 Cool。

啊，我刚发觉已经说了这么多，可还有一些基本情况没有告诉你呢。我把它**列**在下面：

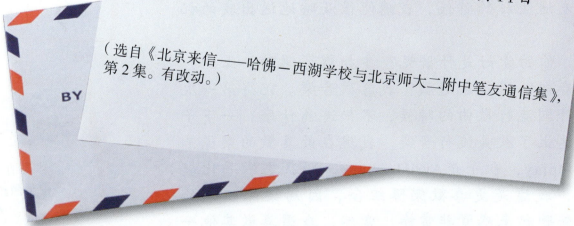

姓名：杨弘

生日：12月8日

爱好：听音乐、上网、看有关历史传说的书

擅长：弹钢琴、**绘画**

最喜欢的颜色：蓝色

最喜欢的工作：心理医生

以上便是我的自我介绍了。现在，我很想知道有关你的一些情况，比如你的爱好、兴趣什么的。

期待你的来信！

杨弘
2006年12月11日

（选自《北京来信——哈佛－西湖学校与北京师大二附中笔友通信集》，第2集。有改动。）

我還喜歡比較 富有動感 的歌曲，比如說 Gwen Stefani 的 Cool。

啊，我剛發覺已經說了這麼多，可還有一些基本情況沒有告訴你呢。我把它 列 在下面：

Photo: Getty Images

姓名：楊弘

生日：12月8日

愛好：聽音樂、上網、看有關歷史傳說的書

擅長：彈鋼琴、繪畫

最喜歡的顏色：藍色

最喜歡的工作：心理醫生

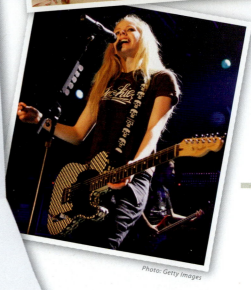

Photo: Getty Images

以上便是我的自我介紹了。現在，我很想知道有關你的一些情況，比如你的愛好、興趣什麼的。

期待你的來信！

楊弘

2006年12月11日

（選自《北京來信——哈佛－西湖學校與北京師大二附中筆友通信集》，第 2 集。有改動。）

繁體版

VOCABULARY
副课文 生词表

简体版

1	笔友	bǐyǒu	pen pal
2	好奇	hàoqí	curious, inquisitive
3	一览表	yīlǎnbiǎo	schedule, timetable
4	祝福	zhùfú	wishes, blessings
5	上网	shàngwǎng	to go online
6	迷上	míshàng	to be crazy about
7	乐队	yuèduì	band, orchestra
8	歌手	gēshǒu	singer
9	和声	héshēng	harmony
10	富有	fùyǒu	rich in, full of
11	动感	dònggǎn	dynamic
12	列	liè	to make a list
13	擅长	shàncháng	to be good at, skilled in
14	绘画	huìhuà	drawing, illustration

PROPER NOUNS

15	欧美	Ōu-Měi	Europe and America

VOCABULARY
副課文 生詞表

1	筆友	bǐyǒu	pen pal
2	好奇	hàoqí	curious, inquisitive
3	一覽表	yīlǎnbiǎo	schedule, timetable
4	祝福	zhùfú	wishes, blessings
5	上網	shàngwǎng	to go online
6	迷上	míshàng	to be crazy about
7	樂隊	yuèduì	band, orchestra
8	歌手	gēshǒu	singer
9	和聲	héshēng	harmony
10	富有	fùyǒu	rich in, full of
11	動感	dònggǎn	dynamic
12	列	liè	to make a list
13	擅長	shàncháng	to be good at, skilled in
14	繪畫	huìhuà	drawing, illustration

繁體版

PROPER NOUNS

15	歐美	Ōu-Měi	Europe and America

My Father, Laoshe

第六课

儿子眼中的父亲

简体版

Laoshe

Pre-reading

■ 你觉得你的父亲或母亲是怎样一个人？
■ 在一般的美国家庭中，父母和子女的关系是怎样的？

老舍是中国现代著名文学家。舒乙是老舍的儿子，曾任现代文学馆馆长。下面是著名电视节目主持人杨澜对舒乙的采访。

杨　澜：舒乙先生，您父亲为什么给您起这个名字呢？这个"乙"字有什么来历？

舒　乙：这个得从我姐姐说起。她生在济南，所以叫舒济，繁体的"濟"字难写极了。父母两人很后悔，给小孩取了这么麻烦的名字，上小学多困难啊！所以给我起名字时，就简简单单的，一笔……

杨　澜：而且您正巧是老二，甲、乙、丙、丁排队排到乙字。

舒　乙：对。

杨　澜：您是家里唯一的儿子，老舍先生有没有望子成龙的那种期望，或者说从小对您非常严格？

舒　乙：正好相反，他的儿童观非常独特，不主张管得特别严，过早告诉孩子各种行为规范，约束他天性的发展。所以在我们的成长中，他基本上不管我们。

杨　澜：您的学习成绩好和坏他都不管吗？

舒　乙：不管。像我小妹妹上高中的时候，有一天突然哭着回家，父亲感到很纳闷儿，说："怎么了？"她说："我今天数学考了六十分。""考六十分又怎么样？我小时候净不及格。"

杨　澜：他反而安慰你们。

My Father, Laoshe

第六課
**兒子眼中的
父親**

繁體版

Pre-reading

■ 你覺得你的父親或母親是怎樣一個人？
■ 在一般的美國家庭中，父母和子女的關係是怎樣的？

老舍是中國現代著名文學家。舒乙是老舍的兒子，曾任現代文學館館長。下面是著名電視節目主持人楊瀾對舒乙的採訪。

楊　瀾：舒乙先生，您父親爲什麼給您起這個名字呢？這個 "乙" 字有什麼來歷？

舒　乙：這個得從我姐姐説起。她生在濟南，所以叫舒濟，繁體的 "濟" 字難寫極了。父母兩人很後悔，給小孩取了這麼麻煩的名字，上小學多困難啊！所以給我起名字時，就簡簡單單的，一筆……

楊　瀾：而且您正巧是老二，甲、乙、丙、丁排隊排到乙字。

舒　乙：對。

楊　瀾：您是家裏唯一的兒子，老舍先生有沒有望子成龍的那種期望，或者説從小對您非常嚴格？

舒　乙：正好相反，他的兒童觀非常獨特，不主張管得特別嚴，過早告訴孩子各種行爲規範，約束他天性的發展。所以在我們的成長中，他基本上不管我們。

楊　瀾：您的學習成績好和壞他都不管嗎？

舒　乙：不管。像我小妹妹上高中的時候，有一天突然哭着回家，父親感到很納悶兒，説："怎麼了？" 她説："我今天數學考了六十分。" "考六十分又怎麼樣？我小時候淨不及格。"

楊　瀾：他反而安慰你們。

简体版

舒　乙：她说："那我怎么考大学？""考不取大学在家，我教你英文。"你瞧，他就是这样，向来主张儿童要保持天真，只去发展兴趣和爱好。

杨　澜：老舍先生1947年只身到美国去了，1956年母亲才带着你们全家离开重庆迁回北京，那时您已经是十五岁的半大小子了。父亲和您久别重逢，怎么打招呼？

舒　乙：这个也很有意思。他挂着手杖在站台上接我们，看见我，马上把手伸过来："你好，舒乙！"把我吓坏了，因为那么小，从来没有人和我握过手，何况是自己的父亲。

杨　澜：他完全把您当作一个平辈的朋友了。

舒　乙：他一见面就郑重其事地给我传递了一个信息：当儿子长到一定的年龄，父子就是平等的朋友了。

杨　澜：一般来说，他专心工作，可能生活这一边都撇给您母亲，由她来照顾一家人。他有没有照管过您的衣食住行？

舒　乙：他实际上是一个很温情和蔼的人，表示爱的方式也非常特别。比如说我已经工作，出差前去跟他告别。他说："你过来。"我以为他有什么事，可是他说："你把车票给我看看。"我掏出来给他看。然后他突然又说："你带了几根皮带？"我就琢磨皮带还要带几根吗？"就一根。"他说："那不行。"我说："怎么了？"他说："万一这根断了呢？"

杨　澜：他在很细致的地方用一种很含蓄的方式来表现他的关爱。

舒　乙：是啊。

（摘自杨澜《渴望生活》，因课文需要有删改。）

舒　乙：她説："那我怎麼考大學？""考不取大學在家，我教你英文。"你瞧，他就是這樣，<u>向來主張</u>兒童要保持<u>天真</u>，只去發展興趣和愛好。

楊　瀾：老舍先生1947年<u>隻身</u>到美國去了，1956年母親才帶着你們全家離開<u>重慶遷</u>回北京，那時您已經是十五歲的<u>半大小子</u>了。父親和您<u>久別重逢</u>，怎麼<u>打招呼</u>？

舒　乙：這個也很有意思。他<u>拄着手杖</u>在<u>站臺</u>上接我們，看見我，馬上把手<u>伸</u>過來："你好，舒乙！"把我嚇壞了，因爲那麼小，從來沒有人和我握過手，何況是自己的父親。

楊　瀾：他完全把您當作一個<u>平輩</u>的朋友了。

舒　乙：他一見面就<u>鄭重其事</u>地給我<u>傳遞</u>了一個信息：當兒子長到一定的年齡，父子就是平等的朋友了。

楊　瀾：一般來説，他<u>專心</u>工作，可能生活這一邊都<u>撇</u>給您母親，由她來照顧一家人。他有沒有照管過您的<u>衣食住行</u>？

舒　乙：他實際上是一個很<u>温情和藹</u>的人，表示愛的<u>方式</u>也非常特別。比如説我已經工作，<u>出差</u>前去跟他告別。他説："你過來。"我以爲他有什麼事，可是他説："你把車票給我看看。"我掏出來給他看。然後他突然又説："你帶了幾根<u>皮帶</u>？"我就<u>琢磨</u>皮帶還要帶幾根嗎？"就一根。"他説："那不行。"我説："怎麼了？"他説："萬一這根斷了呢？"

楊　瀾：他在很<u>細緻</u>的地方用一種很<u>含蓄</u>的方式來表現他的<u>關愛</u>。

舒　乙：是啊。

（摘自楊瀾《渴望生活》，因課文需要有刪改。）

繁體版

VOCABULARY
生词表

| 1 | 文学家 | wénxuéjiā | great writer |

【名】古代文学家 | 一位伟大的文学家 | 文学家很受人尊敬。| 丁小姐爱写小说，希望成为一名文学家。📖 家：具有某种专门知识或从事某种专门活动的人。📖 作家 | 画家 | 音乐家 | 书法家。

| 2 | 文学馆 | wénxuéguǎn | hall of writers |

【名】一位文学馆工作人员 | 在文学馆举办书画展览 | 请问去中国现代文学馆怎么走？📖 馆：收藏、展览或进行文化体育活动的地方。📖 美术馆 | 博物馆 | 展览馆 | 图书馆。

| 3 | 馆长 | guǎnzhǎng | curator |

【名】副馆长 | 一位中国国家博物馆馆长 | 他做图书馆馆长二十年了。📖 长：负责人，领导人。📖 厂长 | 省长 | 部长 | 班长。

| 4 | 主持人 | zhǔchírén | presenter |

【名】会议主持人 | 一位电视节目主持人 | 春节晚会通常有四个以上的主持人。📖 介绍人 | 经纪人 | 代理人 | 负责人。

| 5 | 来历 | láilì | origin |

【名】有来历 | 查明来历 | 这笔钱来历不明，不能接受。| 说起这支笔，可是大有来历。

| 6 | 繁体 | fántǐ | traditional Chinese character |

【名】繁体字 | 繁体形式 | 这本书是繁体印刷的。| 简体字比繁体的更容易学习。| "车"这个字的繁体形式是"車"。📖 体：文字的书写形式。📖 简体 | 草体 | 楷体。

| 7 | <u>正巧</u> | zhèngqiǎo | by chance |

【副】事情发生的时候，我正巧在场。| 老师叫我找你去，正巧你来了。| 他打电话来时，我正巧不在家。

| 8 | 甲、乙、丙、丁 | jiǎ、yǐ、bǐng、dīng | first, second, third, fourth |

【名】甲、乙、丙、丁四种 | 甲、乙、丙、丁四级 | 甲、乙、丙、丁四类中，甲是第一类。| 这段对话里有甲、乙、丙、丁四个人物。

| 9 | 唯一 | wéiyī | only, sole |

【形】唯一的心愿 | 唯一的遗憾 | 他是我唯一的亲人。| 这是唯一一条上山的公路。

| 10 | 望子成龙 | wàngzǐ-chénglóng | to have high expectations for your children |

哪个父母不是望子成龙呢？| 望子成龙的愿望是好的，但有时会给孩子带来过大的压力。| 家长们望子成龙的心情可以理解。

| 11 | 期望 | qīwàng | hope, expectation |

【名】美好的期望 | 人民的期望 | 过高的期望 | 社会在发展，人们也不断提出了新的期望和要求。📖 期：等待。📖 希望 | 愿望 | 盼望。

| 12 | 儿童观 | értóngguān | philosophy toward childraising |

【名】父母的儿童观对孩子的成长有很大影响。| 要树立正确的儿童观。📖 观：观点，看法。📖 世界观 | 人生观 | 价值观。

| 13 | 管 | guǎn | to discipline |

【动】管孩子可不是一件容易的事。| 现在的学生管起来比较难。| 这件事你管不管？

| 14 | 规范 | guīfàn | standard, the norm |

【名】道德规范 | 语言规范 | 学生要遵守行为规范。| 一定要按照规范服务。📖 范：模范；好榜样。📖 典范 | 示范 | 模范 | 范例。

VOCABULARY
生詞表

1　文學家　wénxuéjiā　great writer

【名】古代文學家｜一位偉大的文學家｜文學家很受人尊敬。｜丁小姐愛寫小説，希望成爲一名文學家。📖家：具有某種專門知識或從事某種專門活動的人。📖作家｜畫家｜音樂家｜書法家。

2　文學館　wénxuéguǎn　hall of writers

【名】一位文學館工作人員｜在文學館舉辦書畫展覽｜請問去中國現代文學館怎麼走？📖館：收藏、展覽或進行文化體育活動的地方。📖美術館｜博物館｜展覽館｜圖書館。

3　館長　guǎnzhǎng　curator

【名】副館長｜一位中國國家博物館館長｜他做圖書館館長二十年了。📖長：負責人，領導人。📖廠長｜省長｜部長｜班長。

4　主持人　zhǔchírén　presenter

【名】會議主持人｜一位電視節目主持人｜春節晚會通常有四個以上的主持人。📖介紹人｜經紀人｜代理人｜負責人。

5　來歷　láilì　origin

【名】有來歷｜查明來歷｜這筆錢來歷不明，不能接受。｜説起這支筆，可是大有來歷。

6　繁體　fántǐ　traditional Chinese character

【名】繁體字｜繁體形式｜這本書是繁體印刷的。｜簡體字比繁體的更容易學習。｜"车"這個字的繁體形式是"車"。📖體：文字的書寫形式。📖簡體｜草體｜楷體。

7　正巧　zhèngqiǎo　by chance

【副】事情發生的時候，我正巧在場。｜老師叫我找你去，正巧你來了。｜他打電話來時，我正巧不在家。

8　甲、乙、丙、丁　jiǎ、yǐ、bǐng、dīng　first, second, third, fourth

【名】甲、乙、丙、丁四種｜甲、乙、丙、丁四級｜甲、乙、丙、丁四類中，甲是第一類。｜這段對話裏有甲、乙、丙、丁四個人物。

9　唯一　wéiyī　only, sole

【形】唯一的心願｜唯一的遺憾｜他是我唯一的親人。｜這是唯一一條上山的公路。

10　望子成龍　wàngzǐ-chénglóng　to have high expectations for your children

哪個父母不是望子成龍呢？｜望子成龍的願望是好的，但有時會給孩子帶來過大的壓力。｜家長們望子成龍的心情可以理解。

11　期望　qīwàng　hope, expectation

【名】美好的期望｜人民的期望｜過高的期望｜社會在發展，人們也不斷提出了新的期望和要求。📖期：等待。📖希望｜願望｜盼望。

12　兒童觀　értóngguān　philosophy toward childraising

【名】父母的兒童觀對孩子的成長有很大影響。｜要樹立正確的兒童觀。📖觀：觀點，看法。📖世界觀｜人生觀｜價值觀。

13　管　guǎn　to discipline

【動】管孩子可不是一件容易的事。｜現在的學生管起來比較難。｜這件事你管不管？

14　規範　guīfàn　standard, the norm

【名】道德規範｜語言規範｜學生要遵守行爲規範。｜一定要按照規範服務。📖範：模範；好榜樣。📖典範｜示範｜模範｜範例。

15	约束	yuēshù	to restrict, restrain

【动】严加约束 | 约束自己的行为 | 这种规定约束不了他们。

16	天性	tiānxìng	natural disposition

【名】孩子的天性 | 人类的天性 | 这个孩子天性善良。| 他天性不爱说话。| 互相帮助是人类的天性。🔲性：性格。📖个性 | 耐性。

17	纳闷儿	nàmènr	to feel puzzled

【动】这事儿太让人纳闷儿了。| 他心里纳闷儿，但嘴上没说出来。| 我一直很纳闷儿昨天是谁找我。| 这有什么好纳闷儿的!

18	<u>安慰</u>	ānwèi	to comfort, console

【动】安慰家属 | 安慰病人 | 谢谢你安慰我。| 人在伤心的时候特别需要别人安慰。| 你要多安慰安慰他，叫他别太难过。📖抚慰 | 劝慰 | 告慰 | 慰问 | 慰劳。

19	向来	xiànglái	always

【副】向来如此 | 向来很认真 | 他向来不喜欢热闹。| 妈妈起床向来很早。| 他说话向来简洁明了。📖近来 | 从来。

20	主张	zhǔzhāng	to advocate, recommend

【动】主张和谈 | 主张和平解决问题 | 他主张立刻出发。| 我主张大家先去看电影。

21	天真	tiānzhēn	innocent

【形】天真活泼 | 天真烂漫 | 孩子的笑容是最天真的。| 你的看法太天真了。

22	只身	zhīshēn	solitarily, alone

【副】只身前往 | 只身一人在国外 | 他只身一人来到香港。| 我每年暑假都去看望只身在外打工的父亲。

23	迁	qiān	to move

【动】迁移 | 迁居 | 搬迁 | 当这里不再适合古人类生存时，他们就不得不迁往别处。| 公司已经迁到新办公地点了。

24	半大小子	bàn dà xiǎozi	teenager

她有个儿子，如今已长成半大小子了。| 都半大小子了，还得让父母操心。| 楼下常有一群半大小子吵吵闹闹，让人无法安静。

25	久别重逢	jiǔbié-chóngféng	to reunite after a long time

老朋友久别重逢，大家格外高兴。| 我们久别重逢，可得好好聊聊。| 和亲人久别重逢的喜悦是难以用言语形容的。

26	打招呼	dǎzhāohu	to greet somebody

【动】互相打个招呼 | 随便打个招呼 | 见到我来，大家都过来打招呼。| 他很热情，总是主动和别人打招呼。📖打手势 | 打哈欠 | 打滚儿 | 打晃儿。

27	拄	zhǔ	to lean on (a stick)

【动】拄拐杖 | 拄着棍子走 | 手拄地做俯卧撑。

28	手杖	shǒuzhàng	walking stick

【名】一根手杖 | 老爷爷手里拄着手杖，走得很慢。

29	站台	zhàntái	platform

【名】站台票 | 长长的站台 | 我到站台接你。🔲台：某些高而平的建筑、设备。📖讲台 | 舞台 | 主席台。

30	<u>伸</u>	shēn	to stretch, extend

【动】伸展 | 伸直 | 伸头 | 伸胳膊伸腿 | 把你的五指伸开。| 这架照相机的镜头可伸可缩，真棒!

31	平辈	píngbèi	person of the same generation

【名】我和他是平辈。| 他比我大很多，可是我们是平辈，因为他是我父亲的学生。📖晚辈 | 长辈 | 同辈。

| 15 | 約束 | yuēshù | to restrict, restrain |

【動】嚴加*約束* | *約束*自己的行爲 | 這種規定*約束*不了他們。

| 16 | 天性 | tiānxìng | natural disposition |

【名】孩子的*天性* | 人類的*天性* | 這個孩子*天性*善良。 | 他*天性*不愛説話。 | 互相幫助是人類的*天性*。 🔲 性：性格。 🔲 個性 | 耐性。

| 17 | 納悶兒 | nàmènr | to feel puzzled |

【動】這事兒太讓人*納悶兒*了。 | 他心裏*納悶兒*，但嘴上没説出來。 | 我一直很*納悶兒*昨天是誰找我。 | 這有什麼好*納悶兒*的!

| 18 | 安慰 | ānwèi | to comfort, console |

【動】*安慰*家屬 | *安慰*病人 | 謝謝你*安慰*我。 | 人在傷心的時候特别需要别人*安慰*。 | 你要多*安慰安慰*他，叫他别太難過。 🔲 撫慰 | 勸慰 | 告慰 | 慰問 | 慰勞。

| 19 | 向來 | xiànglái | always |

【副】*向來*如此 | *向來*很認真 | 他*向來*不喜歡熱鬧。 | 媽媽起床*向來*很早。 | 他説話*向來*簡潔明瞭。 🔲 近來 | 從來。

| 20 | 主張 | zhǔzhāng | to advocate, recommend |

【動】*主張*和談 | *主張*和平解決問題 | 他*主張*立刻出發。 | 我*主張*大家先去看電影。

| 21 | 天真 | tiānzhēn | innocent |

【形】*天真*活潑 | *天真*爛漫 | 孩子的笑容是最*天真*的。 | 你的看法太*天真*了。

| 22 | 隻身 | zhīshēn | solitarily, alone |

【副】*隻身*前往 | *隻身*一人在國外 | 他*隻身*一人來到香港。 | 我每年暑假都去看望*隻身*在外打工的父親。

| 23 | 遷 | qiān | to move |

【動】*遷*移 | *遷*居 | 搬*遷* | 當這裏不再適合古人類生存時，他們就不得不*遷*往别處。 | 公司已經*遷*到新辦公地點了。

| 24 | 半大小子 | bàn dà xiǎozi | teenager |

她有個兒子，如今已長成*半大小子*了。 | 都*半大小子*了，還得讓父母操心。 | 樓下常有一群*半大小子*吵吵鬧鬧，讓人無法安静。

| 25 | 久别重逢 | jiǔbié-chóngféng | to reunite after a long time |

老朋友*久别重逢*，大家格外高興。 | 我們*久别重逢*，可得好好聊聊。 | 和親人*久别重逢*的喜悦是難以用言語形容的。

| 26 | 打招呼 | dǎzhāohu | to greet somebody |

【動】互相*打個招呼* | 隨便*打個招呼* | 見到我來，大家都過來*打招呼*。 | 他很熱情，總是主動和别人*打招呼*。 🔲 打手勢 | 打哈欠 | 打滾兒 | 打晃兒。

| 27 | 拄 | zhǔ | to lean on (a stick) |

【動】*拄*拐杖 | *拄*着棍子走 | 手*拄*着地做俯卧撑。

| 28 | 手杖 | shǒuzhàng | walking stick |

【名】一根*手杖* | 老爺爺手裏*拄*着*手杖*，走得很慢。

| 29 | 站臺 | zhàntái | platform |

【名】*站臺*票 | 長長的*站臺* | 我到*站臺*接你。 🔲 臺：某些高而平的建築、設備。 🔲 講臺 | 舞臺 | 主席臺。

| 30 | 伸 | shēn | to stretch, extend |

【動】*伸*展 | *伸*直 | *伸*頭 | *伸*胳膊*伸*腿 | 把你的五指*伸*開。 | 這架照相機的鏡頭可*伸*可縮，真棒!

| 31 | 平輩 | píngbèi | person of the same generation |

【名】我和他是*平輩*。 | 他比我大很多，可是我們是*平輩*，因爲他是我父親的學生。 🔲 晚輩 | 長輩 | 同輩。

简
体
版

| 32 | 郑重其事 | zhèngzhòng-qíshì | to take something seriously |

郑重其事地说 | 大家随便说说自己的想法就可以了，不必太郑重其事。| 虽然只是个小聚会，但大家都穿得郑重其事。| 六岁的小女儿郑重其事地宣布，今天的家庭会议将由她来主持。

| 33 | 传递 | chuándì | to pass, hand something down |

【动】传递火炬 | 传递爱心 | 传递信件 | 他负责传递消息。

| 34 | 专心 | zhuānxīn | to concentrate hard |

【副】专心研究 | 不专心学习，是无法取得好成绩的。| 他在课堂上专心听讲，认真记笔记，所以课后很轻松。专：集中在一件事上。专注 | 专车 | 专刊。

| 35 | 撇 | piē | to cast aside, neglect |

【动】他把我们都撇在一边，自己去玩了。| 别把大家的话撇在脑后。| 孩子都撇给我，我一个人照顾不过来。

| 36 | 衣食住行 | yī shí zhù xíng | basic necessities |

衣食住行是生活的基本需要。| 政府十分关心老百姓的衣食住行问题。| 随着经济的发展，人们的衣食住行水平明显改善。

| 37 | 温情 | wēnqíng | tender |

【形】温情的呵护 | 温情的目光 | 她是个很温情、善良的女人。情：感情。亲情 | 人情 | 爱情 | 豪情。

| 38 | 和蔼 | hé'ǎi | amiable |

【形】亲切和蔼 | 态度和蔼 | 和蔼的笑容 | 在大家的印象中，他永远都是一副和蔼可亲的样子。

| 39 | 方式 | fāngshì | way |

【名】工作方式 | 行为方式 | 做事情要注意方式。| 你的方式方法有问题。

| 40 | 出差 | chūchāi | to go on a business trip |

【动】出差期间 | 去北京出差 | 出差到深圳 | 他出差去了。| 前两天，我出了一次差。差：公务。

| 41 | 皮带 | pídài | leather belt |

【名】一根皮带 | 一条宽皮带 | 军用皮带 | 我去买根皮带。裤带 | 腰带 | 背带 | 鞋带。

| 42 | 琢磨 | zuómo | to ponder, think over |

【动】<口>仔细琢磨 | 这件事让我琢磨了很久。| 我不会做这道题，你帮我琢磨琢磨。

| 43 | 细致 | xìzhì | attentive to detail |

【形】非常细致 | 他做事认真，多细致的地方都能想得到。

| 44 | 含蓄 | hánxù | implicit |

【形】性格含蓄 | 含蓄的目光 | 含蓄地笑了笑 | 这个人说话向来都很含蓄。| 你太含蓄了，别人不懂你的意思。

| 45 | 关爱 | guān'ài | care and concern |

【名】父母的关爱 | 无限的关爱和同情 | 深切的关爱 | 是老师和同学们的关爱让他战胜了困难。

PROPER NOUNS

| 46 | 杨澜 | Yáng Lán | Yang Lan, a famous TV presenter of China |

中国著名电视节目主持人。

| 47 | 济南 | Jǐnán | Jinan, in Shandong Province |

城市名。山东省省会，中国历史文化名城，自古有"泉城"的美称。南面是泰山，北边是黄河。

| 48 | 重庆 | Chóngqìng | Chong qing, a city in the west of China |

城市名。原属四川省，现在是中国四个直辖市之一。中国历史文化名城。在长江边。

| 32 | 鄭重其事 | zhèngzhòng-qíshì | to take something seriously |

鄭重其事地説｜大家隨便説説自己的想法就可以了，不必太鄭重其事。｜雖然只是個小聚會，但大家都穿得鄭重其事。｜六歲的小女兒鄭重其事地宣布，今天的家庭會議將由她來主持。

| 33 | 傳遞 | chuándì | to pass, hand something down |

【動】傳遞火炬｜傳遞愛心｜傳遞信件｜他負責傳遞消息。

| 34 | <u>專心</u> | zhuānxīn | to concentrate hard |

【副】專心研究｜不專心學習，是無法取得好成績的。｜他在課堂上專心聽講，認真記筆記，所以課後很輕鬆。■專：集中在一件事上。■專注｜專車｜專刊。

| 35 | 撇 | piē | to cast aside, neglect |

【動】他把我們都撇在一邊，自己去玩了。｜別把大家的話撇在腦後。｜孩子都撇給我，我一個人照顧不過來。

| 36 | 衣食住行 | yī shí zhù xíng | basic necessities |

衣食住行是生活的基本需要。｜政府十分關心老百姓的衣食住行問題。｜隨着經濟的發展，人們的衣食住行水平明顯改善。

| 37 | 温情 | wēnqíng | tender |

【形】温情的呵護｜温情的目光｜她是個很温情、善良的女人。■情：感情。■親情｜人情｜愛情｜豪情。

| 38 | 和藹 | hé'ǎi | amiable |

【形】親切和藹｜態度和藹｜和藹的笑容｜在大家的印象中，他永遠都是一副和藹可親的樣子。

| 39 | 方式 | fāngshì | way |

【名】工作方式｜行爲方式｜做事情要注意方式。｜你的方式方法有問題。

| 40 | 出差 | chūchāi | to go on a business trip |

【動】出差期間｜去北京出差｜出差到深圳｜他出差去了。｜前兩天，我出了一次差。■差：公務。

| 41 | 皮帶 | pídài | leather belt |

【名】一根皮帶｜一條寬皮帶｜軍用皮帶｜我去買根皮帶。■褲帶｜腰帶｜背帶｜鞋帶。

| 42 | 琢磨 | zuómo | to ponder, think over |

【動】<口>仔細琢磨｜這件事讓我琢磨了很久。｜我不會做這道題，你幫我琢磨琢磨。

| 43 | <u>細緻</u> | xìzhì | attentive to detail |

【形】非常細緻｜他做事認真，多細緻的地方都能想得到。

| 44 | 含蓄 | hánxù | implicit |

【形】性格含蓄｜含蓄的目光｜含蓄地笑了笑｜這個人説話向來都很含蓄。｜你太含蓄了，別人不懂你的意思。

| 45 | 關愛 | guān'ài | care and concern |

【名】父母的關愛｜無限的關愛和同情｜深切的關愛｜是老師和同學們的關愛讓他戰勝了困難。

PROPER NOUNS

| 46 | 楊瀾 | Yáng Lán | Yang Lan, a famous TV presenter of China |

中國著名電視節目主持人。

| 47 | 濟南 | Jǐnán | Jinan, in Shandong Province |

城市名。山東省省會，中國歷史文化名城，自古有"泉城"的美稱。南面是泰山，北邊是黃河。

| 48 | 重慶 | Chóngqìng | Chong qing, a city in the west of China |

城市名。原屬四川省，現在是中國四個直轄市之一。中國歷史文化名城。在長江邊。

繁體版

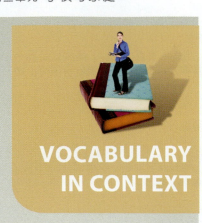

VOCABULARY IN CONTEXT

简体版

练习与活动

后悔

麻烦

细致

专心

安慰

琢磨

反而

正巧

打招呼

告别

完全

A

WORD PROCESSING PRACTICE

Choose 40 words from the Vocabulary section and type them on your computer using *pinyin* input method.

B

Fill in the blanks with the words from the boxes.

甲：没想到这件事现在这么_____，我特别_____当初没有听你的。

乙：既然已经这样了，就_____把它做完吧，现在说这些也没有用了。

甲：我做错事时，你从来不责怪我，_____总是_____我，我很感谢。

乙：别再_____已经过去的事了，你也没有什么大错，以后考虑事情再_____一些就行了。

C

Fill in the blanks with words from the boxes.

　　汉语里，在不同场合，和不同对象说的话往往是不一样的。比如，和别人_____，最普通的说法就是"你好"。如果你和他关系比较熟，_____最近又有一段时间没有见面，你可以说"最近怎么样啊"、"最近忙什么呢"。假如是和别人_____，通常的说法就是"再见"。但如果是你邀请的客人，简单地说"再见"就显得太简单了，人们常常说的是"您慢走"。这个说法的意思不能_____从字面上理解，它并不是真的让客人慢慢走的意思，而是一种表示关心和客气的说法。

WORD PROCESSING PRACTICE

Choose 40 words from the Vocabulary section and type them on your computer using *pinyin* input method.

Fill in the blanks with the words from the boxes.

甲：沒想到這件事現在這麼＿＿＿＿，我特別＿＿＿＿當初沒有聽你的。

乙：既然已經這樣了，就＿＿＿＿把它做完吧，現在說這些也沒有用了。

甲：我做錯事時，你從來不責怪我，＿＿＿＿總是＿＿＿＿我，我很感謝。

乙：別再＿＿＿＿已經過去的事了，你也沒有什麼大錯，以後考慮事情再＿＿＿＿一些就行了。

後悔
麻煩
細緻
專心
安慰
琢磨
反而

繁體版

練習與活動

Fill in the blanks with words from the boxes.

　　漢語裏，在不同場合，和不同對象說的話往往是不一樣的。比如，和別人＿＿＿＿，最普通的說法就是"你好。"。如果你和他關係比較熟，＿＿＿＿最近又有一段時間沒有見面，你可以說"最近怎麼樣啊"、"最近忙什麼呢"。假如是和別人＿＿＿＿，通常的說法就是"再見"。但如果是你邀請的客人，簡單地說"再見"就顯得太簡單了，人們常常說的是"您慢走"這個說法的意思不能＿＿＿＿從字面上理解，它並不是真的讓客人慢慢走的意思，而是一種表示關心和客氣的說法。

正巧
打招呼
告別
完全

LANGUAGE CONNECTION

从……说起

is often used to begin a narration.

For example

■ 要说这个柜子的来历，得从我奶奶说起。

……极了

follows an adjective and shows a strong degree of emphasis about the thing you are describing.

For example

■ 大家都喜欢张老师，因为她的课讲得好极了。

A 从……说起

"这个得从我姐姐说起。"

Complete or rewrite the sentences using "从……说起."

1. 要说这块手表的来历，_____
   _____。

2. 要问这条狗从哪里来的，_____
   _____。

3. 原 句：关于这件事我有很多话要跟他说，但是不知道怎么开始。

   替换句：_____
   _____。

B ……极了（extremely）

"繁体的'濟'字难写极了。"

Write sentences using "……极了" and the information below.

1. 人人都买的冰激凌

   _____。

2. 2000000000000，这是一个几乎数不清的数字

   _____。

3. 拿到奥斯卡奖的男演员

   _____。

4. 200公斤重的蛋糕

   _____。

5. 她只能穿最小号的鞋

   _____。

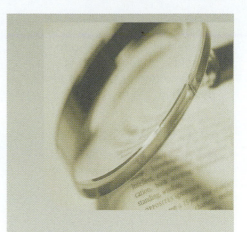

A 從……説起

"這個得從我姐姐説起。"

Complete or rewrite the sentences using "從……説起."

1. 要説這塊手錶的來歷，_____

   _____。

2. 要問這條狗從哪裏來的，_____

   _____。

3. 原　句：關於這件事我有很多話要跟他説，但是不知
   　　　　道怎麼開始。

   替換句：_____

   _____。

從……説起

is often used to begin a narration.

For example

- 要説這個櫃子的來歷，得從我奶奶説起。

B ……極了（extremely）

"繁體的'濟'字難寫極了。"

Write sentences using "……極了" and the information below.

1. 人人都買的冰激凌

   _____。

2. 2000000000000，這是一個幾乎數不清的數字

   _____。

3. 拿到奧斯卡獎的男演員

   _____。

4. 200公斤重的蛋糕

   _____。

5. 她只能穿最小號的鞋

   _____。

……極了

follows an adjective and shows a strong degree of emphasis about the thing you are describing.

For example

- 大家都喜歡張老師，因爲她的課講得好極了。

繁體版

練習與活動

练习与活动

正好相反

shows that what is going to be said is quite contrary to the condition or situation just described.

For example

A：你是不是喜欢吃四川菜？

B：正好相反，我不能吃辣的。

净

means "always" and is usually used in spoken Chinese.

For example

■ 他上课净迟到，老师总批评他。

或者说

"或者" and "说" are used together to connect two sentences with similar meaning.

For example

■ 你是不是对这个决议有看法？或者说，你有保留意见？

何况

is used to emphasize a further meaning.

For example

■ 学好母语都要花很大的气力，更何况学习另一种语言。

当……

can be used to describe the time of an event. It is usually used together with "……的时候" and other words that indicate time.

For example

■ 当我们的飞机到达北京的时候，天已经黑了。

C **正好相反**（on the contrary）

"正好相反，他的儿童观非常独特。"

Complete the dialogs using "正好相反."

1. 甲：听说他这人爱说别人坏话。

   乙：_____。

2. 甲：你是不是打算再呆一年？

   乙：_____。

3. 甲：据说这部电影非常不错。

   乙：_____。

D **净**（always）

"我小时候净不及格。"

E **或者说**（in other words）

"老舍先生有没有望子成龙的那种期望，或者说从小对您非常严格？"

F **何况**（even less; more so）

"从来没有人和我握手，何况是自己的父亲。"

G **当……**（when...）

"当儿子长到一定的年龄，父子就是平等的朋友了。"

C 正好相反（on the contrary）

"正好相反，他的兒童觀非常獨特。"

Complete the dialogs using "正好相反."

1. 甲：聽說他這人愛說別人壞話。

   乙：＿＿＿＿＿＿＿＿＿＿＿＿＿。

2. 甲：你是不是打算再呆一年？

   乙：＿＿＿＿＿＿＿＿＿＿＿＿＿。

3. 甲：據說這部電影非常不錯。

   乙：＿＿＿＿＿＿＿＿＿＿＿＿＿。

D 淨（always）

"我小時候淨不及格。"

E 或者說（in other words）

"老舍先生有沒有望子成龍的那種期望，或者說從小對您非常嚴格？"

F 何況（even less; more so）

"從來沒有人和我握手，何況是自己的父親。"

G 當……（when...）

"當兒子長到一定的年齡，父子就是平等的朋友了。"

正好相反

shows that what is going to be said is quite contrary to the condition or situation just described.

For example

A：你是不是喜歡吃四川菜？
B：正好相反，我不能吃辣的。

淨

means "always" and is usually used in spoken Chinese.

For example

■他上課淨遲到，老師總批評他。

或者說

"或者" and "說" are used together to connect two sentences with similar meaning.

For example

■你是不是對這個決議有看法？或者說，你有保留意見？

何況

is used to emphasize a further meaning.

For example

■學好母語都要花很大的氣力，更何況學習另一種語言。

當……

can be used to describe the time of an event. It is usually used together with "……的時候" and other words that indicate time.

For example

■當我們的飛機到達北京的時候，天已經黑了。

万一
is used to describe a situation that is unlikely to happen.

For example

■ 万一天气变冷，衣服带得不够就麻烦了。

或者说
何况
当……
净

 万一（in case）

"万一这根断了呢？"

Complete the sentences using "万一."

1. _____ ，

被狗咬了怎么办呢？

2. _____ ，

我的东西给谁呢？

3. _____ ，

我把他吵醒了也不太好。

RECAP Fill in the blanks with the words from the boxes.

1. 他球拍都不会拿，_____打球呢。

2. _____夕阳下山的时候，天边火红火红的，漂亮极了。

3. 别_____欺负你姐姐，你这淘气鬼！

4. 这是一个严重的问题，_____，是不能轻视的问题。

H 萬一（in case）

"萬一這根斷了呢？"

Complete the sentences using "萬一."

1. _____,

   被狗咬了怎麼辦呢？

2. _____,

   我的東西給誰呢？

3. _____,

   我把他吵醒了也不太好。

> 萬一
>
> is used to describe a situation that is unlikely to happen.
>
> *For example*
> - 萬一天氣變冷，衣服帶得不夠就麻煩了。

萬
一

繁體版

練習與活動

Fill in the blanks with the words from the boxes.

RECAP

1. 他球拍都不會拿，_____打球呢。

2. _____夕陽下山的時候，天邊火紅火紅的，漂亮極了。

3. 別_____欺負你姐姐，你這淘氣鬼！

4. 這是一個嚴重的問題，_____，是不能輕視的問題。

| 或者說 |
| 何況 |
| 當…… |
| 淨 |

COMMON EXPRESSIONS

为什么
For example
- 已经是春天了，为什么天气还这么冷？

有什么……
For example
- 你们有什么问题？

怎么了
For example
- 你怎么了？不舒服吗？

怎么 ＋V
For example
- 你怎么去？
- 你是怎么来美国的？

有没有……
For example
- 你有没有冬天游泳的习惯？

A 为什么（why...）

is used to ask someone for a reason.

"您父亲为什么给您起这个名字呢？"

B 有什么……

is used to ask about the contents or details of something. It requires a full answer.

"这个'乙'字有什么来历？"

C 怎么了（what's wrong/up？）

You can ask how a person is feeling with "怎么了."

"父亲感到很纳闷儿，说：'怎么了？'"

D 怎么 ＋V（how...）

is often used to ask for the way or the method to do something.

"那我怎么考大学？"

E 有没有……

is a selective question. It requires an answer that is either positive or negative.

"老舍先生有没有望子成龙的那种期望？

A 爲什麼（why...）

is used to ask someone for a reason.

"您父親爲什麼給您起這個名字呢？"

爲什麼
For example
- 已經是春天了，爲什麼天氣還這麼冷？

B 有什麼……

is used to ask about the contents or details of something. It requires a full answer.

"這個'乙'字有什麼來歷？"

有什麼……
For example
- 你們有什麼問題？

C 怎麼了（what's wrong/up?）

You can ask how a person is feeling with "怎麼了."

"父親感到很納悶兒，説：'怎麼了？'"

怎麼了
For example
- 你怎麼了？不舒服嗎？

D 怎麼 + V（how...）

is often used to ask for the way or the method to do something.

"那我怎麼考大學？"

怎麼 + V
For example
- 你怎麼去？
- 你是怎麼來美國的？

E 有没有……

is a selective question. It requires an answer that is either positive or negative.

"老舍先生有没有望子成龍的那種期望？

有没有……
For example
- 你有没有冬天游泳的習慣？

简体版

练习与活动

为什么

有什么……

怎么 + V

有没有……

RECAP

Role play the following situations using the words from the boxes.

Situation 1 : Your classmate comes into the classroom, waving his arms and saying, "Fantastic! Great!" You want to know why he is so happy. Role play the conversation with your classmate.

Situation 2 : After a conversation on the phone, Lingling goes into her room without saying a word. After a long time, her mother goes into Lingling's room and finds her crying. Role play the conversation between Lingling and her mother.

Situation 3 : Your classmate says he needs your help and wants to borrow some money from you. You want to know the reason. Role play the conversation with your classmate.

Role play the following situations using the words from the boxes.

RECAP

Situation 1 : Your classmate comes into the classroom, waving his arms and saying, "Fantastic! Great!" You want to know why he is so happy. Role play the conversation with your classmate.

Situation 2 : After a conversation on the phone, Lingling goes into her room without saying a word. After a long time, her mother goes into Lingling's room and finds her crying. Role play the conversation between Lingling and her mother.

Situation 3 : Your classmate says he needs your help and wants to borrow some money from you. You want to know the reason. Role play the conversation with your classmate.

為什麼

有什麼⋯⋯

怎麼 + V

有沒有⋯⋯

繁體版

練習與活動

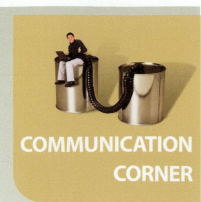

COMMUNICATION CORNER

Instructions:

- Conduct research using the Internet, books, magazines, or newspapers for information about Lao She or another famous Chinese writer.

- Work in pairs. Ask your partner questions about the writer they have researched. Then switch roles.

作家的故事

Guidelines:

🗣 You can start by asking your partner some background information about the writer, such as which period he/she worked in, his/her most famous work, etc.

🔊 你说的这位作家生活在哪个时代？

🔊 你说的这位文学家的代表作是什么，你是从哪儿了解到他的信息的？你为什么想到要了解他呢？

🗣 You can clarify your understanding by restating your partner's answers and asking follow-on questions.

🔊 你是说，他的作品已经有好几部被翻译成英文了吗？

🔊 她不仅是中国那个时代非常突出的女作家，而且个人经历充满传奇色彩，那她的婚姻和家庭有什么特殊的故事吗？

🔊 那后来呢？

🗣 Finally, you can express your feelings about what you have learned about the writer.

🔊 是啊，这位作家不仅作品给人带来享受，他富有战斗精神的人生也让人敬佩！

🔊 你说的故事真有意思。

🔊 原来是这样呀。

作家的故事

Guidelines:

You can start by asking your partner some background information about the writer, such as which period he/she worked in, his/her most famous work, etc.

◀ 你說的這位作家生活在哪個時代？

◀ 你說的這位文學家的代表作是什麼，你是從哪兒了解到他的信息的？你爲什麼想到要了解他呢？

You can clarify your understanding by restating your partner's answers and asking follow-on questions.

◀ 你是說，他的作品已經有好幾部被翻譯成英文了嗎？

◀ 她不僅是中國那個時代非常突出的女作家，而且個人經歷充滿傳奇色彩，那她的婚姻和家庭有什麼特殊的故事嗎？

◀ 那後來呢？

Finally, you can express your feelings about what you have learned about the writer.

◀ 是啊，這位作家不僅作品給人帶來享受，他富有戰鬥精神的人生也讓人敬佩！

◀ 你說的故事真有意思。

◀ 原來是這樣呀。

Instructions:

- Conduct research using the Internet, books, magazines, or newspapers for information about Lao She or another famous Chinese writer.

- Work in pairs. Ask your partner questions about the writer they have researched. Then switch roles.

繁體版

練習與活動

WRITING TASK

Instructions:

- Conduct a survey on the topic "How parents express their love for their children." Prepare a list of interview questions and interview 3 of your classmates. Take notes during the interviews.

- Write a short report summarizing what you learned from the interviews.

- Keep your writing to about 300 words.

天下父母心

Guidelines:

You may ask questions like these during your interview.

父母怎么给孩子过生日？
如果孩子的期末考试成绩很不好，不同的父母会怎样对待他们的孩子？
孩子生病的时候，父母怎么样对待他？
作为父母，和孩子之间最常用的沟通方式是什么？

Note down the answers to each of your questions during the interviews.

In your report, compare and contrast the ways parents from different cultures express their love for their children.

天下父母心

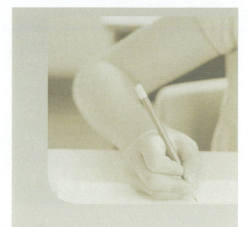

Guidelines:

You may ask questions like these during your interview.

父母怎麼給孩子過生日？
如果孩子的期末考試成績很不好，不同的父母會怎樣對待他們的孩子？
孩子生病的時候，父母怎麼樣對待他？
作為父母，和孩子之間最常用的溝通方式是什麼？

Note down the answers to each of your questions during the interviews.

In your report, compare and contrast the ways parents from different cultures express their love for their children.

Instructions:

- Conduct a survey on the topic "How parents express their love for their children." Prepare a list of interview questions and interview 3 of your classmates. Take notes during the interviews.

- Write a short report summarizing what you learned from the interviews.

- Keep your writing to about 300 words.

繁體版

練習與活動

Raising Children in a Cross-Cultural Marriage

副课文

跨国婚姻家庭中的孩子

简体版

Pre-reading

■ 你知道东方和西方在家庭教育方面有哪些不同吗？
■ 你家的家庭教育方式是怎样的？

主持人：观众朋友，今天我们请来了一位跨国婚姻家庭中的妈妈，还有她的儿子杰西。杰西既接受了中国式教育，也接受了西方式教育。杰西，你喜欢爸爸还是喜欢妈妈？

杰　西：喜欢妈妈。

主持人：那你比较怕谁？

杰　西：妈妈。

主持人：哦，也是妈妈。杰西听话吗？如果不听话怎么办？

1.杰西生活在怎样的家庭中？

妈　妈：孩子不听话是经常的事儿。我的脾气比较急，孩子小的时候，我父母帮忙照顾，非常宠爱他。杰西不高兴的时候就会跟我父母叫喊，我特别生气，要惩罚他。

2.杰西不听话的时候，妈妈怎么办？

主持人：看来妈妈比较厉害。

妈　妈：我很严厉地骂杰西时，他爸爸坐在旁边，虽然不满意，但是并不说什么。他主张耐心说服教育，一次谈不通，就谈两次，一定要让孩子理解、记住他所犯的错误。但是我们俩有个协议，就是当一个人管教孩子时，另一个人不要提意见。

3.爸爸是什么态度？

4.爸爸妈妈为什么要定一个协议？

主持人：后来爸爸去跟他谈吗？

Raising Children in a Cross-Cultural Marriage

副 課 文

跨國婚姻家庭中的孩子

繁體版

Pre-reading

■ 你知道東方和西方在家庭教育方面有哪些不同嗎？

■ 你家的家庭教育方式是怎樣的？

主持人：觀眾朋友，今天我們請來了一位跨國婚姻家庭中的媽媽，還有她的兒子杰西。杰西既接受了中國式教育，也接受了西方式教育。杰西，你喜歡爸爸還是喜歡媽媽？

杰　西：喜歡媽媽。

主持人：那你比較怕誰？

杰　西：媽媽。

主持人：哦，也是媽媽。杰西聽話嗎？如果不聽話怎麼辦？

媽　媽：孩子不聽話是經常的事兒。我的脾氣比較急，孩子小的時候，我父母幫忙照顧，非常寵愛他。杰西不高興的時候就會跟我父母叫喊，我特別生氣，要懲罰他。

主持人：看來媽媽比較厲害。

媽　媽：我很嚴厲地罵杰西時，他爸爸坐在旁邊，雖然不滿意，但是並不說什麼。他主張耐心說服教育，一次談不通，就談兩次，一定要讓孩子理解、記住他所犯的錯誤。但是我們倆有個協議，就是當一個人管教孩子時，另一個人不要提意見。

主持人：後來爸爸去跟他談嗎？

1. 杰西生活在怎樣的家庭中？

2. 杰西不聽話的時候，媽媽怎麼辦？

3. 爸爸是什麼態度？

4. 爸爸媽媽為什麼要定一個協議？

简体版

妈　妈：是，他会和孩子谈很长时间，有时将近一个小时，然后他们俩手拉着手走出来，孩子跟我和外公、外婆说对不起。

5.杰西比较接受怎样的教育方式？

主持人：杰西，跟你说话时，谁的态度好一些？

杰　西：爸爸说话比较耐心。

主持人：看来教育孩子一定要有耐心。

主持人：现在孩子在家庭中，除了得到父母的爱，还有爷爷奶奶、姥姥姥爷的爱，而隔代人更加宠孩子。

6.姥姥姥爷怎样对待杰西？

妈　妈：这点在我们家表现得特别明显。爷爷奶奶是外国人，还好些。外公外婆特别宠孩子，杰西要怎样就怎样。

主持人：那怎么办呢？

7.妈妈不同意姥姥姥爷的教育方式，怎么办？

妈　妈：真没有办法。我从小离开家，父母把对我的爱加倍地用到孩子身上。所以杰西3岁时，我就把他接到北京来上幼儿园，现在孩子的个性挺独立的。

主持人：你觉得是东方式的教育比较成功还是西方式的教育比较成功？

妈　妈：各有利弊，我比较喜欢东方的教育方式。

8.在跨国婚姻家庭中孩子教育的难点是什么？

主持人：杰西的情况比较特殊，他接受了三种不同的教育，妈妈是一种教育，爸爸是一种教育，他的外公外婆又是一种教育，有时他很难确定自己的行为标准。

妈　妈：我对这个问题也特别困惑。

9.你喜欢怎样的教育方式？为什么？

主持人：对孩子的教育是一个大问题，需要家长认真研究，通过有效的沟通寻找到共识，在方法上取得一致。谢谢！

媽　媽：是，他會和孩子談很長時間，有時將近一個小時，然後他們倆手拉着手走出來，孩子跟我和外公、外婆說對不起。

主持人：杰西，跟你說話時，誰的態度好一些？

杰　西：爸爸說話比較耐心。

主持人：看來教育孩子一定要有耐心。

主持人：現在孩子在家庭中，除了得到父母的愛，還有爺爺奶奶、姥姥姥爺的愛，而隔代人更加寵孩子。

5.杰西比較接受怎樣的教育方式？

媽　媽：這點在我們家表現得特別明顯。爺爺奶奶是外國人，還好些。外公外婆特別寵孩子，杰西要怎樣就怎樣。

主持人：那怎麼辦呢？

媽　媽：真沒有辦法。我從小離開家，父母把對我的愛加倍地用到孩子身上。所以杰西3歲時，我就把他接到北京來上幼兒園，現在孩子的個性挺獨立的。

主持人：你覺得是東方式的教育比較成功還是西方式的教育比較成功？

媽　媽：各有利弊，我比較喜歡東方的教育方式。

主持人：杰西的情況比較特殊，他接受了三種不同的教育，媽媽是一種教育，爸爸是一種教育，他的外公外婆又是一種教育，有時他很難確定自己的行為標準。

媽　媽：我對這個問題也特別困惑。

主持人：對孩子的教育是一個大問題，需要家長認真研究，通過有效的溝通尋找到共識，在方法上取得一致。謝謝！

6.姥姥姥爺怎樣對待杰西？

7.媽媽不同意姥姥姥爺的教育方式，怎麼辦？

8.在跨國婚姻家庭中孩子教育的難點是什麼？

9.你喜歡怎樣的教育方式？爲什麼？

VOCABULARY

副课文 **生词表**

1	跨国	kuàguó	international, transnational
2	婚姻	hūnyīn	marriage
3	脾气	píqi	temper
4	惩罚	chéngfá	to punish
5	厉害	lìhai	strict, stern
6	骂	mà	to scold
7	犯	fàn	to do (something wrong)
8	协议	xiéyì	agreement
9	隔代	gédài	cross-generation
10	宠	chǒng	to spoil
11	独立	dúlì	independent
12	成功	chénggōng	successful
13	利弊	lìbì	pros and cons
14	困惑	kùnhuò	frustration
15	沟通	gōutōng	to communicate
16	共识	gòngshí	consensus
17	一致	yīzhì	in agreement

VOCABULARY
副課文 **生詞表**

1	跨國	kuàguó	international, transnational
2	婚姻	hūnyīn	marriage
3	脾氣	píqi	temper
4	懲罰	chéngfá	to punish
5	厲害	lìhai	strict, stern
6	罵	mà	to scold
7	犯	fàn	to do (something wrong)
8	協議	xiéyì	agreement
9	隔代	gédài	cross-generation
10	寵	chǒng	to spoil
11	獨立	dúlì	independent
12	成功	chénggōng	successful
13	利弊	lìbì	pros and cons
14	困惑	kùnhuò	frustration
15	溝通	gōutōng	to communicate
16	共識	gòngshí	consensus
17	一致	yīzhì	in agreement

繁體版

UNIT SUMMARY
学习小结

一、重点句型

简体版

别看……可是……	别看他们说的普通话不太标准，可是跟他们交谈对提高听力是非常有用的。
并	我并没有被吓倒。
"被"字句	我并没有被吓倒。
"把"字句	重要的是把这些知识用在实际的生活中。
从……说起	这个得从我姐姐说起。
……极了	繁体的"濟"字难写极了。
正好相反	正好相反，他的儿童观非常独特。
净	我小时候净不及格。
或者说	老舍先生有没有望子成龙的那种期望，或者说从小对您非常严格？
何况	从来没有人和我握过手，何况是自己的父亲。
当	当儿子长到一定的年龄，父子就是平等的朋友了。
万一	万一这根断了呢？

二、交际功能

陈述喜欢的缘由。
进入话题，并推进谈话。

三、常用表达式

首先，其次，最后	首先我爱学中文的原因是非常欣赏它的实用性。其次，我爱学中文，是因为汉语能帮助我了解中国文化。最后，我爱学中文是因为有挑战性。
我爱……是因为……	我爱学中文是因为有挑战性。
非常欣赏它（他）的……	我爱学中文的原因是非常欣赏它的实用性。
在我看来，……	在我看来，中文学习真的是"师傅领进门，修行在个人"。
为什么	您父亲为什么给您起这个名字呢？
有什么	这个"乙"字有什么来历？
怎么了	父亲感到很纳闷，说："怎么了？"
怎么+动词	那我怎么考大学？
有没有	老舍先生有没有望子成龙的那种期望？

UNIT SUMMARY
學習小結

一、重点句型

別看……可是……	別看他們說的普通話不太標準，可是跟他們交談對提高聽力是非常有用的。
並	我並沒有被嚇倒。
"被"字句	我並沒有被嚇倒。
"把"字句	重要的是把這些知識用在實際的生活中。
從……説起	這個得從我姐姐説起。
……極了	繁體的"濟"字難寫極了。
正好相反	正好相反，他的兒童觀非常獨特。
淨	我小時候淨不及格。
或者説	老舍先生有沒有望子成龍的那種期望，或者説從小對您非常嚴格？
何況	從來沒有人和我握過手，何況是自己的父親。
當	當兒子長到一定的年齡，父子就是平等的朋友了。
萬一	萬一這根斷了呢？

繁體版

二、交际功能

陳述喜歡的緣由。
進入話題，並推進談話。

三、常用表達式

首先，其次，最後	首先我愛學中文的原因是非常欣賞它的實用性。其次，我愛學中文，是因爲漢語能幫助我了解中國文化。最後，我愛學中文是因爲有挑戰性。
我愛……是因爲……	我愛學中文是因爲有挑戰性。
非常欣賞它（他）的……	我愛學中文的原因是非常欣賞它的實用性。
在我看來，……	在我看來，中文學習真的是"師傅領進門，修行在個人"。
爲什麼	您父親爲什麼給您起這個名字呢？
有什麼	這個"乙"字有什麼來歷？
怎麼了	父親感到很納悶，説："怎麼了？"
怎麼+動詞	那我怎麼考大學？
有沒有	老舍先生有沒有望子成龍的那種期望？

UNIT 4
FESTIVALS AND CUSTOMS

节日与风俗
節日與風俗

Communicative goals

- Talk about similarities and differences in the way two festivals are celebrated
- Express agreement, excitement, or approval
- Explain the source or origin of something

Cultural information

- The Chinese lunar calendar and the animal zodiac
- Major Chinese festivals and celebrations
- Festive foods and their symbolic meanings
- Origins and legends of Chinese festivals

Warm up

人们每年都要过很多节日，不同国家有不同的节日，每个节日又有不同的习俗，甚至同样的节日在不同国家的习俗也不相同。

1.　请在下表中填上你知道的节日及其习俗。

节日名称	日 期	起 源	国家	习俗		
				活动	吃	其他
万圣节	10月31日	源于古西欧国家。那时人们相信，亡魂会在10月31日回来。	美国	带着可怕的面具聚会。	提着南瓜灯挨家挨户讨糖吃。	

2.　请你向大家介绍一个节日及其习俗。

简体版

繁體版

人們每年都要過很多節日，不同國家有不同的節日，每個節日又有不同的習俗，甚至同樣的節日在不同國家的習俗也不相同。

1.　請在下表中填上你知道的節日及其習俗。

節日名稱	日 期	起 源	國家	習俗		
				活動	吃	其他
萬聖節	10月31日	源於古西歐國家。那時人們相信，亡魂會在10月31日回來。	美國	帶著可怕的面具聚會。	提著南瓜燈挨家挨戶討糖吃。	

2.　請你向大家介紹一個節日及其習俗。

Celebrating
Chinese New Year

第七课

过年

Pre-reading

■ 你最喜欢过什么节？为什么？
■ 你家怎么过新年？

〖一〗

寒假结束了，一开学，张平就去留学生宿舍找他的美国朋友麦克。

麦克：张平，你回来啦？

张平：回来了。你过年去哪儿了？

麦克：我去王露家了，过得特别开心。除夕那天我在他们家学会包饺子了！王露妈妈包的饺子非常好吃，我一口气吃了二十多个，还吃到一个包了硬币的呢。

张平：真的？你今年肯定要交好运了。

麦克：王露的妈妈也这么说。哎，你回广东老家，在农村过年也特别有意思吧？

张平：那当然了！大年三十，家家户户贴对联、贴"福"字、吃团圆饭，饭桌上一定要有年糕和鱼。晚上一家人围着电视看春节联欢晚会、聊天儿。十二点一到，鞭炮声响成一片，热闹极了！

麦克：有意思，那大年初一呢？

张平：大年初一是新年第一天，大人、小孩都穿上新衣服，到亲戚家拜年，长辈会给孩子发红包，里面包着压岁钱。我小时候能得到几毛钱的压岁钱，就开心得不得了，现在红包里少于一百块，有些人都觉得不好意思给呢。

麦克：是吗？这变化太大了。听说城里过春节也跟以前不一样了。

Pre-reading

■ 你最喜歡過什麼節？爲什麼？

■ 你家怎麼過新年？

〖一〗

寒假結束了，一開學，張平就去留學生宿舍找他的美國朋友麥克。

麥克：張平，你回來啦？

張平：回來了。你過年去哪兒了？

麥克：我去王露家了，過得特別開心。除夕那天我在他們家學會包餃子了！王露媽媽包的餃子非常好吃，我一口氣吃了二十多個，還吃到一個包了硬幣的呢。

張平：真的？你今年肯定要交好運了。

麥克：王露的媽媽也這麼説。哎，你回廣東老家，在農村過年也特別有意思吧？

張平：那當然了！大年三十，家家户户貼對聯、貼"福"字、吃團圓飯，飯桌上一定要有年糕和魚。晚上一家人圍着電視看春節聯歡晚會、聊天兒。十二點一到，鞭炮聲響成一片，熱鬧極了！

麥克：有意思，那大年初一呢？

張平：大年初一是新年第一天，大人、小孩都穿上新衣服，到親戚家拜年，長輩會給孩子發紅包，裏面包着壓歲錢。我小時候能得到幾毛錢的壓歲錢，就開心得不得了，現在紅包裏少於一百塊，有些人都覺得不好意思給呢。

麥克：是嗎？這變化太大了。聽説城裏過春節也跟以前不一樣了。

张平：没错。有人觉得在家里准备饭菜太累，就到餐馆里去吃团圆饭，还有人利用春节长假到外地旅游。我女朋友一家这回就去海南过年了。

麦克：真的？可是我在电视里看到，春节期间，还是有成千上万的人回家过年。

张平：是啊，不管怎样，春节对于中国人来说，最重要的还是合家团圆，这一点不会变。对了，明天是元宵节，我们一起去我女朋友家吧。过完元宵节，春节才算真正结束呢！

麦克：好，我吃过饺子了，还没吃过元宵呢！

简体版

〖二〗

　　正月十五，元宵节到了。这天下午，麦克在宿舍里等张平，准备和他一起过节。

麦克：你怎么才来啊，真让人着急。

张平：着什么急啊，天还没黑，元宵节的花灯还没亮呢。

麦克：那咱们现在干什么？

张平：咱们先去我女朋友家吧。

　　麦克跟着张平到他女朋友家，吃了一顿元宵。然后麦克、张平、张平的女朋友三人一起去公园看花灯。

麦克：这些花灯太漂亮了！我最喜欢这种动物灯。

张平：这叫十二生肖灯。你是属牛的吧，看到你的生肖图案了吗？

麦克：看到了！哈哈，真有趣！

张平女友：咱们猜灯谜去吧，猜灯谜有奖品。

麦克：可是我看不懂，怎么猜呀？

张平：没关系，我们猜中的话，奖品分给你一半。

麦克：那还可以，走吧。

張平：沒錯。有人覺得在家裏準備飯菜太累，就到
　　　餐館裏去吃團圓飯，還有人利用春節長假
　　　到外地旅遊。我女朋友一家這回就去海南過
　　　年了。

麥克：真的？可是我在電視裏看到，春節期間，還
　　　是有成千上萬的人回家過年。

張平：是啊，不管怎樣，春節對于中國人來説，最
　　　重要的還是合家團圓，這一點不會變。對
　　　了，明天是元宵節，我們一起去我女朋友家
　　　吧。過完元宵節，春節才算真正結束呢！

麥克：好，我吃過餃子了，還沒吃過元宵呢！

〖二〗

　　　正月十五，元宵節到了。這天下午，麥克在宿舍裏等張
平，準備和他一起過節。

麥克：你怎麼才來啊，真讓人着急。

張平：着什麼急啊，天還沒黑，元宵節的花燈還沒
　　　亮呢。

麥克：那咱們現在幹什麼？

張平：咱們先去我女朋友家吧。

　　　麥克跟着張平到他女朋友家，吃了一頓元宵。然後麥
克、張平、張平的女朋友三人一起去公園看花燈。

麥克：這些花燈太漂亮了！我最喜歡這種動物燈。

張平：這叫十二生肖燈。你是屬牛的吧，看到你的
　　　生肖圖案了嗎？

麥克：看到了！哈哈，真有趣！

張平女友：咱們猜燈謎去吧，猜燈謎有獎品。

麥克：可是我看不懂，怎麼猜呀？

張平：沒關係，我們猜中的話，獎品分給你一半。

麥克：那還可以，走吧。

VOCABULARY
生词表

| 1 | 除夕 | chúxī | Chinese New Year's Eve |

【名】*除夕夜*|牛年的*除夕*夜就要过去了，新的一年虎年马上就要来了。|*除夕*是中国一年中最热闹的时候了。|*除夕*夜的钟声响起，全家人共同庆祝新年的到来。📖夕：夜晚。📖前夕。

| 2 | 包 | bāo | to wrap |

【动】*包*书|头上*包*着一块白毛巾|他用纸把钱*包*好，放进了贴身的衣服口袋里。|这件衣服我买了，请帮我*包*起来好吗？📖*包*饺子|*包*粽子|*包*包子|*包*馄饨。

| 3 | 饺子 | jiǎozi | Chinese dumpling |

【名】一个*饺子*|一盘芹菜馅*饺子*|*饺子*你喜欢吃蒸的还是煮的？|除夕夜，北方人都要包*饺子*吃。

| 4 | 一口气 | yīkǒuqì | at one go, without a break |

【副】*一口气*跑回家|*一口气*把话说完|他太饿了，*一口气*吃了三碗饭。|这本书真有意思，我*一口气*把它全部读完了。

| 5 | 交好运 | jiāo hǎoyùn | to have a lucky streak |

这么看来，我们就要*交好运*了。|我祝大家在新的一年里都*交好运*。|你看起来这么有精神，是不是最近交了什么*好运*了？

| 6 | 老家 | lǎojiā | hometown |

【名】回*老家*一趟|老张的*老家*在福建。|回农村*老家*看看。|今年他不能回*老家*过年了。

| 7 | 对联 | duìlián | a Chinese couplet |

【名】一副*对联*|春节*对联*内容不同，大小不一，但都表达了人们美好的愿望。|*对联*是中国春节习俗中很有文化内涵的一部分。📖春联|挽联|楹联|寿联。

| 8 | 团圆饭 | tuányuánfàn | family reunion dinner |

【名】一顿*团圆饭*|分别这么多年，吃顿*团圆饭*吧！|每当除夕到来，全家人都聚到一起，热热闹闹地吃*团圆饭*。

| 9 | 年糕 | niángāo | Chinese New Year cake |

【名】打*年糕*|蒸*年糕*|做*年糕*|一块*年糕*|过年吃*年糕*是中国的传统习俗，因为它的读音像"年高"。📖蛋糕|发糕|糕点。

| 10 | 联欢 | liánhuān | to have a get-together, to have a party |

【动】*联欢*活动|军民*联欢*|一场大型*联欢*会|为了庆祝国庆，学校举办了师生大*联欢*。📖联：联合。📖联盟|联系|联名。

| 11 | 晚会 | wǎnhuì | an event/party that takes place in the evening |

【名】迎新*晚会*|一台歌舞*晚会*|我是在一个*晚会*上认识她的。|春节联欢*晚会*八点钟开始。|*晚会*现场气氛十分热烈。📖舞会|聚会|宴会。

| 12 | 鞭炮 | biānpào | firecracker |

【名】买两挂*鞭炮*|一阵*鞭炮*声|在中国，过年时家家户户都要放*鞭炮*。

| 13 | 亲戚 | qīnqi | relative |

【名】一门*亲戚*|*亲戚*关系|我们两家是*亲戚*。|我们家是个大家族，所以我有很多*亲戚*。

| 14 | 拜年 | bàinián | to pay someone a visit during Chinese New Year |

【动】给老师*拜年*|向全国人民*拜年*|我给您*拜*个早年。|大年初一一大早，大家就都出门互相*拜年*了。|现在，通过电话、电子邮件*拜年*的人越来越多了。📖拜：见面行礼表示祝贺。

VOCABULARY
生詞表

1	除夕	chúxī	Chinese New Year's Eve

【名】*除夕夜*|牛年的*除夕夜*就要過去了，新的一年虎年馬上就要來了。|*除夕*是中國一年中最熱鬧的時候了。|*除夕夜*的鐘聲響起，全家人共同慶祝新年的到來。▣夕：夜晚。▣前夕。

2	包	bāo	to wrap

【動】*包書*|頭上*包*着一塊白毛巾|他用紙把錢*包*好，放進了貼身的衣服口袋裏。|這件衣服我買了，請幫我*包*起來好嗎？▣包餃子|包粽子|包包子|包餛飩。

3	餃子	jiǎozi	Chinese dumpling

【名】一個*餃子*|一盤芹菜餡*餃子*|*餃子*你喜歡吃蒸的還是煮的？|除夕夜，北方人都要包*餃子*吃。

4	一口氣	yīkǒuqì	at one go, without a break

【副】*一口氣*跑回家|*一口氣*把話説完|他太餓了，*一口氣*吃了三碗飯。|這本書真有意思，我*一口氣*把它全部讀完了。

5	交好運	jiāo hǎoyùn	to have a lucky streak

這麼看來，我們就要*交好運*了。|我祝大家在新的一年裏都*交好運*。|你看起來這麼有精神，是不是最近交了什麼*好運*了？

6	老家	lǎojiā	hometown

【名】回*老家*一趟|老張的*老家*在福建。|回農村*老家*看看。|今年他不能回*老家*過年了。

7	對聯	duìlián	a Chinese couplet

【名】一副*對聯*|春節*對聯*內容不同，大小不一，但都表達了人們美好的願望。|*對聯*是中國春節習俗中很有文化內涵的一部分。▣春聯|挽聯|楹聯|壽聯。

8	團圓飯	tuányuánfàn	family reunion dinner

【名】一頓*團圓飯*|分別這麼多年，吃頓*團圓飯*吧！|每當除夕到來，全家人都聚到一起，熱熱鬧鬧地吃*團圓飯*。

9	年糕	niángāo	Chinese New Year cake

【名】打*年糕*|蒸*年糕*|做*年糕*|一塊*年糕*|過年吃*年糕*是中國的傳統習俗，因爲它的讀音像"年高"。▣蛋糕|發糕|糕點。

10	聯歡	liánhuān	to have a get-together, to have a party

【動】*聯歡*活動|軍民*聯歡*|一場大型*聯歡*會|爲了慶祝國慶，學校舉辦了師生大*聯歡*。▣聯：聯合。▣聯盟|聯繫|聯名。

11	晚會	wǎnhuì	an event/party that takes place in the evening

【名】迎新*晚會*|一臺歌舞*晚會*|我是在一個*晚會*上認識她的。|春節聯歡*晚會*八點鐘開始。|*晚會*現場氣氛十分熱烈。▣舞會|聚會|宴會。

12	鞭炮	biānpào	firecracker

【名】買兩掛*鞭炮*|一陣*鞭炮*聲|在中國，過年時家家户户都要放*鞭炮*。

13	親戚	qīnqi	relative

【名】一門*親戚*|*親戚*關係|我們兩家是*親戚*。|我們家是個大家族，所以我有很多*親戚*。

14	拜年	bàinián	to pay someone a visit during Chinese New Year

【動】給老師*拜年*|向全國人民*拜年*|我給您*拜*個早*年*。|大年初一一大早，大家就都出門互相*拜年*了。|現在，通過電話、電子郵件*拜年*的人越來越多了。▣拜：見面行禮表示祝賀。

| 15 | 长辈 | zhǎngbèi | the older generation |

【名】他是我的*长辈*。|对*长辈*要尊重。|*长辈*就得有*长辈*的样子，不能和晚辈们一般见识。▣平辈|晚辈|后辈|小辈。

| 16 | 毛 | máo | 10 cents |

【量】<口>八*毛*钱|几*毛*钱|一*毛*等于十分钱。|这种笔九*毛*五一支。

| 17 | 压岁钱 | yāsuìqián | money given to children as a gift during Chinese New Year |

【名】攒*压岁钱*|孩子每年都会收到*压岁钱*。

| 18 | 开心 | kāixīn | happy, joyous |

【形】玩得很*开心*|见到你我*开心*得很。|看样子，这些年他过得不太*开心*。|大伙儿在一起说说笑笑，十分*开心*。

| 19 | 红包 | hóngbāo | a traditional Chinese red packet with money inside |

【名】送*红包*|发*红包*|一个*红包*|我已经成年了，所以今年过年没有收到*红包*。|他今年工作做得非常好，年终分到了一个大*红包*。

| 20 | 长假 | chángjià | long vacation |

【名】"十一"*长假*|"五一"放七天*长假*呢，你们打算去哪玩儿？|我想利用这个*长假*好好休息休息。▣暑假|寒假|春假|休假|请假|假期。

| 21 | 外地 | wàidì | other places |

【名】*外地*货|他到*外地*出差去了。|这个城市有数十万来做生意的*外地*人。|听他讲话像是*外地*口音。▣本地|当地|产地|出生地。

| 22 | 回 | huí | a measure word (for number of occasions) |

【量】有一*回*|这一*回*|我去过两*回*上海。|长城我去玩过好多*回*了。|我头一*回*见到这么美的风景。|我给他打过好几*回*电话都没人接。|我们下*回*再来吧。

| 23 | 成千上万 | chéngqiān-shàngwàn | tens of thousands |

*成千上万*的用户|他祖父给他留下了*成千上万*的家产。|*成千上万*的人从各地赶来，观看十月一日天安门广场的升旗仪式。

| 24 | 合家团圆 | héjiā tuányuán | family reunion |

祝*合家团圆*|*合家团圆*的心愿|春节是中国人*合家团圆*的喜庆日子。|老人们最高兴的事就是*合家团圆*。▣合：全。

| 25 | 变 | biàn | to change |

【动】*变*天了。|这个城市*变*样儿了。|他一听这话，脸色都*变*了。|情况*变*了，想法也要跟着*变*。

| 26 | 元宵节 | yuánxiāojié | the Lantern Festival (on the 15th night of the first lunar month) |

*元宵节*联欢晚会|过完*元宵节*才算真正过完年。|唐代开始有*元宵节*观灯的风俗。

| 27 | 元宵 | yuánxiāo | glutinous rice dumplings |

【名】一斤*元宵*|一袋*元宵*|*元宵*可以煮着吃，也可以炸着吃。

| 28 | 花灯 | huādēng | festive lantern |

【名】看*花灯*|闹*花灯*|元宵节一到，沿街的店铺都挂上了各式各样的*花灯*。

| 29 | 顿 | dùn | a measure word (for meals) |

【量】一天三*顿*饭|早上那*顿*饭要吃得好一点。|三个人一*顿*饭花了一百多块钱。

| 30 | 生肖 | shēngxiào | the animals of the Chinese zodic |

【名】十二*生肖*|*生肖*邮票|十二*生肖*纪念品|中国人常常用*生肖*来记年龄。

| 31 | 属 | shǔ | to be born in the year of |

【动】*属*狗|他是*属*马的。|*属*羊的今年是本命年。|明明和爷爷都*属*虎，爷爷今年六十，小李十二，祖孙俩正好差四轮。

简
体
版

15	長輩	zhǎngbèi	the older generation

【名】他是我的*長輩*。|對*長輩*要尊重。|*長輩*就得有*長輩*的樣子，不能和晚輩們一般見識。▣ 平輩|晚輩|後輩|小輩。

16	毛	máo	10 cents

【量】<口>八*毛*錢|幾*毛*錢|一*毛*等于十分錢。|這種筆九*毛*五一支。

17	壓歲錢	yāsuìqián	money given to children as a gift during Chinese New Year

【名】攢*壓歲錢*|孩子每年都會收到*壓歲錢*。

18	開心	kāixīn	happy, joyous

【形】玩得很*開心*|見到你我*開心*得很。|看樣子，這些年他過得不太*開心*。|大伙兒在一起説説笑笑，十分*開心*。

19	紅包	hóngbāo	a traditional Chinese red packet with money inside

【名】送*紅包*|發*紅包*|一個*紅包*|我已經成年了，所以今年過年沒有收到*紅包*。|他今年工作做得非常好，年終分到了一個大*紅包*。

20	長假	chángjià	long vacation

【名】"十一"*長假*|"五一"放七天*長假*呢，你們打算去哪玩兒？|我想利用這個*長假*好好休息休息。▣ 暑假|寒假|春假|休假|請假|假期。

21	外地	wàidì	other places

【名】*外地*貨|他到*外地*出差去了。|這個城市有數十萬來做生意的*外地*人。|聽他講話像是*外地*口音。▣ 本地|當地|産地|出生地。

22	回	huí	a measure word (for number of occasions)

【量】有一*回*|這一*回*|我去過兩*回*上海。|長城我去玩過好多*回*了。|我頭一*回*見到這麼美的風景。|我給他打過好幾*回*電話都沒人接。|我們下*回*再來吧。

23	成千上萬	chéngqiān-shàngwàn	tens of thousands

*成千上萬*的用戶|他祖父給他留下了*成千上萬*的家産。|*成千上萬*的人從各地趕來，觀看十月一日天安門廣場的升旗儀式。

24	闔家團圓	héjiā tuányuán	family reunion

祝*闔家團圓*|*闔家團圓*的心願|春節是中國人*闔家團圓*的喜慶日子。|老人們最高興的事就是*闔家團圓*。▣ 闔：全。

25	變	biàn	to change

【動】*變*天了。|這個城市*變*樣兒了。|他一聽這話，臉色都*變*了。|情況*變*了，想法也要跟着*變*。

26	元宵節	yuánxiāojié	the Lantern Festival (on the 15th night of the first lunar month)

*元宵節*聯歡晚會|過完*元宵節*才算真正過完年。|唐代開始有*元宵節*觀燈的風俗。

27	元宵	yuánxiāo	glutinous rice dumplings

【名】一斤*元宵*|一袋*元宵*|*元宵*可以煮着吃，也可以炸着吃。

28	花燈	huādēng	festive lantern

【名】看*花燈*|鬧*花燈*|元宵節一到，沿街的店鋪都掛上了各式各樣的*花燈*。

29	頓	dùn	a measure word (for meals)

【量】一天三*頓*飯|早上那*頓*飯要吃得好一點。|三個人一*頓*飯花了一百多塊錢。

30	生肖	shēngxiào	the animals of the Chinese zodiac

【名】十二*生肖*|*生肖*郵票|十二*生肖*紀念品|中國人常常用*生肖*來記年齡。

31	屬	shǔ	to be born in the year of

【動】*屬*狗|他是*屬*馬的。|*屬*羊的今年是本命年。|明明和爺爺都*屬*虎，爺爺今年六十，小李十二，祖孫倆正好差四輪。

32	图案	tú'àn	design

【名】漂亮的*图案*|设计*图案*|这张剪纸的*图案*很有中国特色。

33	有趣	yǒuqù	interesting

【形】很*有趣*|特别*有趣*|*有趣*的传说|*有趣*的风俗|只要仔细观察，就会发现生物界有很多有趣的现象。趣：趣味，兴味。

34	猜	cāi	to guess

【动】*猜*谜语|*猜*着了|她的心思我*猜*不透。|快说吧，别让我们*猜*了。|大家*猜*一猜谁来了？

35	灯谜	dēngmí	lantern riddle

【名】猜*灯谜*|三条*灯谜*|这个*灯谜*我实在猜不出来了，你快把谜底告诉我吧。

36	中	zhòng	to hit, be just right

【名】很多奖品|发奖品|参加者每人都能得到一份奖品。品：东西；物品。商品|用品|产品|战利品。

37	奖品	jiǎngpǐn	prize

【动】相*中*|看*中*|射*中*|考*中*|你选*中*了哪种颜色？|他*中*了头等奖。|这句话正*中*他的要害，他立刻不说话了。

PROPER NOUNS			
38	广东	Guǎngdōng	Guangdong Province

中国南部沿海的一个省，简称"粤"。是中国经济第一大省。

39	海南	Hǎinán	Hainan Province

中国南部的一个省，简称"琼"。该省为一海岛，是旅游胜地。

鼠　　　　牛　　　　虎

兔

龙　　　　蛇

32	圖案	tú'àn	design

【名】漂亮的*圖案*｜設計*圖案*｜這張剪紙的*圖案*很有中國特色。

33	有趣	yǒuqù	interesting

【形】很*有趣*｜特別*有趣*｜*有趣*的傳說｜*有趣*的風俗｜只要仔細觀察，就會發現生物界有很多*有趣*的現象。📖趣：趣味，興味。

34	猜	cāi	to guess

【動】*猜*謎語｜*猜*着了｜她的心思我*猜*不透。｜快説吧，別讓我們*猜*了。｜大家*猜*一*猜*誰來了？

35	燈謎	dēngmí	lantern riddle

【名】猜*燈謎*｜三條*燈謎*｜這個*燈謎*我實在猜不出來了，你快把謎底告訴我吧。

36	中	zhòng	to hit, be just right

【名】很多獎品｜發獎品｜參加者每人都能得到一份獎品。📖品：東西；物品。📖商品｜用品｜産品｜戰利品。

37	獎品	jiǎngpǐn	prize

【動】相*中*｜看*中*｜射*中*｜考*中*｜你選*中*了哪種顏色？｜他*中*了頭等獎。｜這句話正*中*他的要害，他立刻不説話了。

PROPER NOUNS

38	廣東	Guǎngdōng	Guangdong Province

中國南部沿海的一個省，簡稱"粵"。是中國經濟第一大省。

39	海南	Hǎinán	Hainan Province

中國南部的一個省，簡稱"瓊"。該省爲一海島，是旅游勝地。

繁體版

馬　　　　　羊　　　　　猴

雞　　　　　狗　　　　　豬

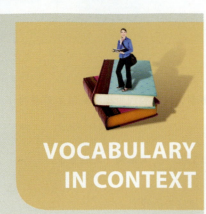

VOCABULARY IN CONTEXT

回
毛
顿
遍

开心
外地
一口气
肯定
成千上万
咱们
图案
有趣
中

A Fill in the blanks with measure words.

一_____纸　　两_____笔　　三_____书包

四_____同学　　五_____教师　　六_____椅子

七_____门　　八_____马　　九_____猪

十_____菜

B Fill in the blanks with the measure words from the boxes.

学校门口不远处有一个小面馆，那里面条味道不错，而且特别便宜，一碗西红柿面只要八_____钱。有时我一天连着去那儿好几_____，早、中、晚三_____饭都在那儿吃。不过，在那儿吃饭你不能着急，点了一碗面后，可能要催好几_____才能给你端出来，老板说，面条都是现煮的，所以慢。

C Fill in the blanks with the words from the boxes.

1. 甲：你_____吃了八个！你_____特别爱吃这儿的包子吧！

　　乙：对，每次从_____回来，到这儿吃顿包子，是最让我_____的事情！

2. 甲：你小时候玩过万花筒吗？几个简单的_____竟然能变出_____的花样，你似乎总也猜不_____它下次会是什么样子。真是太_____了！

　　乙：是啊，它看起来很简单，但是给_____的童年带来了很多乐趣。

Fill in the blanks with measure words.

Ⓐ

一＿＿＿紙　　兩＿＿＿筆　　三＿＿＿書包

四＿＿＿同學　五＿＿＿教師　六＿＿＿椅子

七＿＿＿門　　八＿＿＿馬　　九＿＿＿豬

十＿＿＿菜

Fill in the blanks with the measure words from the boxes.

Ⓑ

　　學校門口不遠處有一個小麵館，那裏麵條味道不錯，而且特別便宜，一碗西紅柿麵只要八＿＿＿錢。有時我一天連着去那兒好幾＿＿＿，早、中、晚三＿＿＿飯都在那兒吃。不過，在那兒吃飯你不能着急，點了一碗麵後，可能要催好幾＿＿＿才能給你端出來，老板説，麵條都是現煮的，所以慢。

回
毛
頓
遍

Fill in the blanks with the words from the boxes.

Ⓒ

1. 甲：你＿＿＿＿＿吃了八個！你＿＿＿＿＿特別
　　　愛吃這兒的包子吧！

　乙：對，每次從＿＿＿＿＿回來，到這兒吃頓包
　　　子，是最讓我＿＿＿＿＿的事情！

2. 甲：你小時候玩過萬花筒嗎？幾個簡單的
　　　＿＿＿＿＿竟然能變出＿＿＿＿＿的花樣，
　　　你似乎總也猜不＿＿＿＿＿它下次會是什麼
　　　樣子。真是太＿＿＿＿＿了！

　乙：是啊，它看起來很簡單，但是給＿＿＿＿＿
　　　的童年帶來了很多樂趣。

開心
外地
一口氣
肯定
成千上萬
咱們
圖案
有趣
中

LANGUAGE CONNECTION

学会＋Verb

is used to say that you have learned to do something.

For example
- 我们已经学会用中文打字了。
- 只要有决心，我们就能学会应用这门技术。

Besides "学会," there are other words that have a similar structure and usage. These include "看会," "练会" etc.
- 什么事情都是练会的，而不是看会的。

少于……

means "less than." "于" in this structure introduces the subject of comparison. Similarly, we have "多于" (more than), "晚于" (later than), "低于" (lower than), "慢于" (slower than) etc.

For example
- 如果价钱高于300元，我就不买了。
- 早于八点，商店都不开门。

Complete or rewrite the sentences using the grammar structures listed.

A 学会 + Verb（learned to do something）

"除夕那天我在他们家学会包饺子了。"

1. 只要有决心，_____

　　_____。

2. 经过反复尝试，我终于_____

　　_____。

3. 我 相 信 _____

　　_____。

B 少于……（less than...）

"现在红包里少于一百块，有些人都觉得不好意思给呢。"

1. 我想好了，_____

　　_____，我就不买了。

2. 他的学习成绩很棒，_____

　　_____。

3. 这个病人的体温_____

　　_____。

Complete or rewrite the sentences using the grammar
structures listed.

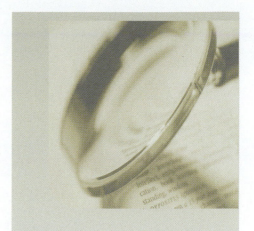

A 學會 + Verb（learned to do something）

" 除夕那天我在他們家學會包餃子了。"

1. 只要有決心，＿＿＿＿＿＿＿＿＿＿＿＿

　　＿＿＿＿＿＿＿＿＿＿＿＿＿＿＿＿＿。

2. 經過反復嘗試，我終於＿＿＿＿＿＿＿＿

　　＿＿＿＿＿＿＿＿＿＿＿＿＿＿＿＿＿。

3. 我相信＿＿＿＿＿＿＿＿＿＿＿＿＿＿＿

　　＿＿＿＿＿＿＿＿＿＿＿＿＿＿＿＿＿。

學會＋Verb
is used to say that you have learned to
do something.

For example
■ 我們已經學會用中文打字了。
■ 只要有決心，我們就能學會應用這
　門技術。

Besides "學會," there are other words
that have a similar structure and
usage. These include "看會," "練會"
etc.
■ 什麼事情都是練會的，而不是看會
　的。

B 少於⋯⋯（less than...）

" 現在紅包裏少於一百塊，有些人都覺得不好意

　思給呢。"

1. 我想好了，＿＿＿＿＿＿＿＿＿＿＿＿

　　＿＿＿＿＿＿＿＿＿，我就不買了。

2. 他的學習成績很棒，＿＿＿＿＿＿＿＿

　　＿＿＿＿＿＿＿＿＿＿＿＿＿＿＿＿＿。

3. 這個病人的體溫＿＿＿＿＿＿＿＿＿＿

　　＿＿＿＿＿＿＿＿＿＿＿＿＿＿＿＿＿。

少於⋯⋯
means "less than." "於" in this
structure introduces the subject of
comparison. Similarly, we have
"多於" (more than), "晚於" (later than),
"低於" (lower than), "慢於" (slower
than) etc.

For example
■ 如果價錢高於300元，我就不買了。
■ 早於八點，商店都不開門。

繁體版

練習與活動

就

is used to show a connection between two sentences.

For example

■ 他等了我半天，我没到，他就走了。

■ 小熊猫很胆小，看见有人来，就跑到竹林里去了。

不管（怎样），⋯⋯还是⋯⋯

means a situation will not change no matter what happens. "不管" can be followed by "都"，"也"，"还是".

For example

■ 不管怎么忙，他也要抽时间去看望父母。

■ 今天不管到几点，都要把这篇文章写完。

C 就 （then）

"有人觉得在家里准备饭菜太累，就到餐馆里去吃团圆饭。"

1. 我家小狗＿＿＿＿＿＿＿＿＿＿，＿＿＿＿＿＿＿＿＿＿

   ＿＿＿＿＿＿＿＿＿＿，它就＿＿＿＿＿＿＿＿＿＿。

2. 上个月＿＿＿＿＿＿＿＿＿＿，我和哥哥就

   ＿＿＿＿＿＿＿＿＿＿，＿＿＿＿＿＿＿＿＿＿。

3. ＿＿＿＿＿＿＿＿＿＿，＿＿＿＿＿＿＿＿＿＿，

   就＿＿＿＿＿＿＿＿＿＿。

D 不管（怎样），⋯⋯还是⋯⋯ （no matter...,still...）

"不管怎样，春节对于中国人来说，最重要的还是合家团圆。"

1. 原　句：无论晚上儿子多晚到家，妈妈都会等着他。

   替换句：＿＿＿＿＿＿＿＿＿＿＿＿＿＿＿＿＿。

2. 原　句：我们列举了种种理由，他仍然不听我们的劝，坚持自己一个人去。

   替换句：＿＿＿＿＿＿＿＿＿＿＿＿＿＿＿＿＿。

3. 原　句：无论如何，我今天一定得写完这一段。

   替换句：＿＿＿＿＿＿＿＿＿＿＿＿＿＿＿＿＿。

C 就（then）

"有人覺得在家裏準備飯菜太累，就到餐館裏去吃團圓飯。"

1. 我家小狗＿＿＿＿＿＿＿＿＿，＿＿＿＿＿＿＿＿＿

　＿＿＿＿＿＿＿，它就＿＿＿＿＿＿＿＿＿。

2. 上個月＿＿＿＿＿＿＿＿＿＿，我和哥哥就

　＿＿＿＿＿＿＿，＿＿＿＿＿＿＿＿＿。

3. ＿＿＿＿＿＿＿，＿＿＿＿＿＿＿，

　就＿＿＿＿＿＿＿＿＿。

D 不管（怎樣），……還是……（no matter...,still...）

"不管怎樣，春節對於中國人來說，最重要的還是闔家團圓。"

1. 原　句：無論晚上兒子多晚到家，媽媽都會等着他。

　替換句：＿＿＿＿＿＿＿＿＿＿＿＿＿＿。

2. 原　句：我們列舉了種種理由，他仍然不聽我們的勸，堅持自己一個人去。

　替換句：＿＿＿＿＿＿＿＿＿＿＿＿＿＿。

3. 原　句：無論如何，我今天一定得寫完這一段。

　替換句：＿＿＿＿＿＿＿＿＿＿＿＿＿＿。

就

is used to show a connection between two sentences.

For example

■ 他等了我半天，我没到，他就走了。

■ 小熊貓很膽小，看見有人來，就跑到竹林裏去了。

不管（怎樣），……還是……

means a situation will not change no matter what happens. "不管" can be followed by "都","也","還是".

For example

■ 不管怎麼忙，他也要抽時間去看望父母。

■ 今天不管到幾點，都要把這篇文章寫完。

繁體版

練習與活動

COMMON EXPRESSIONS

简体版 练习与活动

肯定

can be used to express opinions when a condition is almost certain.

For example
- 你看，天这么阴，肯定要下雨。
- 这么晚了，他肯定不来了。

那当然了

is usually used when you agree with someone. It means "of course" or "without a doubt."

For example

A：咱们班这回一定会赢的。

B：那当然了！咱们准备得多充分呀！

A：在少林寺学习武功一定会学到很多真功夫。

B：那当然了！少林寺的武僧都有一身过人的本领。

特别……   ……极了
……得 + 不得了   太……了

These expressions are all used to indicate very strong emphasis. "特别" should come before the verb/adjective; "极了" should come after the verb/adjective; "……得+不得了" should also come after the verb/adjective; "太……了" should have the verb/adjective in the middle.

For example

她这个人特别聪明，多难的数学题都能做出来。

最近我忙极了，有时连饭都顾不上吃。

这件衣服实在太漂亮了。

Think of two more situations for each expression given below. Then role play each situation with your partner.

A 肯定（definitely）

"你今年肯定要交好运了。"

Situation 1：你和妈妈准备出门，你发现天很阴……

Situation 2：_____

Situation 3：_____

B 那当然了（of course）

"那当然了！大年三十，家家户户贴对联、贴'福'字、吃团圆饭。"

Situation 1：你请朋友吃你做的蛋糕，朋友觉得很好吃……

Situation 2：_____

Situation 3：_____

C 特别……，……极了（very; extremely）
……得 + 不得了，太……了

"你回广东老家，在农村过年也特别有意思吧？"
"十二点一到，鞭炮声响成一片，热闹极了！"
"我小时候能得到几毛钱的压岁钱，就开心得不得了。"
"这变化太大了。"

Situation 1：朋友请你看电影，可你最近功课很紧，要准备好几门考试……

Situation 2：_____

Situation 3：_____

Think of two more situations for each expression given below.
Then role play each situation with your partner.

A 肯定（definitely）

" 你今年肯定要交好運了。"

Situation 1 ： 你和媽媽準備出門，你發現天很陰……

Situation 2 ： _____

Situation 3 ： _____

B 那當然了（of course）

" 那當然了！大年三十，家家戶戶貼對聯、
貼 '福' 字、吃團圓飯。"

Situation 1 ： 你請朋友吃你做的蛋糕，朋友覺得很好吃……

Situation 2 ： _____

Situation 3 ： _____

C 特別……，……極了 （very; extremely）

……得 + 不得了，太……了

" 你回廣東老家，在農村過年也特別有意思吧？"
" 十二點一到，鞭炮聲響成一片，熱鬧極了！"
" 我小時候能得到幾毛錢的壓歲錢，就開心得不
得了。"
" 這變化太大了。"

Situation 1 ： 朋友請你看電影，可你最近功課很緊，要準
備好幾門考試……

Situation 2 ： _____

Situation 3 ： _____

肯定
can be used to express opinions when
a condition is almost certain.

For example
- 你看，天這麼陰，肯定要下雨。
- 這麼晚了，他肯定不來了。

那當然了
is usually used when you agree with
someone. It means "of course" or
"without a doubt."

For example
A：咱們班這回一定會贏的。
B：那當然了！咱們準備得多充分呀！
A：在少林寺學習武功一定會學到很
多真功夫。
B：那當然了！少林寺的武僧都有一
身過人的本領。

特別……   ……極了
……得 + 不得了   太……了
These expressions are all used to
indicate very strong emphasis.
"特別" should come before the verb/
adjective; "極了" should come after
the verb/adjective; "……得＋不得了"
should also come after the verb/
adjective; "太……了" should have the
verb/adjective in the middle.

For example
她這個人特別聰明，多難的數學題都
能做出來。
最近我忙極了，有時連飯都顧不上吃。
這件衣服實在太漂亮了。

繁體版 練習與活動

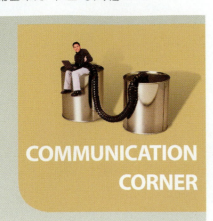

COMMUNICATION CORNER

简体版

练习与活动

Instructions:

- Work in pairs. Imagine your partner has recently bought a new computer and installed a few of the latest games on it.

- Role play a conversation in which one partner invites the other over to play on the new computer.

- Use the expressions we have just learned in the text to express your agreement, admiration or praise.

你的电脑真棒！

Guidelines:

You may start the conversation like this:

甲：最近我刚买了一台电脑，玩……游戏真是棒极了。怎么样，周末去我们家玩一玩？

乙：好主意，这个游戏我平时也常玩儿，可我的电脑速度太慢了，周末就到你们家去玩吧。

You can accept an invitation by saying:

到你们家玩……游戏？没问题，我很喜欢，就在这个周末吧。

那好啊！我本来就喜欢玩……游戏。明天怎么样？

可以啊，这个周末我正好有空，你在家等我好了，我肯定去你家。

You can express your admiration for the new computer using one of the following sentences.

甲：你的电脑真棒！画面真清晰，哇！看起来特别真实！

乙：那当然了。这是现在市场上最好的电脑。

甲：那一定不便宜吧？

乙：还可以，贵是有一点贵，不过我真是特别喜欢。

Besides the computer, you may also express praise or admiration for other items in your friend's house, such as his book or music collection, his travel photos, etc.

还可以、还不错、还行（一般程度）

好极了、太棒了、太帅了、太精彩了、真有意思、真有趣、……是最好的、……是最漂亮的、……是最优秀的……（最高程度）

没有比这更好的了！（最高程度）

你的電腦真棒！

Guidelines:

🗣 You may start the conversation like this:

甲：最近我剛買了一臺電腦，玩……游戲真是棒極了。怎麼樣，周末去我們家玩一玩？

乙：好主意，這個遊戲我平時也常玩兒，可我的電腦速度太慢了，周末就到你們家去玩吧。

🗣 You can accept an invitation by saying:

🔊 到你們家玩……遊戲？沒問題，我很喜歡，就在這個周末吧。

🔊 那好啊！我本來就喜歡玩……遊戲。明天怎麼樣？

🔊 可以啊，這個周末我正好有空，你在家等我好了，我肯定去你家。

🗣 You can express your admiration for the new computer using one of the following sentences.

甲：你的電腦真棒！畫面真清晰，哇！看起來特別真實！

乙：那當然了。這是現在市場上最好的電腦。

甲：那一定不便宜吧？

乙：還可以，貴是有一點貴，不過我真是特別喜歡。

🗣 Besides the computer, you may also express praise or admiration for other items in your friend's house, such as his book or music collection, his travel photos, etc.

🔊 還可以、還不錯、還行（一般程度）

🔊 好極了、太棒了、太帥了、太精彩了、真有意思、真有趣、……是最好的、……是最漂亮的、……是最優秀的……（最高程度）

🔊 没有比這更好的了！（最高程度）

Instructions:

• Work in pairs. Imagine your partner has recently bought a new computer and installed a few of the latest games on it.

• Role play a conversation in which one partner invites the other over to play on the new computer.

• Use the expressions we have just learned in the text to express your agreement, admiration or praise.

繁體版 練習與活動

WRITING TASK

Instructions:

- Write about Western festivals that are celebrated in China, and Chinese festivals that are celebrated in America.

- Keep your writing to about 300 words.

东西方节日的相互影响

Guidelines:

- You may start by introducing Chinese festivals that are celebrated in America, incorporating details such as who celebrates them, where many people celebrate them, and how they are celebrated.

- Correspondingly, write about Western festivals that are celebrated in China.

- Western festivals such as Christmas Day and Valentine's Day are becoming more popular among the younger generation in China today. Include your thoughts on this modern development.

Reference Materials

上海

今天是2006年平安夜，据说商场里销售额特别高，而且各个酒吧都坐满了人。因为天气不够冷，所以快12点时街边还有很多人在闲晃。我嫌酒吧人太挤，约了两个朋友到家里聊天，一起等待圣诞节的到来。

——一个中国人的网络日记

休斯顿

由于人们把农历的正月十五看作中国人的传统佳节春节的最后一天，加上今年元宵节又是周末，休斯顿华人社区的各种庆祝活动就显得格外热闹。3月4日全天，整个华人社区喜气洋洋、龙飞狮舞，到处是过年的景象。休斯顿市市长比尔·怀特发布通告：把2007年3月4日命名为休斯顿今年的"中国元宵节"。

——一则新闻报道

東西方節日的相互影響

Guidelines:

You may start by introducing Chinese festivals that are celebrated in America, incorporating details such as who celebrates them, where many people celebrate them, and how they are celebrated.

Correspondingly, write about Western festivals that are celebrated in China.

Western festivals such as Christmas Day and Valentine's Day are becoming more popular among the younger generation in China today. Include your thoughts on this modern development.

Instructions:

- Write about Western festivals that are celebrated in China, and Chinese festivals that are celebrated in America.

- Keep your writing to about 300 words.

繁體版 | 練習與活動

Reference Materials

上海

　　今天是2006年平安夜，據說商場裏銷售額特別高，而且各個酒吧都坐滿了人。因爲天氣不夠冷，所以快12點時街邊還有很多人在閒晃。我嫌酒吧人太擠，約了兩個朋友到家裏聊天，一起等待聖誕節的到來。

——一個中國人的網絡日記

休斯頓

　　由于人們把農曆的正月十五看作中國人的傳統佳節春節的最後一天，加上今年元宵節又是周末，休斯頓華人社區的各種慶祝活動就顯得格外熱鬧。3月4日全天，整個華人社區喜氣洋洋、龍飛獅舞，到處是過年的景象。休斯頓市市長比爾·懷特發布通告：把2007年3月4日命名爲休斯頓今年的"中國元宵節"。

——一則新聞報道

The Origin of Chinese Valentine's Day

副课文
七夕节的传说

简体版

Pre-reading

■ 你知道西方情人节的来历吗？

■ 很多中国人把传统的七夕节看作中国的情人节，你知道它的传说吗？

1.为什么说七夕节是最具浪漫色彩的节日？

2.牛郎是怎样一个小伙子？

3.牛郎和织女结婚后生活怎样？

　　七夕是中国传统节日中最具浪漫色彩的节日。相传每年农历七月初七的夜晚，天上的"织女"与"牛郎"都在银河的鹊桥上相会。这里有一个流传千古的美丽爱情故事。

　　很早以前，有一个聪明、老实的小伙子，跟着哥哥嫂子一起生活，但是哥哥嫂子对他很不好。他白天放牛，晚上就和牛住在一起，大家都叫他牛郎。牛郎一年一年长大了，哥哥嫂子就把他赶出家门。牛郎便带着一头老牛，开始了自己的生活。

　　一天，天上的七个仙女一起来到人间，牛郎在老牛的帮助下认识了其中最漂亮的织女，他们之间产生了爱情。织女决心不再回到天上，就做了牛郎的妻子。结婚以后，牛郎种地，织女织布，他们生了一儿一女两个孩子，一家人生活得很幸福。但是好景不长，这事让掌管仙女的王母娘娘知道了。她认为，仙女是不可以和地上的人结婚的，于是，亲自来到人间，要强行拆散这对恩爱夫妻，把织女带回天上。

The Origin of Chinese Valentine's Day

副課文

七夕節的傳説

Pre-reading

■ 你知道西方情人節的來歷嗎?

■ 很多中國人把傳統的七夕節看作中國的情人節,你知道它的傳説嗎?

　　七夕是中國傳統節日中最具浪漫色彩的節日。相傳每年農曆七月初七的夜晚,天上的"織女"與"牛郎"都在銀河的鵲橋上相會。這裏有一個流傳千古的美麗愛情故事。

　　很早以前,有一個聰明、老實的小伙子,跟着哥哥嫂子一起生活,但是哥哥嫂子對他很不好。他白天放牛,晚上就和牛住在一起,大家都叫他牛郎。牛郎一年一年長大了,哥哥嫂子就把他趕出家門。牛郎便帶着一頭老牛,開始了自己的生活。

　　一天,天上的七個仙女一起來到人間,牛郎在老牛的幫助下認識了其中最漂亮的織女,他們之間產生了愛情。織女決心不再回到天上,就做了牛郎的妻子。結婚以後,牛郎種地,織女織布,他們生了一兒一女兩個孩子,一家人生活得很幸福。但是好景不長,這事讓掌管仙女的王母娘娘知道了。她認爲,仙女是不可以和地上的人結婚的,于是,親自來到人間,要強行拆散這對恩愛夫妻,把織女帶回天上。

1.爲什麽説七夕節是最具浪漫色彩的節日?

2.牛郎是怎樣一個小伙子?

3.牛郎和織女結婚後生活怎樣?

4.王母娘娘是怎样拆散牛郎和织女的？

5.牛郎织女每年七月初七怎样会面？

6.中国青年男女怎么过七夕节？

7.你觉得这个传说有意思吗？为什么？

牛郎知道后，非常着急，又是在老牛的帮助下，带着两个孩子飞上天。眼看牛郎就要追上织女了，谁知王母娘娘拔下头上的金簪一挥，天上就出现了一道天河，牛郎和织女被隔在了河的两岸，只能相对哭泣流泪。他们的爱情感动了喜鹊，千万只喜鹊飞来，在河上搭成了鹊桥，让牛郎织女走上鹊桥相会。王母娘娘也没有办法，只好允许牛郎织女每年七月七日晚上在鹊桥上见一次面。

现在人们把七夕称作中国的情人节，青年男女很喜欢在这一天晚上约会。另外，因为织女是心灵手巧的天仙，所以，七夕的晚上，姑娘们都在室外摆上好吃的瓜果点心，抬头仰望星空，寻找银河两边的牛郎星和织女星，希望能看到他们一年一度的相会，并且请求上天让自己能像织女那样心灵手巧，祈祷自己能有称心如意的美满婚姻。

　　牛郎知道後，非常着急，又是在老牛的幫助下，帶着兩個孩子飛上天。眼看牛郎就要追上織女了，誰知王母娘娘拔下頭上的金簪一揮，天上就出現了一道天河，牛郎和織女被隔在了河的兩岸，只能相對哭泣流泪。他們的愛情感動了喜鵲，千萬隻喜鵲飛來，在河上搭成了鵲橋，讓牛郎織女走上鵲橋相會。王母娘娘也沒有辦法，只好允許牛郎織女每年七月七日晚上在鵲橋上見一次面。

　　現在人們把七夕稱作中國的情人節，青年男女很喜歡在這一天晚上約會。另外，因爲織女是心靈手巧的天仙，所以，七夕的晚上，姑娘們都在室外擺上好吃的瓜果點心，抬頭仰望星空，尋找銀河兩邊的牛郎星和織女星，希望能看到他們一年一度的相會，并且請求上天讓自己能像織女那樣心靈手巧，祈禱自己能有稱心如意的美滿婚姻。

4. 王母娘娘是怎樣拆散牛郎和織女的？

5. 牛郎織女每年七月初七怎樣會面？

6. 中國青年男女怎麼過七夕節？

7. 你覺得這個傳說有意思嗎？爲什麼？

繁體版

VOCABULARY
副课文 **生词表**

1	七夕	qīxī	the seventh evening of the seventh month of the Chinese Lunar Year
2	浪漫	làngmàn	romantic
3	相传	xiāngchuán	to pass from generation to generation
4	农历	nónglì	the Chinese lunar calendar
5	鹊桥	quèqiáo	the Magpie Bridge
6	放牛	fàngniú	to graze cattle
7	仙女	xiānnǚ	the Chinese fairy
8	种地	zhòngdì	to cultivate the land
9	织布	zhībù	to weave cloth
10	隔	gé	to be separated (by distance or time)
11	喜鹊	xǐquè	magpie
12	搭	dā	to build
13	情人节	qíngrénjié	Valentine's Day
14	心灵手巧	xīnlíng-shǒuqiǎo	clever and capable (with one's hands)
15	祈祷	qídǎo	to pray
16	称心如意	chènxīn-rúyì	perfectly matching expectations

PROPER NOUNS

17	织女	Zhīnǚ	the weaver fairy from Chinese legend
18	牛郎	Niúláng	Zhīnǚ's husband, a cowherd
19	银河	Yínhé	the Milky Way
20	王母娘娘	Wángmǔ niángniang	the Queen Mother of Heaven

简体版

VOCABULARY
副課文 生詞表

1	七夕	qīxī	the seventh evening of the seventh month of the Chinese Lunar Year
2	浪漫	làngmàn	romantic
3	相傳	xiāngchuán	to pass from generation to generation
4	農曆	nónglì	the Chinese lunar calendar
5	鵲橋	quèqiáo	the Magpie Bridge
6	放牛	fàngniú	to graze cattle
7	仙女	xiānnǚ	the Chinese fairy
8	種地	zhòngdì	to cultivate the land
9	織布	zhībù	to weave cloth
10	隔	gé	to be separated (by distance or time)
11	喜鵲	xǐquè	magpie
12	搭	dā	to build
13	情人節	qíngrénjié	Valentine's Day
14	心靈手巧	xīnlíng - shǒuqiǎo	clever and capable (with one's hands)
15	祈禱	qídǎo	to pray
16	稱心如意	chènxīn - rúyì	perfectly matching expectations

PROPER NOUNS

17	織女	Zhīnǚ	the weaver fairy from Chinese legend
18	牛郎	Niúláng	Zhīnǚ's husband, a cowherd
19	銀河	Yínhé	the Milky Way
20	王母娘娘	Wángmǔ niángniang	the Queen Mother of Heaven

繁體版

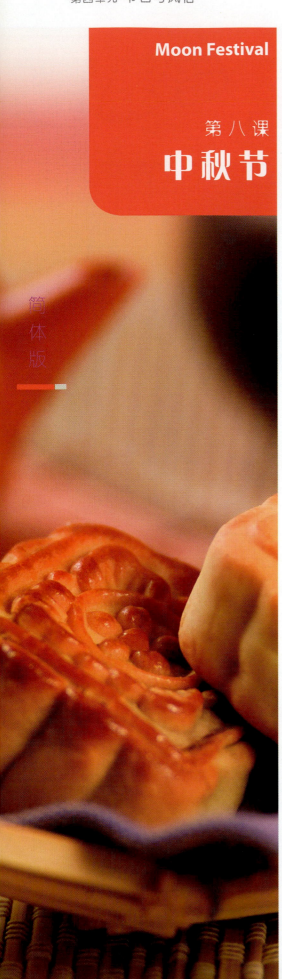

Moon Festival

第八课

中秋节

Pre-reading

■ 你知道现代载人登月飞船吗？知道月球的情况吗？

■ 古代有很多关于月亮的传说，你知道哪些？

农历八月十五日是中国的传统节日——中秋节。那时正好是秋季的中间，所以叫作中秋节。中秋节的夜晚，月亮又圆又大。古人把圆月看作团圆的象征，因此，中秋节又叫"团圆节"。人们过这个节有哪些习俗呢？

赏月

中秋节人们有赏月的习惯。农历十五日的月亮是满满的圆月，洁白、明亮。节日的夜晚，一家人围坐在院子里，一边看月亮，一边聊天儿。老人们喜欢指着月亮告诉孩子们关于月亮的传说，什么嫦娥啦，玉兔啦，吴刚啦……

人们更希望他们的生活像圆月一样永远美好，团团圆圆。但是生活就像月亮一样，有时候圆，有时候缺。比如出门在外的人，中秋节不能和家人团圆，就是一种遗憾，他们只能对着圆月来想念家人。唐代诗人李白的"举头望明月，低头思故乡"，宋代苏轼的"但愿人长久，千里共婵娟"等诗句，都是表达这种心情的千古绝唱。

Moon Festival

第 八 課
中秋節

Pre-reading

■ 你知道現代載人登月飛船嗎？知道月球的情況嗎？

■ 古代有很多關於月亮的傳說，你知道哪些？

農曆八月十五日是中國的傳統節日——中秋節。那時正好是秋季的中間，所以叫作中秋節。中秋節的夜晚，月亮又圓又大。古人把圓月看作團圓的象徵，因此，中秋節又叫"團圓節"。人們過這個節有哪些習俗呢？

賞月

中秋節人們有賞月的習慣。農曆十五日的月亮是滿滿的圓月，潔白、明亮。節日的夜晚，一家人圍坐在院子裏，一邊看月亮，一邊聊天兒。老人們喜歡指着月亮告訴孩子們關於月亮的傳說，什麼嫦娥啦，玉兔啦，吳剛啦……

人們更希望他們的生活像圓月一樣永遠美好，團團圓圓。但是生活就像月亮一樣，有時候圓，有時候缺。比如出門在外的人，中秋節不能和家人團圓，就是一種遺憾，他們只能對着圓月來想念家人。唐代詩人李白的"舉頭望明月，低頭思故鄉"，宋代蘇軾的"但願人長久，千里共嬋娟"等詩句，都是表達這種心情的千古絕唱。

吃月饼

中秋节最重要的习俗是吃月饼。月饼是一种**特制**的有**馅儿**的点心。月饼的大小和形状不完全一样，不过大多像中秋的月亮一样，是圆形的。月饼的表面印有各种图案：嫦娥奔月、月中玉兔，还有吉庆的文字，像"花好月圆"、"合家团圆"等等。月饼馅儿的**品种**就更多了，有**果仁**的、**豆沙**的、**火腿**的、**蛋黄**的……中秋节之夜，一家人围坐在一起，一边赏月，一边吃团圆月饼，觉得非常幸福。亲朋好友也互相赠送月饼，表达美好的**祝愿**。

简体版

舞火龙

舞火龙是香港中秋节最有传统特色的习俗。从每年农历八月十四日的晚上开始，**铜锣湾**的**大坑**地区就一连三个晚上举行大型的舞火龙活动。火龙是用草做的，长几十米，身上插满了**点燃**的香。到了晚上，一条条长长的火龙随着**鼓乐欢腾起舞**，非常热闹。

传说很早以前，香港大坑地区在一次大**风灾**以后，出现了一条**蟒蛇**，因为它到处做坏事，后来村民们把它打死了。但是，几天以后，这个地区却出现了**传染病**。据说人们在**菩萨**的帮助下，中秋佳节时舞动火龙，便把**病魔**赶跑了。

香港中秋舞火龙的习俗流传至今，已有一百多年的历史了。

Photo: Xinhua News Agency

吃月餅

中秋節最重要的習俗是吃月餅。月餅是一種特製的有餡兒的點心。月餅的大小和形狀不完全一樣，不過大多像中秋的月亮一樣，是圓形的。月餅的表面印有各種圖案：嫦娥奔月、月中玉兔，還有吉慶的文字，像"花好月圓"、"闔家團圓"等等。月餅餡兒的品種就更多了，有果仁的、豆沙的、火腿的、蛋黃的……中秋節之夜，一家人圍坐在一起，一邊賞月，一邊吃團圓月餅，覺得非常幸福。親朋好友也互相贈送月餅，表達美好的祝願。

舞火龍

舞火龍是香港中秋節最有傳統特色的習俗。從每年農曆八月十四日的晚上開始，銅鑼灣的大坑地區就一連三個晚上舉行大型的舞火龍活動。火龍是用草做的，長幾十米，身上插滿了點燃的香。到了晚上，一條條長長的火龍隨着鼓樂歡騰起舞，非常熱鬧。

傳說很早以前，香港大坑地區在一次大風災以後，出現了一條蟒蛇，因爲它到處做壞事，後來村民們把它打死了。但是，幾天以後，這個地區卻出現了傳染病。據說人們在菩薩的幫助下，中秋佳節時舞動火龍，便把病魔趕跑了。

香港中秋舞火龍的習俗流傳至今，已有一百多年的歷史了。

简体版

跳托球舞

　　每到中秋之夜，台湾高山族人都要穿起美丽的民族服装，来到日月潭边，在银色的月光下，男男女女一起跳起托球舞。

　　相传古代有一对青年夫妇，生活在一个水潭边，靠捕鱼度日。一天，太阳和月亮突然都不见了，天地间一片黑暗，禾苗死了，花果不长了，虫鸟也哭起来了。青年夫妇决定要把太阳和月亮找回来。他们发现太阳和月亮是被两条大龙吃到肚子里了，于是他们杀死了那两条龙，还用大树枝把太阳和月亮托上了天空。他们变成了两座山，永远守护在潭边。这个大潭，就是今天的日月潭。

　　后来每逢中秋，高山族人都要来到日月潭边，模仿那对夫妇的样子，托起象征太阳、月亮的彩球跳舞，以求风调雨顺，五谷丰登。

跳托球舞

　　每到中秋之夜，臺灣高山族人都要穿起美麗的民族服裝，來到日月潭邊，在銀色的月光下，男男女女一起跳起托球舞。

　　相傳古代有一對青年夫婦，生活在一個水潭邊，靠捕魚度日。一天，太陽和月亮突然都不見了，天地間一片黑暗，禾苗死了，花果不長了，蟲鳥也哭起來了。青年夫婦決定要把太陽和月亮找回來。他們發現太陽和月亮是被兩條大龍吃到肚子裏了，於是他們殺死了那兩條龍，還用大樹枝把太陽和月亮托上了天空。他們變成了兩座山，永遠守護在潭邊。這個大潭，就是今天的日月潭。

　　後來每逢中秋，高山族人都要來到日月潭邊，模仿那對夫婦的樣子，托起象徵太陽、月亮的彩球跳舞，以求風調雨順，五穀豐登。

VOCABULARY
生词表

简体版

| 1 | <u>象征</u>[1] | xiàngzhēng | symbol, token |

【名】天安门广场是北京的象征。| 火炬是光明的象征。| 鸽子是和平的象征。

| 2 | 赏月 | shǎngyuè | to enjoy looking at the moon |

【动】中秋赏月 | 一起赏月 | 赏月活动 | 中秋节的晚上，我们全家人一边吃月饼一边赏月。
🔲赏：欣赏；观赏。月：月亮。

| 3 | <u>洁白</u> | jiébái | pure white |

【形】*洁白的牙齿* | *洁白的上衣* | 她的皮肤像雪一样洁白。🔲洁：干净。

| 4 | <u>院子</u> | yuànzi | courtyard |

【名】大院子 | 院子里 | 进院子 | 走出院子 | 打扫院子。

| 5 | <u>遗憾</u>[2] | yíhàn | regret |

【名】留下遗憾 | 最大的遗憾 | 终生的遗憾 | 他去过北京，但是没有爬过长城，这真是一个遗憾。
🔲遗：留，留下。

| 6 | <u>想念</u> | xiǎngniàn | to miss |

【动】*想念亲人* | *想念故乡* | *特别想念* | *深深地想念* | 他们在国外，常常想念着祖国。🔲念：想，
惦记。📖想念 | 思念 | 挂念。

| 7 | 举 | jǔ | to lift, raise |

【动】举步 | 举目 | 举手之劳。

| 8 | 故乡 | gùxiāng | hometown |

【名】*我的故乡* | *回到故乡* | *离开故乡* | *热爱故乡* | *故乡的朋友* | *故乡的山水*。🔲故：原来的，
过去的。

| 9 | 婵娟 | chánjuān | the moon |

【名】千里共婵娟。| 婵娟是月亮的代名词。

| 10 | 绝唱 | juéchàng | unsurpassed masterpiece |

【名】千年绝唱 | 人间绝唱 | 文学史上的绝唱。🔲绝：水平、程度等达到顶点的。📖绝招 | 绝技 |
绝活儿。

| 11 | <u>特制</u> | tèzhì | specially made (for a specific purpose or by a special process) |

【动】*特制香烟* | *特制的信封* | *特制的卡片* | 这种车是为残疾人特制的。

| 12 | 馅儿 | xiànr | filling |

【名】饺子馅儿 | 肉馅儿 | 素馅儿 | 今天包子的馅儿有点儿咸。

| 13 | 嫦娥奔月 | Cháng'é bēn yuè | a legend about Chang'e who flew to the moon |

嫦娥奔月的神话 | *嫦娥奔月的传说* | *嫦娥奔月的故事*。

| 14 | 吉庆 | jíqìng | auspicious occasion |

【形】*吉庆话* | *吉庆图案* | *吉庆的日子* | *充满吉庆欢乐的气氛* | 这幅画有吉庆的意义。

| 15 | 花好月圆 | huāhǎo-yuèyuán | a wish for family happiness |

花好月圆的时刻。

VOCABULARY
生詞表

1	象徵[1]	xiàngzhēng	symbol, token

【名】天安門廣場是北京的象徵。| 火炬是光明的象徵。| 鴿子是和平的象徵。

2	賞月	shǎngyuè	to enjoy looking at the moon

【動】中秋賞月 | 一起賞月 | 賞月活動 | 中秋節的晚上，我們全家人一邊吃月餅一邊賞月。 📖賞：欣賞；觀賞。月：月亮。

3	潔白	jiébái	pure white

【形】潔白的牙齒 | 潔白的上衣 | 她的皮膚像雪一樣潔白。📖潔：乾淨。

4	院子	yuànzi	courtyard

【名】大院子 | 院子裏 | 進院子 | 走出院子 | 打掃院子。

5	遺憾[2]	yíhàn	regret

【名】留下遺憾 | 最大的遺憾 | 終生的遺憾 | 他去過北京，但是沒有爬過長城，這真是一個遺憾。 📖遺：留，留下。

6	想念	xiǎngniàn	to miss

【動】想念親人 | 想念故鄉 | 特別想念 | 深深地想念 | 他們在國外，常常想念着祖國。📖念：想，惦記。📖想念 | 思念 | 挂念。

7	舉	jǔ	to lift, raise

【動】舉步 | 舉目 | 舉手之勞。

8	故鄉	gùxiāng	hometown

【名】我的故鄉 | 回到故鄉 | 離開故鄉 | 熱愛故鄉 | 故鄉的朋友 | 故鄉的山水。📖故：原來的，過去的。

9	嬋娟	chánjuān	the moon

【名】千里共嬋娟。| 嬋娟是月亮的代名詞。

10	絕唱	juéchàng	unsurpassed masterpiece

【名】千年絕唱 | 人間絕唱 | 文學史上的絕唱。📖絕：水平、程度等達到頂點的。📖絕招 | 絕技 | 絕活兒。

11	特製	tèzhì	specially made (for a specific purpose or by a special process)

【動】特製香烟 | 特製的信封 | 特製的卡片 | 這種車是爲殘疾人特製的。

12	餡兒	xiànr	filling

【名】餃子餡兒 | 肉餡兒 | 素餡兒 | 今天包子的餡兒有點兒鹹。

13	嫦娥奔月	Cháng'é bēn yuè	a legend about Chang'e who flew to the moon

嫦娥奔月的神話 | 嫦娥奔月的傳說 | 嫦娥奔月的故事。

14	吉慶	jíqìng	auspicious occasion

【形】吉慶話 | 吉慶圖案 | 吉慶的日子 | 充滿吉慶歡樂的氣氛 | 這幅畫有吉慶的意義。

15	花好月圓	huāhǎo-yuèyuán	a wish for family happiness

花好月圓的時刻。

繁體版

简体版

16	品种	pǐnzhǒng	breed, kind
	【名】品种齐全 | 品种繁多 | 水果的品种 | 货物的品种 | 增加新品种。		

17	果仁	guǒrén	kernel
	【名】一粒果仁 | 果仁面包 | 果仁巧克力。❖仁：果实或果核里的东西。❖桃仁 | 杏仁。		

18	豆沙	dòushā	sweetened bean paste
	【名】豆沙包 | 豆沙馅儿 | 豆沙月饼 | 豆沙面包。		

19	火腿	huǒtuǐ	ham
	【名】火腿肉 | 火腿肠 | 火腿面包。		

20	蛋黄	dànhuáng	yolk
	【名】咸蛋黄 | 蛋黄月饼。		

21	祝愿	zhùyuàn	wish
	【名】接受祝愿 | 朋友的祝愿 | 美好的祝愿 | 真诚的祝愿。		

22	点燃	diǎnrán	to ignite
	【动】点燃蜡烛 | 点燃火炬 | 每人手里都拿着一个点燃的火把。		

23	鼓乐	gǔyuè	drumbeats
	【名】欢快的鼓乐 | 鼓乐急促 | 鼓乐震天 | 鼓乐喧天 | 鼓乐齐鸣。		

24	欢腾	huānténg	to be elated
	【动】一片欢腾 | 欢腾的气氛 | 欢腾的人群 | 欢腾的景象 | 好消息传来，人们立刻欢腾起来。		

25	起舞	qǐwǔ	to dance
	【动】随风起舞 | 翩翩起舞 | 缓缓起舞 | 跟着音乐起舞。		

26	风灾	fēngzāi	typhoon, violent storm
	【名】大风灾 | 严重的风灾 | 抵御风灾 | 这次风灾造成了严重损失。❖火灾 | 水灾 | 旱灾。		

27	蟒蛇	mǎngshé	python
	【名】一条蟒蛇 | 粗大的蟒蛇 | 蟒蛇是无毒的。		

28	传染病	chuánrǎnbìng	contagious disease
	【名】急性传染病 | 传染病医院 | 得传染病 | 预防传染病 | 控制传染病。		

29	菩萨	púsà	Bodhisattva
	【名】观音菩萨 | 拜菩萨 | 求菩萨保佑！		

30	病魔	bìngmó	serious illness
	【名】可怕的病魔 | 病魔缠身 | 战胜病魔 | 摆脱病魔。		

31	托	tuō	to hold up, support by hand
	【动】托着下巴 | 服务员手托茶盘走过来。 | 请你把病人的头托起来。		

32	捕鱼	bǔyú	to catch fish
	【动】渔民们都出海捕鱼去了。 | 爷爷以捕鱼为生。 | 江边的小孩从小就学会了捕鱼捉虾。 | 昨天一天时间我只捕到几条小鱼。❖捕：捉；逮。		

33	度日	dùrì	to make a living
	【动】老两口无儿无女，相依度日。 | 一家人靠一点土地艰难度日。		

16	品種	pǐnzhǒng	breed, kind

【名】品種齊全 | 品種繁多 | 水果的品種 | 貨物的品種 | 增加新品種。

17	果仁	guǒrén	kernel

【名】一粒果仁 | 果仁麵包 | 果仁巧克力。仁：果實或果核裏的東西。桃仁 | 杏仁。

18	豆沙	dòushā	sweetened bean paste

【名】豆沙包 | 豆沙餡兒 | 豆沙月餅 | 豆沙麵包。

19	火腿	huǒtuǐ	ham

【名】火腿肉 | 火腿腸 | 火腿面包。

20	蛋黃	dànhuáng	yolk

【名】鹹蛋黃 | 蛋黃月餅。

21	祝願	zhùyuàn	wish

【名】接受祝願 | 朋友的祝願 | 美好的祝願 | 真誠的祝願。

22	點燃	diǎnrán	to ignite

【動】點燃蠟燭 | 點燃火炬 | 每人手裏都拿着一個點燃的火把。

23	鼓樂	gǔyuè	drumbeats

【名】歡快的鼓樂 | 鼓樂急促 | 鼓樂震天 | 鼓樂喧天 | 鼓樂齊鳴。

24	歡騰	huānténg	to be elated

【動】一片歡騰 | 歡騰的氣氛 | 歡騰的人群 | 歡騰的景象 | 好消息傳來，人們立刻歡騰起來。

25	起舞	qǐwǔ	to dance

【動】隨風起舞 | 翩翩起舞 | 緩緩起舞 | 跟着音樂起舞。

26	風災	fēngzāi	typhoon, violent storm

【名】大風災 | 嚴重的風災 | 抵禦風災 | 這次風災造成了嚴重損失。火災 | 水災 | 旱災。

27	蟒蛇	mǎngshé	python

【名】一條蟒蛇 | 粗大的蟒蛇 | 蟒蛇是無毒的。

28	傳染病	chuánrǎnbìng	contagious disease

【名】急性傳染病 | 傳染病醫院 | 得傳染病 | 預防傳染病 | 控制傳染病。

29	菩薩	púsa	Bodhisattva

【名】觀音菩薩 | 拜菩薩 | 求菩薩保佑！

30	病魔	bìngmó	serious illness

【名】可怕的病魔 | 病魔纏身 | 戰勝病魔 | 擺脫病魔。

31	托	tuō	to hold up, support by hand

【動】托着下巴 | 服務員手托茶盤走過來。 | 請你把病人的頭托起來。

32	捕魚	bǔyú	to catch fish

【動】漁民們都出海捕魚去了。 | 爺爺以捕魚爲生。 | 江邊的小孩從小就學會了捕魚捉蝦。 | 昨天一天時間我只捕到幾條小魚。捕：捉；逮。

33	度日	dùrì	to make a living

【動】老兩口無兒無女，相依度日。 | 一家人靠一點土地艱難度日。

繁體版

34	禾苗	hémiáo	rice or wheat seedlings

【名】禾苗干枯 | 绿油油的禾苗 | 由于气候干旱，地里的禾苗都枯死了。📖苗：初生的种子植物或幼小的动物。📖树苗 | 麦苗 | 鱼苗 | 火苗。

35	肚子	dùzi	belly, stomach

【名】肚子疼 | 拉肚子 | 肚子饿了。

36	守护	shǒuhù	to guard, defend

【动】日夜守护 | 共同守护 | 妈妈在病床前守护着孩子。📖守卫 | 守候 | 守门。

37	彩球	cǎiqiú	colored ball

【名】一串彩球 | 联欢会现场装饰着彩球。📖彩：彩色。

38	风调雨顺	fēngtiáo-yǔshùn	favorable weather (for agriculture)

风调雨顺的日子 | 盼望风调雨顺 | 但愿新的一年风调雨顺。 | 今年这里风调雨顺，粮食大丰收。

39	五谷丰登	wǔgǔ-fēngdēng	a good harvest

五谷丰登的景象 | 神保佑今年五谷丰登。 | 十月是一个五谷丰登的季节。

简体版

PROPER NOUNS			
40	嫦娥	Cháng'é	Chang'e, the Moon Goddess

传说中住在月亮里的一个美女。

41	玉兔	Yùtù	Yutu, the jade hare on the moon

传说中住在月亮里的一只捣药的小白兔。

42	吴刚	Wú Gāng	Wu Gang, the woodcutter on the moon

传说中一个在月亮里不停地砍树的人。

43	李白	Lǐ Bái	Li Bai, a famous poet from the Tang Dynasty

唐代著名诗人。

44	苏轼	Sū Shì	Su Shi, a famous writer from the Song Dynasty

宋代著名文学家。

45	铜锣湾	Tóngluówān	Causeway Bay, a district in Hong Kong

香港地名。

46	大坑	Dàkēng	Tai Hang, a district in Hong Kong

香港地名。

47	高山族	Gāoshānzú	Gaoshan ethnic minority group, in Taiwan

中国少数民族之一，主要分布在台湾。

48	日月潭	Rìyuètán	Sun Moon Lake, in Taiwan

台湾一个有名的风景区。

| 34 | 禾苗 | hémiáo | rice or wheat seedlings |

【名】禾苗乾枯 | 綠油油的禾苗 | 由於氣候乾旱，地裏的禾苗都枯死了。📄苗：初生的種子植物或幼小的動物。📄樹苗 | 麥苗 | 魚苗 | 火苗。

| 35 | 肚子 | dùzi | belly, stomach |

【名】肚子疼 | 拉肚子 | 肚子餓了。

| 36 | 守護 | shǒuhù | to guard, defend |

【動】日夜守護 | 共同守護 | 媽媽在病床前守護着孩子。📄守衛 | 守候 | 守門。

| 37 | 彩球 | cǎiqiú | colored ball |

【名】一串彩球 | 聯歡會現場裝飾着彩球。📄彩：彩色。

| 38 | 風調雨順 | fēngtiáo-yǔshùn | favorable weather (for agriculture) |

風調雨順的日子 | 盼望風調雨順 | 但願新的一年風調雨順。 | 今年這裏風調雨順，糧食大豐收。

| 39 | 五穀豐登 | wǔgǔ-fēngdēng | a good harvest |

五穀豐登的景象 | 神保佑今年五穀豐登。 | 十月是一個五穀豐登的季節。

PROPER NOUNS

| 40 | 嫦娥 | Cháng'é | Chang'e, the Moon Goddess |

傳說中住在月亮裏的一個美女。

| 41 | 玉兔 | Yùtù | Yutu, the jade hare on the moon |

傳說中住在月亮裏的一隻搗藥的小白兔。

| 42 | 吳剛 | Wú Gāng | Wu Gang, the woodcutter on the moon |

傳說中一個在月亮裏不停地砍樹的人。

| 43 | 李白 | Lǐ Bái | Li Bai, a famous poet from the Tang Dynasty |

唐代著名詩人。

| 44 | 蘇軾 | Sū Shì | Su Shi, a famous writer from the Song Dynasty |

宋代著名文學家。

| 45 | 銅鑼灣 | Tóngluówān | Causeway Bay, a district in Hong Kong |

香港地名。

| 46 | 大坑 | Dàkēng | Tai Hang, a district in Hong Kong |

香港地名。

| 47 | 高山族 | Gāoshānzú | Gaoshan ethnic minority group, in Taiwan |

中國少數民族之一，主要分布在臺灣。

| 48 | 日月潭 | Rìyuètán | Sun Moon Lake, in Taiwan |

臺灣一個有名的風景區。

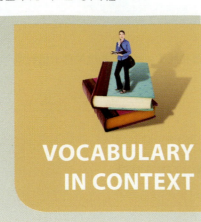

VOCABULARY IN CONTEXT

简体版

练习与活动

Dictate the paragraphs to your partner in the turn. Pay attention to the words colored.

A

1. 他的演唱非常有特色，一般人根本无法模仿。

2. 为了照顾那些不能吃糖的病人，工厂为他们准备了一种特制的月饼，这种月饼就是后来的"无糖月饼"。

3. 传说，这种洁白的小花象征着姑娘对远方恋人的想念。所以，每年花开的时候，姑娘们都喜欢把它戴在头上，表达自己对拥有美好爱情的祝愿。

4. 农历七月十五是中元节，又称"鬼节"。在农村，这一天有一种特殊的习俗，家家都会在房子周围、院子内外点燃灯笼和蜡烛，以寄托对亲人的思念，并期望亲人能在另一个世界里继续守护着家人。

Make a paragraph using the words from the boxes.

B

Dictate the paragraphs to your partner in the turn. Pay attention to the words colored.

1. 他的演唱非常有特色，一般人根本無法模仿。

2. 爲了照顧那些不能吃糖的病人，工廠爲他們準備了一種特製的月餅，這種月餅就是後來的"無糖月餅"。

3. 傳説，這種潔白的小花象徵着姑娘對遠方戀人的想念。所以，每年花開的時候，姑娘們都喜歡把它戴在頭上，表達自己對擁有美好愛情的祝願。

4. 農曆七月十五是中元節，又稱"鬼節"。在農村，這一天有一種特殊的習俗，家家都會在房子周圍、院子內外點燃燈籠和蠟燭，以寄托對親人的思念，並期望親人能在另一個世界裏繼續守護着家人。

Make a paragraph using the words from the boxes.

潔白

想念

表達

到處

繁體版

練習與活動

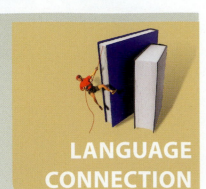

LANGUAGE CONNECTION

把A看作B

is used when relating one word to another.

For example
- 人们把动物看作自己的朋友。
- 中国人把红色看作喜庆的标志。

一边……一边……

is used when two actions are taking place at the same time.

For example
- 他一边吃饭，一边看电视。

简体版 练习与活动

Look at the pictures and write sentences using the grammar structures listed.

A 把A看作B（to regard A as B）

"古人把圆月看作团圆的象征。"

1. _____

2. _____

B 一边……一边……（while...）

"一家人围坐在院子里，一边看月亮，一边聊天儿。"

1. _____

2. _____

Look at the pictures and write sentences using the grammar structures listed.

 A 把A看作B（to regard A as B）

"古人把圓月看作團圓的象徵。"

1. _____

2. _____

 B 一邊⋯⋯一邊⋯⋯（while...）

"一家人圍坐在院子裏，一邊看月亮，一邊聊天兒。"

1. _____

2. _____

把A看作B

is used when relating one word to another.

For example
■ 人們把動物看作自己的朋友。
■ 中國人把紅色看作喜慶的標誌。

一邊⋯⋯一邊⋯⋯

is used when two actions are taking place at the same time.

For example
■ 他一邊吃飯，一邊看電視。

繁體版

練習與活動

什么……啦……啦……啦……
is used to list different things.

For example

- 他的兴趣很广泛，什么音乐啦，美术啦，体育啦，都是他感兴趣的。

每到……
is usually followed by "都" or "就."
It refers to an action or a situation that happens regularly.

For example

- 每到日落的时候，那个男孩就到村子外边等他的爸爸回来。

C 什么……啦……啦……啦……

"什么嫦娥啦，玉兔啦，吴刚啦……"

1. _____

2. _____

D 每到…… （every time that…）

"每到中秋之夜，台湾高山族人都要穿起美丽的民族服装……"

1. _____

2. _____

C 什麼……啦……啦……啦……

"什麼嫦娥啦，玉兔啦，吳剛啦……"

1. _____

2. _____

D 每到…… (every time that...)

" 每到中秋之夜，臺灣高山族人都要穿起美麗的民族服裝……"

1. _____

2. _____

什麼……啦……啦……啦……
is used to list different things.

For example
- 他的興趣很廣泛，什麼音樂啦，美術啦，體育啦，都是他感興趣的。

每到……
is usually followed by "都" or "就." It refers to an action or a situation that happens regularly.

For example
- 每到日落的時候，那個男孩就到村子外邊等他的爸爸回來。

繁體版

練習與活動

简体版

练习与活动

COMMON EXPRESSIONS

……所以称作……

For example
- 农历的新年一般在立春前后，所以称作春节。

……因此……又叫……

For example
- 人们在端午节的时候一般要吃粽子，因此端午节在有些地方又叫粽子节。

据说……

For example
- 据说那个球队已经解散了。

相传……

For example
- 相传嫦娥本来是后羿的妻子，后来偷吃了长生不老药，就飞到月亮上去了。

A ……所以称作…… （therefore known as...）

is used to explain the origin of a name or term.

"那时正好是秋季的中间，所以称作中秋节。"

B ……因此……又叫…… （therefore it's also known as...）

is used to explain that something is known by more than one name or term.

"古人把圆月看作团圆的象征，因此，中秋节又叫'团圆节'。"

C 据说…… （it is said that...）

"据说人们在菩萨的帮助下，中秋佳节时舞动火龙，便把病魔赶跑了。"

D 相传…… （legend has it that...）

"相传古代有一对青年夫妇……"

RECAP

Fill in the blanks with the expressions from the boxes.

……所以称作……

……因此……又叫……

据说……

相传……

很久以前，这儿附近有一条小河，小河的两侧都是陡峭的山崖，山石林立，＿＿＿＿＿＿只有这块地方隐隐约约地露出一线天空，＿＿＿＿＿＿这个地方＿＿＿＿＿＿"一线天"，而那条小河因为从山石间流过，一直流出大山，＿＿＿＿＿＿"见天河"。后来，由于各种自然因素，比如地震啦、泥石流啦、山崩啦，那条河干了，山也没了，这儿变成了现在的一片沙地。

A ……所以稱作…… （therefore known as...）

is used to explain the origin of a name or term.

"那時正好是秋季的中間，所以稱作中秋節。"

B ……因此……又叫…… （thereforeit's also known as...）

is used to explain that something is known by more than one name or term.

"古人把圓月看作團圓的象徵，因此，中秋節又叫'團圓節'。"

C 據說…… （it is said that...）

"據說人們在菩薩的幫助下，中秋佳節時舞動火龍，便把病魔趕跑了。"

D 相傳…… （legend has it that...）

"相傳古代有一對青年夫婦……"

……所以稱作……
For example
■ 農曆的新年一般在立春前後，所以稱作春節。

……因此……又叫……
For example
■ 人們在端午節的時候一般要吃粽子，因此端午節在有些地方又叫粽子節。

據說……
For example
■ 據說那個球隊已經解散了。

相傳……
For example
■ 相傳嫦娥本來是后羿的妻子，後來偷吃了長生不老藥，就飛到月亮上去了。

繁體版 練習與活動

RECAP

Fill in the blanks with the expressions from the boxes.

很久以前，這兒附近有一條小河，小河的兩側都是陡峭的山崖，山石林立，＿＿＿＿＿＿只有這塊地方隱隱約約地露出一線天空，＿＿＿＿＿＿這個地方＿＿＿＿＿＿"一線天"，而那條小河因為從山石間流過，一直流出大山，＿＿＿＿＿＿"見天河"。後來，由於各種自然因素，比如地震啦、泥石流啦、山崩啦，那條河乾了，山也沒了，這兒變成了現在的一片沙地。

……所以稱作……

……因此……又叫……

據說……

相傳……

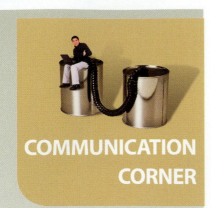

COMMUNICATION CORNER

Instructions:

- Individually, think of ideas for a new festival.

- Work in groups. Take turns to describe your ideas and explain the source or origin of them. Get your partner's suggestions on how to improve them.

- Choose one of your festivals, and give a presentation to your class on the topic "A New Festival."

- Keep your presentation to about 3-5 minutes.

一个新的节日

Guidelines:

🗣 You can introduce your idea of a new festival by giving details such as its name, its features, why it is celebrated, how it is celebrated, who celebrates it, and what other aspects of the festival appeal to you.

🔊 这个节日的名称是什么，你为什么要设计这个节日？

🔊 这个节日有什么突出的特点？

🔊 大家怎么过这个节日，需要做哪些准备？

🔊 哪些人会喜欢过这个节日？

🗣 Here are some useful expressions you could use in your introduction.

🔊 我想设计一个……节，因为……。这个节日最大的特点是……。过节的时候，大家首先……，然后……，另外要……，最后……。

🔊 ……人比较喜欢参加这个节日，这是因为……。过这个节要作一些准备，比如……

🗣 To get your partner's feedback and suggestions on your idea, you can say:

甲：我最喜欢运动，因此我要设计一个和运动有关的节日，比如就叫"棒球节"。因为美国是棒球大国，喜欢打棒球的人太多了。我相信要是有"棒球节"，一定有不少人感兴趣。你愿意参加"棒球节"吗？

乙：可以考虑，但是我要了解一下你打算怎么来庆祝"棒球节"？……

甲：我觉得应该……，也可以……

一個新的節日

Guidelines:

🗣 You can introduce your idea of a new festival by giving details such as its name, its features, why it is celebrated, how it is celebrated, who celebrates it, and what other aspects of the festival appeal to you.

🔊 這個節日的名稱是什麼，你爲什麼要設計這個節日？

🔊 這個節日有什麼突出的特點？

🔊 大家怎麼過這個節日，需要做哪些準備？

🔊 哪些人會喜歡過這個節日？

🗣 Here are some useful expressions you could use in your introduction.

🔊 我想設計一個⋯⋯節，因爲⋯⋯。這個節日最大的特點是⋯⋯。過節的時候，大家首先⋯⋯，然後⋯⋯，另外要⋯⋯，最後⋯⋯。

🔊 ⋯⋯人比較喜歡參加這個節日，這是因爲⋯⋯。過這個節要作一些準備，比如⋯⋯

🗣 To get your partner's feedback and suggestions on your idea, you can say:

甲：我最喜歡運動，因此我要設計一個和運動有關的節日，比如就叫"棒球節"。因爲美國是棒球大國，喜歡打棒球的人太多了。我相信要是有"棒球節"，一定有不少人感興趣。你願意參加"棒球節"嗎？

乙：可以考慮，但是我要了解一下你打算怎麼來慶祝"棒球節"？⋯⋯

甲：我覺得應該⋯⋯，也可以⋯⋯

Instructions:

- Individually, think of ideas for a new festival.

- Work in groups. Take turns to describe your ideas and explain the source or origin of them. Get your partner's suggestions on how to improve them.

- Choose one of your festivals, and give a presentation to your class on the topic "A New Festival."

- Keep your presentation to about 3-5 minutes.

繁體版

練習與活動

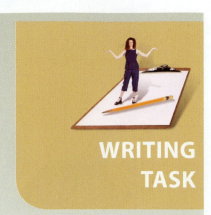

WRITING TASK

Instructions:

- Look at the two pictures opposite showing how people in America celebrate New Year's Eve in Times Square, and the Chinese New Year Festival in Chinatown.

- Describe what you see in the pictures and discuss the similarities and differences in the way the two festivals are celebrated.

- Keep your writing to about 300 words.

欢乐时光

Guidelines:

You can start by stating common themes in the two pictures.

这两幅图都表现了过节的场面，画面都很生动。

Next, describe in detail what you see in the two pictures: the location, the mood, the people, what they are doing, and their facial expressions.

第一幅图表现美国人过新年的场面。在图画中，左边是……，右边是……，近处是……，远处有……，另外，中间是……。人们有的……有的……还有的……，……跑来跑去……

第二幅图表现了在美国的中国人如何过传统的春节。其中……

Finally, you can sum up the similarities and differences in the way the two festivals are celebrated.

两幅图展现的场面，共同点是画面上的人们都……，区别是……

歡樂時光

繁體版

練習與活動

Instructions:

- Look at the two pictures opposite showing how people in America celebrate New Year's Eve in Times Square, and the Chinese New Year Festival in Chinatown.

- Describe what you see in the pictures and discuss the similarities and differences in the way the two festivals are celebrated.

- Keep your writing to about 300 words.

Guidelines:

You can start by stating common themes in the two pictures.

> 這兩幅圖都表現了過節的場面，畫面都很生動。

Next, describe in detail what you see in the two pictures: the location, the mood, the people, what they are doing, and their facial expressions.

> 第一幅圖表現美國人過新年的場面。在圖畫中，左邊是……，右邊是……，近處是……，遠處有……，另外，中間是……。人們有的……有的……還有的……，……跑來跑去……
>
> 第二幅圖表現了在美國的中國人如何過傳統的春節。其中……

Finally, you can sum up the similarities and differences in the way the two festivals are celebrated.

> 兩幅圖展現的場面，共同點是畫面上的人們都……，區別是……

Making *Zongzi* during the Dragon Boat Festival

副课文

端午节包粽子

简体版

Pre-reading

■ 过不同的节日要吃不同的食物，你能举一些例子吗？
■ 你可以讲一种节日食品的做法吗？

端午节前夕，在汉语课上，老师教同学们包粽子。

老　师：同学们，我们今天这节课教大家包粽子。
　　　　你们知道这个时候为什么要包粽子吗？

田　静：我知道，明天是中国农历的五月初五——
　　　　端午节，端午节要吃粽子。

麦　克：端午节是什么节？

田　静：我听爷爷说，端午节是中国的传统节日。
　　　　大概在2000多年前，中国分为很多小的国
　　　　家，其中秦国想要消灭楚国，楚国的屈原
　　　　看穿了秦王的阴谋，他劝说楚国国王不要
　　　　相信秦国，但是楚国国王不但不听他的意
　　　　见，反而把他赶出了首都。秦国的军队很
　　　　快攻占了楚国首都。屈原在外地，不断听
　　　　到楚国的坏消息，非常伤心，于是跳进了
　　　　江里。大家听到屈原自杀的消息，都划着
　　　　船来到江上打捞屈原。人们还拿出家中的
　　　　粽子投入江中，希望鱼吃了粽子就不会去
　　　　咬屈原的身体了。

安　娜：啊！这是真的吗？

1.端午节是一个怎样的节日？

2.你知道屈原是哪个时代的人物吗？你知道那个历史时期的情况吗？

Making *Zongzi* during the Dragon Boat Festival

副課文
端午節包粽子

繁體版

Pre-reading

■ 過不同的節日要吃不同的食物，你能舉一些例子嗎？

■ 你可以講一種節日食品的做法嗎？

端午節前夕，在漢語課上，老師教同學們包粽子。

老　師：同學們，我們今天這節課教大家包粽子。
　　　　你們知道這個時候為什麼要包粽子嗎？

田　靜：我知道，明天是中國農曆的五月初五——
　　　　端午節，端午節要吃粽子。

麥　克：端午節是什麼節？

田　靜：我聽爺爺說，端午節是中國的傳統節日。
　　　　大概在2000多年前，中國分為很多小的國
　　　　家，其中秦國想要消滅楚國，楚國的屈原
　　　　看穿了秦王的陰謀，他勸說楚國國王不要
　　　　相信秦國，但是楚國國王不但不聽他的意
　　　　見，反而把他趕出了首都。秦國的軍隊很
　　　　快攻占了楚國首都。屈原在外地，不斷聽
　　　　到楚國的壞消息，非常傷心，於是跳進了
　　　　江裏。大家聽到屈原自殺的消息，都划着
　　　　船來到江上打撈屈原。人們還拿出家中的
　　　　粽子投入江中，希望魚吃了粽子就不會去
　　　　咬屈原的身體了。

安　娜：啊！這是真的嗎？

1.端午節是一個怎樣的節日？

2.你知道屈原是哪個時代的人物嗎？你知道那個歷史時期的情況嗎？

简
体
版

老　师：田静讲得对，这就是端午节的来历。后来
人们在过端午节时有各种活动，比如划龙
舟、吃粽子。划龙舟是一种划船比赛，它
是从人们在江上划船找屈原发展来的。粽
子本来是扔到江里喂鱼的，后来变成人们
在这个节日里吃的一种食品了。

莉　莉：老师，越南人也吃粽子，可是和这个故事
没关系。

老　师：对，亚洲许多国家都吃粽子，各国有各国
的习俗和传说。好，现在我们包粽子。你
们知道怎么包吗？

> 3.端午节为什么
> 要吃粽子、赛龙
> 舟？

> 4.包粽子先要做哪
> 些准备活动？

我为同学们准备了糯米、红枣和包粽子的叶子。糯米
已经泡了一个晚上，叶子用的是苇叶，也可以用竹
叶。现在大家跟着我做。

> 5.第一步怎么做？

第一步：先把粽子叶按照1:3的比例折成漏斗的形
状，一定要用手握紧；

> 6.第二步怎么做？

第二步：在最底部放一颗枣，米就不会跑出来了，
然后放糯米，中间适当放几颗枣；

老　師：田靜講得對，這就是端午節的來歷。後來人們在過端午節時有各種活動，比如划龍舟、吃粽子。划龍舟是一種划船比賽，它是從人們在江上划船找屈原發展來的。粽子本來是扔到江裏餵魚的，後來變成人們在這個節日裏吃的一種食品了。

莉　莉：老師，越南人也吃粽子，可是和這個故事沒關係。

老　師：對，亞洲許多國家都吃粽子，各國有各國的習俗和傳說。好，現在我們包粽子。你們知道怎麼包嗎？

> 我爲同學們準備了糯米、紅棗和包粽子的葉子。糯米已經泡了一個晚上，葉子用的是葦葉，也可以用竹葉。現在大家跟着我做。

第一步：先把粽子葉按照1:3的比例折成漏斗的形狀，一定要用手握緊；

Photographer: Tiger

第二步：在最底部放一顆棗，米就不會跑出來了，然後放糯米，中間適當放幾顆棗；

Photographer: Tiger

3.端午節爲什麼要吃粽子、賽龍舟？

4.包粽子先要做哪些準備活動？

繁體版

5.第一步怎麼做？

6.第二步怎麼做？

简
体
版

7.第三步怎么做❓

第三步：把米加满整个漏斗；

Photographer: Tiger

8.第四步怎么做❓

第四步：把多出来的叶子盖住漏斗的口，然后用线**捆**住。一定要捆得结实一点，不然煮的时候就会散了。

Photographer: Tiger

9.怎么煮粽子❓

10.说说你做粽子的体会。

好，同学们，粽子已经包好了。请把自己包的粽子拿回家去煮。煮的时候要注意，放的水要**漫**过粽子。先用大火，水开以后改为小火慢慢煮，煮一个小时。希望你们和爸爸妈妈一起过一个快乐的端午节。下课！

第三步：把米加滿整個漏斗；

7.第三步怎麼做❓

Photographer: Tiger

第四步：把多出來的葉子蓋住漏斗的口，然後用
　　　　線捆住。一定要捆得結實一點，不然煮的時
　　　　候就會散了。

8.第四步怎麼做❓

繁體版

Photographer: Tiger

　　好，同學們，粽子已經包好了。請把自己包
的粽子拿回家去煮。煮的時候要注意，放的水要
漫過粽子。先用大火，水開以後改為小火慢慢
煮，煮一個小時。希望你們和爸爸媽媽一起過一
個快樂的端午節。下課！

9.怎麼煮粽子❓

10.說說你做粽子
的體會。

VOCABULARY
副课文 生词表

简体版

1	前夕	qiánxī	eve
2	粽子	zòngzi	steamed rice dumpling
3	看穿	kànchuān	to see through
4	阴谋	yīnmóu	conspiracy
5	自杀	zìshā	to commit suicide
6	打捞	dǎlāo	to pull something out of the water
7	龙舟	lóngzhōu	dragon boat
8	糯米	nuòmǐ	glutinous rice
9	红枣	hóngzǎo	red date
10	泡	pào	to soak
11	苇叶	wěiyè	reed leaf
12	竹叶	zhúyè	bamboo leaf
13	漏斗	lòudǒu	funnel
14	捆	kǔn	to tie, to bundle up
15	漫	màn	to overflow

PROPER NOUNS

16	端午节	Duānwǔjié	Dragon Boat Festival
17	秦国	Qínguó	the State of Qin during the Warring States Period (475B.C.-221B.C.)
18	楚国	Chǔguó	the State of Chu during the Warring States Period
19	屈原	Qū Yuán	a minister from the State of Chu during the Warring States Period
20	越南	Yuènán	Vietnam

VOCABULARY
副課文 **生詞表**

1	前夕	qiánxī	eve
2	粽子	zòngzi	steamed rice dumpling
3	看穿	kànchuān	to see through
4	陰謀	yīnmóu	conspiracy
5	自殺	zìshā	to commit suicide
6	打撈	dǎlāo	to pull something out of the water
7	龍舟	lóngzhōu	dragon boat
8	糯米	nuòmǐ	glutinous rice
9	紅棗	hóngzǎo	red date
10	泡	pào	to soak
11	葦葉	wěiyè	reed leaf
12	竹葉	zhúyè	bamboo leaf
13	漏斗	lòudǒu	funnel
14	捆	kǔn	to tie, to bundle up
15	漫	màn	to overflow

PROPER NOUNS

16	端午節	Duānwǔjié	Dragon Boat Festival
17	秦國	Qínguó	the State of Qin during the Warring States Period (475B.C.-221B.C.)
18	楚國	Chǔguó	the State of Chu during the Warring States Period
19	屈原	Qū Yuán	a minister from the State of Chu during the Warring States Period
20	越南	Yuènán	Vietnam

繁
體
版

UNIT SUMMARY
学习小结

一、重点句型

学会＋V	除夕那天我在他们家学会包饺子了。
少于……	红包里少于一百块，有些人都觉得不好意思给呢。
就	有些人觉得在家里准备饭菜太累，就到餐馆里去吃团圆饭。
不管(怎样)，……还是……	不管怎样，春节对于中国人来说，最重要的还是合家团圆。
把A看作B	古人把圆月看作团圆的象征。
一边……一边……	一家人围坐在院子里，一边看月亮，一边聊天儿。
什么……啦……啦……啦……	什么嫦娥啦，玉兔啦，吴刚啦……
每到……	每到中秋之夜，台湾高山族人都要穿起美丽的民族服装……

简体版

二、交际功能

肯定和称赞。
解释与说明。

三、常用表达式

肯定	你今年肯定要交好运了。
那当然了	那当然了！大年三十，家家户户贴对联、贴"福"字、吃团圆饭。
特别……/……极了/	你回广东老家，在农村过年也特别有意思吧？
……得＋不得了/太……了	我开心得不得了。变化太大了。
……所以称作……	八月十五正好在秋季的中间，所以称作中秋节。
……因此……又叫……	古人把圆月看作团圆的象征，因此，中秋节又叫"团圆节"。
据说……	据说人们在菩萨的指点下，中秋佳节时舞动火龙，便把病魔赶跑了。
相传……	相传古代有对青年夫妇……

UNIT SUMMARY
學習小結

一、重點句型

學會＋V	除夕那天我在他們家學會包餃子了。
少於……	紅包裏少於一百塊，有些人都覺得不好意思給呢。
就	有些人覺得在家裏準備飯菜太累，就到餐館裏去吃團圓飯。
不管(怎樣)，……還是……	不管怎樣，春節對於中國人來説，最重要的還是闔家團圓。
把A看作B	古人把圓月看作團圓的象徵。
一邊……一邊……	一家人圍坐在院子裏，一邊看月亮，一邊聊天兒。
什麼……啦……啦 ……啦……	什麼嫦娥啦，玉兔啦，吳剛啦……
每到……	每到中秋之夜，臺灣高山族人都要穿起美麗的民族服裝……

二、交際功能

肯定和稱贊。
解釋與説明。

三、常用表達式

肯定	你今年肯定要交好運了。
那當然了	那當然了！大年三十，家家户户貼對聯、貼"福"字、吃團圓飯。
特別……/……極了/ ……得＋不得了/太……了	你回廣東老家，在農村過年也特別有意思吧？ 我開心得不得了。變化太大了。
……所以稱作……	八月十五正好在秋季的中間，所以稱作中秋節。
……因此……又叫……	古人把圓月看作團圓的象徵，因此，中秋節又叫"團圓節"。
據説……	據説人們在菩薩的指點下，中秋佳節時舞動火龍，便把病魔趕跑了。
相傳……	相傳古代有對青年夫婦……

繁體版

UNIT 5
TRAVEL AND TRANSPORTATION

旅 游 与 交 通
旅 遊 與 交 通

Communicative Goals

- Describe travel plans and itineraries
- Offer suggestions and reminders
- Consult with and persuade someone to accept your recommendations
- Describe complex topics and situations
- Express and describe a complex series of actions

Cultural Information

- Major tourist attractions in China and their historical significance
- Geography and environment of different parts of China
- Major cities in China – their cultural and historical significance, local delicacies, and means of transportation
- History and features of the Great Wall of China

Warm up

1. 你去中国旅游过吗？去过哪些地方？能利用你在旅游途中拍下的照片给大家
   做个简单的介绍吗？能在中国地图上标出你的旅游路线吗？

1. 你去中國旅遊過嗎？去過哪些地方？能利用你在旅遊途中拍下的照片給大家
   做個簡單的介紹嗎？能在中國地圖上標出你的旅遊路線嗎？

简体版

繁體版

地图来源：中国国家测绘局

2. 根据下面的描述，你能猜出它们都是什么地方吗？你想到这些地方旅游吗？

简体版

〖一〗

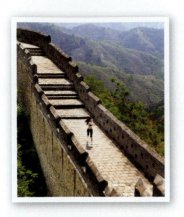

中国最著名的旅游胜地之一。它已经有三千年的历史，外形像一堵长长的墙，中国有一句非常有名的话："不到_____非好汉"。

〖二〗

这个景点在中国古老的城市西安。这个地方有中国第一个皇帝——秦始皇的墓地，墓地里有许多古代士兵的塑像。

〖三〗

它是中国明朝和清朝皇帝居住和生活的地方，是中国乃至世界现存最大、最完整的古代宫殿建筑群，快有600年的历史了。在中国古代，一般老百姓都不能去这个地方，所以，它还有一个名字，叫"紫禁城"。

〖四〗

它们是位于中国南方的两个城市，一个有景色秀丽的"西湖"，一个有巧夺天工的园林，有人说"上有天堂，下有苏杭"，说的就是它们。

2.　根據下面的描述，你能猜出它們都是什麼地方嗎？你想到這些地方旅遊嗎？

〖一〗

中國最著名的旅遊勝地之一。它已經有三千年的歷史，外形像一堵長長的墻，中國有一句非常有名的話：“不到＿＿＿＿＿非好漢”。

〖二〗

這個景點在中國古老的城市西安。這個地方有中國第一個皇帝——秦始皇的墓地，墓地裏有許多古代士兵的塑像。

〖三〗

它是中國明朝和清朝皇帝居住和生活的地方，是中國乃至世界現存最大、最完整的古代宮殿建築群，快有600年的歷史了。在中國古代，一般老百姓都不能去這個地方，所以，它還有一個名字，叫“紫禁城”。

〖四〗

它們是位於中國南方的兩個城市，一個有景色秀麗的“西湖”，一個有巧奪天工的園林，有人說“上有天堂，下有蘇杭”，說的就是它們。

Photo: Xinhua News Agency

Photo: Xinhua News Agency

繁體版

Planning a Trip to China

第九课

我要去中国旅游

简体版

■ 你想去中国旅游吗？
■ 如果你去中国，最想去什么地方？

🎧 美国的林晓明同学和中国的林晓强同学是堂兄弟，他们经常通过网络进行联系。下面是寒假前他们在网上聊天的记录。

晓　明：嗨！晓强哥哥，你现在有时间吗？咱们聊聊？

晓　强：你好！没问题，聊吧！

晓　明：这个寒假我想去中国旅游。

晓　强：太好了！是和叔叔婶婶一起来吗？

晓　明：不，是我一个人来。你能陪我一起旅游吗？

晓　强：当然可以。

晓　明：会不会影响你的学习？

晓　强："读万卷书，行万里路"嘛，旅游也是学习。你想去哪里旅游？

晓　明：以前和父母一起去中国，总是去香港、广东。这次我想去北京、西安、敦煌、新疆、上海、苏州、杭州，还有……

Summer Palace, Beijing

Hong Kong

Planning a Trip to China

第九課

我要去中國旅遊

Pre-reading

■ 你想去中國旅遊嗎？

■ 如果你去中國，最想去什麼地方？

美國的林曉明同學和中國的林曉強同學是堂兄弟，他們經常通過網絡進行聯繫。下面是寒假前他們在網上聊天的記錄。

曉　明：嗨！曉強哥哥，你現在有時間嗎？咱們聊聊？

曉　強：你好！沒問題，聊吧！

曉　明：這個寒假我想去中國旅遊。

曉　強：太好了！是和叔叔嬸嬸一起來嗎？

曉　明：不，是我一個人來。你能陪我一起旅遊嗎？

曉　強：當然可以。

曉　明：會不會影響你的學習？

曉　強："讀萬卷書，行萬里路"嘛，旅遊也是學習。你想去哪裏旅遊？

曉　明：以前和父母一起去中國，總是去香港、廣東。這次我想去北京、西安、敦煌、新疆、上海、蘇州、杭州，還有……

繁體版

Shanghai

Shenzhen, Guangdong Province

晓　强：哎、哎！你的假期有多长时间呀？

晓　明：二十多天。

晓　强：二十多天怎么能去那么多地方？你不是想坐着飞机到处飞吧？

晓　明：我不想坐飞机，只想坐火车、汽车。要不咱们<u>租</u>一辆汽车，<u>自驾游</u>也行。

晓　强：我说晓明啊，你最好先从网上找一张中国地图，再根据你的时间决定去几个地方，然后咱们再来商量<u>具体</u>的计划。

晓　明：那好吧，过几天我再和你联系。

简体版

（几天后）

晓　明：晓强哥哥，现在商量旅行的事，可以吗？

晓　强：可以。你<u>考虑</u>好了？

晓　明：我想去的地方太多了，有些在南方，有些在北方。咱们这次就在北方旅游吧。你看北京、西安、敦煌、新疆怎么样？

晓　强：这几天我在网上查了查，每个地方都有很多可以参观的<u>景点</u>。我觉得四个地方也太多，这次不要去新疆了，暑假再去吧。

晓　明：好，就听你的。那咱们具体计划一下吧。

晓　强：你坐飞机直接飞到北京，我去<u>机场</u>接你，旅游就从北京开始。北京的旅游景点很多，我们<u>安排</u>一周的时间吧。

晓　明：我们租一辆汽车好不好？我最近拿到汽车<u>驾驶执照</u>了，我开车，又省钱又省时间。

Beijing

曉　強：哎、哎！你的假期有多長時間呀？

曉　明：二十多天。

曉　強：二十多天怎麼能去那麼多地方？你不是想
　　　　坐着飛機到處飛吧？

曉　明：我不想坐飛機，只想坐火車、汽車。要不
　　　　咱們租一輛汽車，自駕遊也行。

曉　強：我説曉明啊，你最好先從網上找一張中國
　　　　地圖，再根據你的時間決定去幾個地方，
　　　　然後咱們再來商量具體的計劃。

曉　明：那好吧，過幾天我再和你聯繫。

（幾天後）

曉　明：曉強哥哥，現在商量旅行的事，可以嗎？

曉　強：可以。你考慮好了？

曉　明：我想去的地方太多了，有些在南方，有些
　　　　在北方。咱們這次就在北方旅遊吧。你看
　　　　北京、西安、敦煌、新疆怎麼樣？

曉　強：這幾天我在網上查了查，每個地方都有很
　　　　多可以參觀的景點。我覺得四個地方也太
　　　　多，這次不要去新疆了，暑假再去吧。

曉　明：好，就聽你的。那咱們具體計劃一下吧。

曉　強：你坐飛機直接飛到北京，我去機場接你，
　　　　旅遊就從北京開始。北京的旅遊景點很
　　　　多，我們安排一周的時間吧。

曉　明：我們租一輛汽車好不好？我最近拿到汽車
　　　　駕駛執照了，我開車，又省錢又省時間。

繁體版

简体版

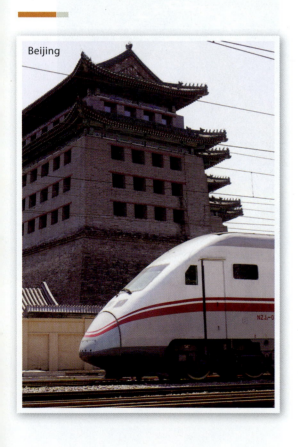

Beijing

晓　强：那可不行。在中国开车的司机必须有中国的驾照，你又不懂中国的交通规则，出事怎么办？

晓　明：真倒霉。那我们在北京只能坐公共汽车了？

晓　强：不一定。我们去远的景点，比如长城、十三陵，就乘坐专线旅游大巴；去城里的景点，像天安门、故宫、北海、天坛等地方，就乘轻轨、地铁、公共汽车；去北京的胡同，或者去找一些有北京特色的饭店、小吃店的时候，就坐出租车或骑自行车。如果你想试试北京的人力三轮车，我们在游圆明园、颐和园的时候也可以坐一坐。

晓　明：太好了！

晓　强：第二个星期去西安，我们乘火车去，可以经过河北、山西、河南、陕西四个省，沿路看看风景。火车经过黄河大桥，咱们还可以看到黄河。

晓　明：真棒！到了西安我们先看秦始皇兵马俑吧。

晓　强：我们的火车是早上到西安，我们必须先去旅馆，安排住宿。第一天就逛西安城吧。可以参观钟楼、鼓楼、清真大寺、回民街，去吃点儿有陕西特色的小吃，像羊肉泡馍、麻辣粉什么的。第二天坐专线旅游车去华清池和兵马俑。第三天在城里参观博物馆、大雁塔、小雁塔，最后吃一顿饺子宴，就上火车去敦煌。

晓　明：从西安可以直接到敦煌吗？

曉　強：那可不行。在中國開車的司機必須有中國
　　　　的駕照，你又不懂中國的<u>交通規則</u>，<u>出事</u>
　　　　怎麼辦？

曉　明：<u>真倒霉</u>。那我們在北京只能坐公共汽車了？

曉　強：不一定。我們去遠的景點，比如長城、十
　　　　三陵，就乘坐專線旅遊大巴；去城裏的景
　　　　點，像天安門、故宮、北海、天壇等地
　　　　方，就乘輕軌、地鐵、公共汽車；去北京
　　　　的胡同，或者去找一些有北京特色的飯
　　　　店、小吃店的時候，就坐出租車或騎自行
　　　　車。如果你想試試北京的人力三輪車，我
　　　　們在遊圓明園、頤和園的時候也可以坐
　　　　一坐。

曉　明：太好了！

曉　強：第二個星期去西安，我們乘火車去，可以
　　　　經過河北、山西、河南、陝西四個省，沿
　　　　路看看風景。火車經過黃河大橋，咱們還
　　　　可以看到黃河。

曉　明：真棒！到了西安我們先看秦始皇兵馬俑吧。

曉　強：我們的火車是早上到西安，我們必須先去
　　　　旅館，安排住宿。第一天就逛西安城吧。
　　　　可以參觀鐘樓、鼓樓、清真大寺、回民
　　　　街，去吃點兒有陝西特色的小吃，像羊肉
　　　　泡饃、麻辣粉什麼的。第二天坐專線旅遊
　　　　車去華清池和兵馬俑。第三天在城裏參觀
　　　　博物館、大雁塔、小雁塔，最後吃一頓餃
　　　　子宴，就上火車去敦煌。

曉　明：從西安可以直接到敦煌嗎？

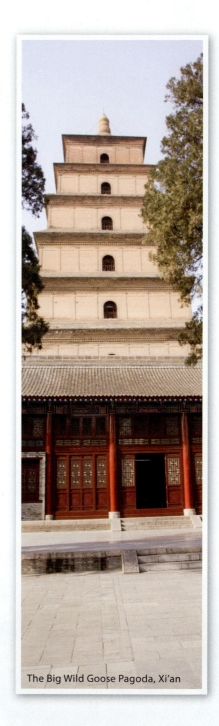

The Big Wild Goose Pagoda, Xi'an

繁體版

晓　强：不行。我们得先到兰州，然后再换一趟火车，坐十几个小时才能到敦煌。在敦煌要参观佛教名胜莫高窟，里面有许多珍贵的壁画，还要去风景名胜区鸣沙山和月牙泉。我要再查查，还有什么地方可以参观。

晓　明：你把咱们的计划发给我，我得给爸爸妈妈看看。

晓　强：行，我尽快发给你吧。我们赶快把计划确定下来，好早点儿订票。寒假的车票很紧张。

晓　明：好的。下次再聊。

简体版

曉　強：不行。我們得先到蘭州，然後再換一趟火車，坐十幾個小時才能到敦煌。在敦煌要參觀佛教名勝莫高窟，裏面有許多珍貴的壁畫，還要去風景名勝區鳴沙山和月牙泉。我要再查查，還有什麽地方可以參觀。

曉　明：你把咱們的計劃發給我，我得給爸爸媽媽看看。

曉　強：行，我儘快發給你吧。我們趕快把計劃確定下來，好早點兒訂票。寒假的車票很緊張。

曉　明：好的。下次再聊。

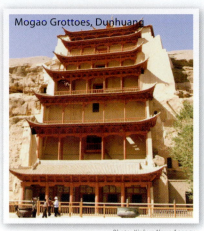

Mogao Grottoes, Dunhuang

Photo: Xinhua News Agency

繁體版

Summer Palace, Beijing

VOCABULARY
生词表

简体版

1	堂兄弟	tángxiōngdì	paternal cousins

我有两个堂兄弟。 | 他对堂兄弟的感情和亲兄弟一样。 | 爸爸的兄弟生的男孩是我的堂兄弟。

2	记录	jìlù	note, record

【名】一本完整的地震记录 | 把两份记录比较一下 | 关于他出生的记录。 🔲 录：记下的资料的名称。 📑 附录 | 目录 | 语录 | 同学录 | 通讯录 | 回忆录。

3	嗨	hēi	hi, hey

【叹】嗨，王明，最近在忙什么？ | 嗨，上课了，赶快进教室吧！

4	婶婶	shěnshen	aunt, the wife of someone's father's younger brother

【名】我的两个婶婶都是老师。 | 叔叔、婶婶和堂弟，一家三口过得很幸福。

5	读万卷书，行万里路	dú wàn juàn shū, xíng wàn lǐ lù	Read ten thousand books and travel ten thousand miles

"读万卷书，行万里路"是中国的一句古话。 | "读万卷书，行万里路"告诉我们读书和实践对人都非常重要。

6	租	zū	to rent

【动】租赁 | 租借 | 租用 | 租房子 | 这么贵我租不起。 | 这条船租一个小时多少钱？

7	自驾游	zìjiàyóu	to go on a road trip

自驾游既方便又刺激，所以年轻人很喜欢。 | 现在在中国，自驾游很流行。

8	具体	jùtǐ	concrete

【形】具体的办法 | 他具体地介绍了事情的经过。 | 请把问题说得更具体一些。 | 她介绍得够具体的了。

9	考虑	kǎolù	to consider, ponder

【动】考虑问题 | 优先考虑 | 考虑清楚 | 仔细考虑了半天也没做出决定。 | 我觉得这件事考虑得不够全面。 🔲 虑：思考。 📑 思虑 | 多虑 | 深思熟虑。

10	景点	jǐngdiǎn	scenic spot

【名】旅游景点 | 雕塑景点 | 自然景点 | 人文景点 | 游览景点 | 开发了一个新的观光景点 | 这里是游客最喜欢的一处景点。

11	机场	jīchǎng	airport

【名】新建了一个国际机场 | 到机场接朋友 | 一架客机安全地降落在北京首都机场的跑道上。

12	安排	ānpái	to arrange

【动】安排食宿 | 安排工作 | 安排座位 | 服从安排 | 合理安排 | 他安排得非常周到，每个人都很满意。 | 每年暑假学校都安排我们去旅游。

13	驾驶执照	jiàshǐ zhízhào	driver's license

出示驾驶执照 | 驾驶执照过期了。 | 没有驾驶执照，开车是违法的。 | 他的驾驶执照被没收了。

14	交通规则	jiāotōng guīzé	traffic rules

学习交通规则 | 了解交通规则 | 交通规则是维持交通秩序的重要保障。 | 我从来没有违反过交通规则。

VOCABULARY
生詞表

1	堂兄弟	tángxiōngdì	paternal cousins

我有兩個堂兄弟。 | 他對堂兄弟的感情和親兄弟一樣。 | 爸爸的兄弟生的男孩是我的堂兄弟。

2	記錄	jìlù	note, record

【名】一本完整的地震記錄 | 把兩份記錄比較一下 | 關於他出生的記錄。 🔲 錄：記下的資料的名稱。🔲 附錄 | 目錄 | 語錄 | 同學錄 | 通訊錄 | 回憶錄。

3	嗨	hēi	hi, hey

【嘆】嗨，王明，最近在忙什麼？ | 嗨，上課了，趕快進教室吧！

4	嬸嬸	shěnshen	aunt, the wife of someone's father's younger brother

【名】我的兩個嬸嬸都是老師。 | 叔叔、嬸嬸和堂弟，一家三口過得很幸福。

5	讀萬卷書，行萬里路	dú wàn juàn shū, xíng wàn lǐ lù	Read ten thousand books and travel ten thousand miles

"讀萬卷書，行萬里路"是中國的一句古話。 | "讀萬卷書，行萬里路"告訴我們讀書和實踐對人都非常重要。

6	租	zū	to rent

【動】租賃 | 租借 | 租用 | 租房子 | 這麼貴我租不起。 | 這條船租一個小時多少錢？

7	自駕遊	zìjiàyóu	to go on a road trip

自駕遊既方便又刺激，所以年輕人很喜歡。 | 現在在中國，自駕遊很流行。

8	具體	jùtǐ	concrete

【形】具體的辦法 | 他具體地介紹了事情的經過。 | 請把問題說得更具體一些。 | 她介紹得夠具體的了。

9	考慮	kǎolù	to consider, ponder

【動】考慮問題 | 優先考慮 | 考慮清楚 | 仔細考慮了半天也沒做出決定。 | 我覺得這件事考慮得不夠全面。🔲 慮：思考。🔲 思慮 | 多慮 | 深思熟慮。

10	景點	jǐngdiǎn	scenic spot

【名】旅遊景點 | 雕塑景點 | 自然景點 | 人文景點 | 遊覽景點 | 開發了一個新的觀光景點 | 這裏是遊客最喜歡的一處景點。

11	機場	jīchǎng	airport

【名】新建了一個國際機場 | 到機場接朋友 | 一架客機安全地降落在北京首都機場的跑道上。

12	安排	ānpái	to arrange

【動】安排食宿 | 安排工作 | 安排座位 | 服從安排 | 合理安排 | 他安排得非常周到，每個人都很滿意。 | 每年暑假學校都安排我們去旅遊。

13	駕駛執照	jiàshǐ zhízhào	driver's license

出示駕駛執照 | 駕駛執照過期了。 | 沒有駕駛執照，開車是違法的。 | 他的駕駛執照被沒收了。

14	交通規則	jiāotōng guīzé	traffic rules

學習交通規則 | 了解交通規則 | 交通規則是維持交通秩序的重要保障。 | 我從來沒有違反過交通規則。

繁體版

15	<u>出事</u>	chūshì	to have an accident

【动】*出事*地点 | *出事*后，司机赶快给医院打电话。| 那个十字路口车来车往，常常*出事*。| 那里好像*出*了什么事。

16	倒霉	dǎoméi	to be unlucky

【形】*倒霉*透了 | *倒*了大*霉* | *倒霉*的事尽让他遇上了。| 今天特别*倒霉*，一出门就摔了一跤。

17	专线	zhuānxiàn	special route

【名】运输*专线* | 增开公共汽车旅游*专线* | 共有两条铁路*专线*通往山里。

18	大巴	dàbā	bus

【名】双层*大巴* | 一辆豪华*大巴* | 坐*大巴*到火车站。📖中巴 | 小巴。

19	<u>乘</u>	chéng	to take (a bus, car, train, etc.)

【动】*乘*客 | *乘*电梯 | 我每天*乘*公共汽车上班。| 请问去天安门*乘*几路车？| 没赶上这个航班，可以*乘*下一个。| 今天*乘*错车了，所以迟到了。

20	轻轨	qīngguǐ	light rail

【名】这个城市准备修建两条*轻轨*。| 他每天回家都坐*轻轨*。| *轻轨*很方便，可以作为一个城市主要的交通工具。

21	地铁	dìtiě	subway

【名】坐*地铁*从不堵车。| 连接市区和郊区的*地铁*驶出了市区。📖城铁。

22	胡同	hútòng	alley, lane

【名】孩子们在一条*胡同*里玩耍。| 那条*胡同*非常长。| 北京的*胡同*很有特点。

23	人力三轮车	rénlì sānlúnchē	trishaw

他买了一辆*人力三轮车*。| 骑*人力三轮车*，不用担心它会东倒西歪。| 坐*人力三轮车*游北京的胡同很有意思。

24	兵马俑	bīngmǎyǒng	terracotta

【名】秦始皇*兵马俑*在西安。| 他想买一个*兵马俑*模型作纪念品。

25	羊肉泡馍	yángròupàomó	a Xi'an specialty made with lamb and dough

冬天吃一碗*羊肉泡馍*，浑身上下都暖暖和和的。| *羊肉泡馍*是西安的特色食品。| 他很擅长做*羊肉泡馍*。

26	麻辣粉	málàfěn	a spicy vegetable and noodle dish

我喜欢吃*麻辣粉*。| 这碗*麻辣粉*够麻够辣，吃了真过瘾。

27	饺子宴	jiǎoziyàn	dumpling feast

西安*饺子宴*非常有名。| *饺子宴*中的饺子有许多种制作方法。| 昨天的晚饭是*饺子宴*，大家吃得很开心。📖鱼宴 | 豆腐宴。

28	佛教	fójiào	Buddhism

【名】*佛教*圣地 | 少林寺是一个著名的*佛教*寺庙。| 五台山、峨眉山、普陀山、九华山是中国的四大*佛教*名山。

29	<u>名胜</u>	míngshèng	place of interest

【名】那里有几处风景*名胜* | 北京的*名胜*古迹我几乎都游览过了。

30	壁画	bìhuà	mural, wall painting

【名】大型*壁画* | 欣赏*壁画* | 创作了一幅精美的*壁画* | 敦煌*壁画*是中国佛教绘画艺术的宝库。📖版画 | 油画 | 国画。

31	订票	dìngpiào	to book tickets

电话*订票* | 网上*订票* | 集体*订票* | 我要*订*三张音乐会的票。

| 15 | 出事 | chūshì | to have an accident |

【動】出事地點 | 出事後，司機趕快給醫院打電話。 | 那個十字路口車來車往，常常出事。 | 那裏好像出了什麼事。

| 16 | 倒霉 | dǎoméi | to be unlucky |

【形】倒霉透了 | 倒了大霉 | 倒霉的事盡讓他遇上了。 | 今天特別倒霉，一出門就摔了一跤。

| 17 | 專線 | zhuānxiàn | special route |

【名】運輸專線 | 增開公共汽車旅遊專線 | 共有兩條鐵路專線通往山裏。

| 18 | 大巴 | dàbā | bus |

【名】雙層大巴 | 一輛豪華大巴 | 坐大巴到火車站。 ☞ 中巴 | 小巴。

| 19 | 乘 | chéng | to take (a bus, car, train, etc.) |

【動】乘客 | 乘電梯 | 我每天乘公共汽車上班。 | 請問去天安門乘幾路車？ | 没趕上這個航班，可以乘下一個。 | 今天乘錯車了，所以遲到了。

| 20 | 輕軌 | qīngguǐ | light rail |

【名】這個城市準備修建兩條輕軌。 | 他每天回家都坐輕軌。 | 輕軌很方便，可以作爲一個城市主要的交通工具。

| 21 | 地鐵 | dìtiě | subway |

【名】坐地鐵從不堵車。 | 連接市區和郊區的地鐵駛出了市區。 ☞ 城鐵。

| 22 | 胡同 | hútòng | alley, lane |

【名】孩子們在一條胡同裏玩耍。 | 那條胡同非常長。 | 北京的胡同很有特點。

| 23 | 人力三輪車 | rénlì sānlúnchē | trishaw |

他買了一輛人力三輪車。 | 騎人力三輪車，不用擔心它會東倒西歪。 | 坐人力三輪車遊北京的胡同很有意思。

| 24 | 兵馬俑 | bīngmǎyǒng | terracotta |

【名】秦始皇兵馬俑在西安。 | 他想買一個兵馬俑模型作紀念品。

| 25 | 羊肉泡饃 | yángròupàomó | a Xi'an specialty made with lamb and dough |

冬天吃一碗羊肉泡饃，渾身上下都暖暖和和的。 | 羊肉泡饃是西安的特色食品。 | 他很擅長做羊肉泡饃。

| 26 | 麻辣粉 | málàfěn | a spicy vegetable and noodle dish |

我喜歡吃麻辣粉。 | 這碗麻辣粉夠麻夠辣，吃了真過癮。

| 27 | 餃子宴 | jiǎoziyàn | dumpling feast |

西安餃子宴非常有名。 | 餃子宴中的餃子有許多種製作方法。 | 昨天的晚飯是餃子宴，大家吃得很開心。 ☞ 魚宴 | 豆腐宴。

| 28 | 佛教 | fójiào | Buddhism |

【名】佛教聖地 | 少林寺是一個著名的佛教寺廟。 | 五臺山、峨眉山、普陀山、九華山是中國的四大佛教名山。

| 29 | 名勝 | míngshèng | place of interest |

【名】那裏有幾處風景名勝 | 北京的名勝古蹟我幾乎都遊覽過了。

| 30 | 壁畫 | bìhuà | mural, wall painting |

【名】大型壁畫 | 欣賞壁畫 | 創作了一幅精美的壁畫 | 敦煌壁畫是中國佛教繪畫藝術的寶庫。 ☞ 版畫 | 油畫 | 國畫。

| 31 | 訂票 | dìngpiào | to book tickets |

電話訂票 | 網上訂票 | 集體訂票 | 我要訂三張音樂會的票。

繁體版

简体版

	PROPER NOUNS		
32	敦煌	Dūnhuáng	Dunhuang, a place in Gansu Province
	地名。在甘肃省。以佛教壁画闻名于世。		
33	新疆	Xīnjiāng	the Xinjiang Uygur Autonomous Region
	自治区名。在中国西北部。		
34	苏州	Sūzhōu	Suzhou, a city, in Jiangsu Province
	城市名。在江苏省。是著名的历史文化名城，也是江南水乡的代表。		
35	杭州	Hángzhōu	Hangzhou, a city, in Zhejiang Province
	城市名。在浙江省。著名的西湖在城中心。		
36	十三陵	Shísānlíng	the Ming Dynasty Tombs, in Beijing
	景点名。在北京郊区，是明朝皇家陵园。		
37	天安门	Tiān'ānmén	Tiananmen, in Beijing
	景点名。在北京市中心。		
38	故宫	Gùgōng	the Forbidden City, in Beijing
	景点名。在北京市中心，是世界最大、保存最完好的古宫殿建筑群。		
39	北海	Běihǎi	Beihai Park, in Beijing
	景点名。在北京城内，是清朝皇家花园。		
40	天坛	Tiāntán	the Temple of Heaven, in Beijing
	景点名。在北京城南，是中国古代帝王祭祀天的地方。		
41	圆明园	Yuánmíngyuán	ruins of the Old Summer Palace, in Beijing
	景点名。在北京西北郊，是清代皇家园林。后被八国联军焚毁。		
42	颐和园	Yíhéyuán	the Summer Palace, in Beijing
	景点名。在北京西北郊，是清代皇家园林。		
43	黄河	Huánghé	the Yellow River
	河流名。在中国北部黄土高原，是中国第二大河流，也是中华文明的主要发源地。		
44	秦始皇	Qínshǐhuáng	Qinshihuang, the first emperor of a united China
	秦朝（221B.C.–206B.C.）开国皇帝，中国历史上第一个封建帝王。		
45	华清池	Huàqīngchí	Huaqing Hot Spring, in Shaanxi Province
	景点名。在陕西省临潼。		
46	大雁塔	Dàyàntǎ	the Big Wild Goose Pagoda, in Xi'an
	景点名。在西安市内。		
47	小雁塔	Xiǎoyàntǎ	the Small Wild Goose Pagoda, in Xi'an
	景点名。在西安市内。		
48	兰州	Lánzhōu	Lanzhou, a city in Gansu Province
	城市名。在甘肃省。		
49	莫高窟	Mògāokū	the Mogao Caves, in Gansu Province
	景点名。在甘肃省敦煌。		
50	鸣沙山	Míngshāshān	Mingsha Mountain, in Gansu Province
	景点名。在甘肃省敦煌。		
51	月牙泉	Yuèyáquán	Crescent Lake, in Gansu Province
	景点名。在甘肃省敦煌。		

PROPER NOUNS

32	敦煌	Dūnhuáng	Dunhuang, a place in Gansu Province
		地名。在甘肅省。以佛教壁畫聞名於世。	
33	新疆	Xīnjiāng	the Xinjiang Uygur Autonomous Region
		自治區名。在中國西北部。	
34	蘇州	Sūzhōu	Suzhou, a city, in Jiangsu Province
		城市名。在江蘇省。是著名的歷史文化名城，也是江南水鄉的代表。	
35	杭州	Hángzhōu	Hangzhou, a city, in Zhejiang Province
		城市名。在浙江省。著名的西湖在城中心。	
36	十三陵	Shísānlíng	the Ming Dynasty Tombs, in Beijing
		景點名。在北京郊區，是明朝皇家陵園。	
37	天安門	Tiān'ānmén	Tiananmen, in Beijing
		景點名。在北京市中心。	
38	故宮	Gùgōng	the Forbidden City, in Beijing
		景點名。在北京市中心，是世界最大、保存最完好的古宮殿建築群。	
39	北海	Běihǎi	Beihai Park, in Beijing
		景點名。在北京城內，是清朝皇家花園。	
40	天壇	Tiāntán	the Temple of Heaven, in Beijing
		景點名。在北京城南，是中國古代帝王祭祀天的地方。	
41	圓明園	Yuánmíngyuán	ruins of the Old Summer Palace, in Beijing
		景點名。在北京西北郊，是清代皇家園林。後被八國聯軍焚毀。	
42	頤和園	Yíhéyuán	the Summer Palace, in Beijing
		景點名。在北京西北郊，是清代皇家園林。	
43	黃河	Huánghé	the Yellow River
		河流名。在中國北部黃土高原，是中國第二大河流，也是中華文明的主要發源地。	
44	秦始皇	Qínshǐhuáng	Qinshihuang, the first emperor of a united China
		秦朝（221B.C.–206B.C.) 開國皇帝，中國歷史上第一個封建帝王。	
45	華清池	Huàqīngchí	Huaqing Hot Spring, in Shaanxi Province
		景點名。在陝西省臨潼。	
46	大雁塔	Dàyàntǎ	the Big Wild Goose Pagoda, in Xi'an
		景點名。在西安市內。	
47	小雁塔	Xiǎoyàntǎ	the Small Wild Goose Pagoda, in Xi'an
		景點名。在西安市內。	
48	蘭州	Lánzhōu	Lanzhou, a city in Gansu Province
		城市名。在甘肅省。	
49	莫高窟	Mògāokū	the Mogao Caves, in Gansu Province
		景點名。在甘肅省敦煌。	
50	鳴沙山	Míngshāshān	Mingsha Mountain, in Gansu Province
		景點名。在甘肅省敦煌。	
51	月牙泉	Yuèyáquán	Crescent Lake, in Gansu Province
		景點名。在甘肅省敦煌。	

繁體版

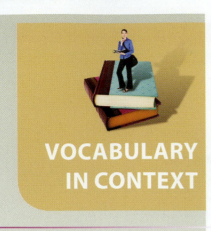

VOCABULARY IN CONTEXT

记录	机场
影响	安排
租	驾驶执照
商量	交通规则
具体	倒霉
考虑	乘
景点	

Complete the dialog with words from the boxes. Then practise the dialog with your partner.

A

During the winter vacation, Xiao Zhang is going to Hangzhao for a vacation. His good friend Xiao Wang takes him to the airport. On the way to the airport, they are caught in a traffic jam.

小张：这是什么人？这么不遵守＿＿＿＿，真＿＿＿＿。

小王：别着急，＿＿＿＿离这里很近，晚一点出发关系不大。

小张：你大概什么时候再来？和你的女朋友＿＿＿＿一下，最好两个人一起来。

小王：＿＿＿＿的时间我也说不清楚。最好不要＿＿＿＿你的工作。要是我有＿＿＿＿就好了，可以自己＿＿＿＿车，不过＿＿＿＿坐专线公共汽车也不错。

小张：你别那么客气，陪你是应该的。下次过来，早一点儿告诉我，我把时间＿＿＿＿好，这里还有一些＿＿＿＿值得去。

小王：当然，这里这么多好玩的地方，我还有很多没玩过呢，应该提前好好＿＿＿＿一下。下次我一定不能忘了带摄像机，这么多有趣的画面，的确应该＿＿＿＿下来。

小张：没关系，用我的也一样。

B Type out the dialog above on your computer using *pinyin* input method.

C Write dialogs using words from the boxes.

寒假	租
景点	名胜

1. 甲：＿＿＿＿＿＿＿＿＿＿＿＿＿＿＿＿

   乙：＿＿＿＿＿＿＿＿＿＿＿＿＿＿＿＿

机场	驾驶执照
交通规则	倒霉

2. 甲：＿＿＿＿＿＿＿＿＿＿＿＿＿＿＿＿

   乙：＿＿＿＿＿＿＿＿＿＿＿＿＿＿＿＿

Complete the dialog with words from the boxes. Then practise the dialog with your partner.

A

During the winter vacation, Xiao Zhang is going to Hangzhao for a vacation. His good friend Xiao Wang takes him to the airport. On the way to the airport, they are caught in a traffic jam.

小張：這是什麼人？這麼不遵守＿＿＿＿＿，真＿＿＿＿。

小王：別着急，＿＿＿＿＿離這裏很近，晚一點出發關係不大。

小張：你大概什麼時候再來？和你的女朋友＿＿＿＿＿一下，最好兩個人一起來。

小王：＿＿＿＿＿的時間我也説不清楚。最好不要＿＿＿＿＿你的工作。要是我有＿＿＿＿＿就好了，可以自己＿＿＿＿＿車，不過＿＿＿＿＿坐專線公共汽車也不錯。

小張：你別那麼客氣，陪你是應該的。下次過來，早一點兒告訴我，我把時間＿＿＿＿＿好，這裏還有一些＿＿＿＿＿值得去。

小王：當然，這裏這麼多好玩的地方，我還有很多沒玩過呢，應該提前好好＿＿＿＿＿一下。下次我一定不能忘了帶攝像機，這麼多有趣的畫面，的確應該＿＿＿＿＿下來。

小張：没關係，用我的也一樣。

記錄	機場
影響	安排
租	駕駛執照
商量	交通規則
具體	倒霉
考慮	乘
景點	

B Type out the dialog above on your computer using *pinyin* input method.

Write dialogs using words from the boxes.

C

1. 甲：＿＿＿＿＿＿＿＿＿＿＿＿＿＿＿＿＿＿＿＿

   乙：＿＿＿＿＿＿＿＿＿＿＿＿＿＿＿＿＿＿＿＿

2. 甲：＿＿＿＿＿＿＿＿＿＿＿＿＿＿＿＿＿＿＿＿

   乙：＿＿＿＿＿＿＿＿＿＿＿＿＿＿＿＿＿＿＿＿

寒假　租
景點　名勝

機場　駕駛執照
交通規則　倒霉

LANGUAGE CONNECTION

疑问句及疑问语气词

An interrogative sentence proposes a question. Questions can be asked with or without interrogatives. "吗" "呢" "吧" "呀" are examples of Chinese interrogatives. However, there are some differences in what they express.

For example

Without interrogatives:
- 咱们聊聊？
- 会不会影响你的学习？

With interrogatives.
- 你现在有时间吗？
- 你的假期有多长时间呀？
- 从西安可以直接到敦煌吗？
- 他不喜欢吃辣椒吗？

……怎么办

is used to ask a rhetorical question. It shows that you do not agree with the decision of the person to whom you are speaking. It can also be used when you are warning or alerting somebody. "你说" can be placed before "怎么办" for more emphasis.

For example
- 去那么远的地方，咱们都不认识路，迷了路怎么办？
- 你总是这么马虎，万一把护照弄丢了，你说怎么办？（警告）

A 疑问句及疑问语气词（interrogatives）

"……吗？" "……呀？" "……吧？"

Choose the correct question for each group.

1. 你是想早点儿回去，还是想继续留在这里吗？（　　）

   你是想早点儿回去，还是想继续留在这里呢？（　　）

2. 你不是现在就想离开吧？　　　　　　　（　　）

   你不是现在就想离开呢？　　　　　　　（　　）

3. 你再好好考虑考虑吗？　　　　　　　　（　　）

   你再好好考虑考虑吧？　　　　　　　　（　　）

B ……怎么办（what if...）

"你又不懂中国的交通规则，出事怎么办？"

Role play the following situations using "……怎么办."

Situation 1: You want to arrange a date with a girl/boy, but you don't know what to do. You ask your friend for advice. Role play the conversation with your friend.

Situation 2: You are at a shopping center with your friend. You told your friend to keep an eye on your bag while you go to the bathroom. When you return, you find that your bag is gone. Role play the conversation with your friend.

Situation 3: You want to organize a debating competition, but you're afraid that no one will want to participate. Role play the conversation between you and a classmate.

Ⓐ 疑問句及疑問語氣詞（interrogatives）

" ……嗎？" " ……呀？" " ……吧？"

Choose the correct question for each group.

1. 你是想早點兒回去，還是想繼續留在這裏嗎？（ ）

   你是想早點兒回去，還是想繼續留在這裏呢？（ ）

2. 你不是現在就想離開吧？ （ ）

   你不是現在就想離開呢？ （ ）

3. 你再好好考慮考慮嗎？ （ ）

   你再好好考慮考慮吧？ （ ）

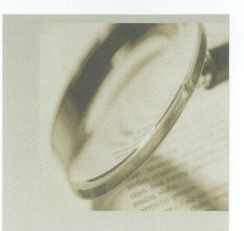

疑問句及疑問語氣詞

An interrogative sentence proposes a question. Questions can be asked with or without interrogatives. "嗎" "呢" "吧" "呀" are examples of Chinese interrogatives. However, there are some differences in what they express.

For example

Without interrogatives:
■ 咱們聊聊？
■ 會不會影響你的學習？

With interrogatives.
■ 你現在有時間嗎？
■ 你的假期有多長時間呀？
■ 從西安可以直接到敦煌嗎？
■ 他不喜歡吃辣椒嗎？

Ⓑ ……怎麼辦（what if…）

" 你又不懂中國的交通規則，出事怎麼辦？"

Role play the following situations using "……怎麼辦."

Situation 1: You want to arrange a date with a girl/boy, but you don't know what to do. You ask your friend for advice. Role play the conversation with your friend.

Situation 2: You are at a shopping center with your friend. You told your friend to keep an eye on your bag while you go to the bathroom. When you return, you find that your bag is gone. Role play the conversation with your friend.

Situation 3: You want to organize a debating competition, but you're afraid that no one will want to participate. Role play the conversation between you and a classmate.

……怎麼辦

is used to ask a rhetorical question. It shows that you do not agree with the decision of the person to whom you are speaking. It can also be used when you are warning or alerting somebody. "你說" can be placed before "怎麼辦" for more emphasis.

For example
■ 去那麼遠的地方，咱們都不認識路，迷了路怎麼辦？
■ 你總是這麼馬虎，萬一把護照弄丟了，你說怎麼辦？（警告）

繁體版

練習與活動

先……再……然后……
is used to describe a series of
actions.

For example

- 咱们今天**先**吃饭，**再**收拾一下房间，**然后**出去看电影，怎么样？
- 你**先**看看天气预报，**再**决定去不去爬山，决定去了，**然后**再准备行装也不迟。

 先……再……然后…… （first..., next..., then...）

"你最好**先**从网上找一张中国地图，**再**跟据你的时间决定去几个地方，**然后**咱们再来商量具体的计划。"

Look at the pictures and write sentences using "先……再……然后……"

1. _____

_____

2. _____

_____

3. _____

_____

C 先……再……然後……（first..., next..., then...）

"你最好先從網上找一張中國地圖，再跟據你的時間決定去幾個地方，然後咱們再來商量具體的計劃。"

Look at the pictures and write sentences using "先……再……然後……"

1. _____

_____

2. _____

_____

3. _____

_____

先……再……然後……
is used to describe a series of actions.

For example

- 咱們今天先吃飯，再收拾一下房間，然後出去看電影，怎麼樣？
- 你先看看天氣預報，再決定去不去爬山，決定去了，然後再準備行裝也不遲。

繁體版

練習與活動

简体版 练习与活动

经过……

can be used before a place, a point in time, or an action.

For example

■ 新修的高速公路正好经过我们的小镇。

……才能……

is used to explain that something can happen only if certain conditions are met.

For example

■ 只有多听多说，才能学好中文。
■ 我们必须计划好旅游的线路，才能不走冤枉路。

D 经过…… (to pass by...)

"我们乘火车去，可以经过河北、山西、河南、陕西四个省，沿路看看风景。"

Look at the pictures and write sentences using "经过……."

1. _____

_____

2. _____

_____

3. _____

_____

E ……才能…… (only if...)

"我们得先到兰州，然后再换一趟火车，坐十几个小时才能到敦煌。"

Look at the pictures and write sentences using "……才能……."

1. _____

_____

D 經過…… (to pass by...)

" 我們乘火車去，可以經過河北、山西、河南、陝西四個省，沿路看看風景。"

Look at the pictures and write sentences using "經過……."

1. _____

_____

2. _____

_____

3. _____

_____

E ……才能…… (only if...)

" 我們得先到蘭州，然後再換一趟火車，坐十幾個小時才能到敦煌。"

Look at the pictures and write sentences using "……才能……."

1. _____

_____

經過……
can be used before a place, a point in time, or an action.

For example

■ 新修的高速公路正好經過我們的小鎮。

繁體版

練習與活動

……才能……
is used to explain that something can happen only if certain conditions are met.

For example

■ 只有多聽多說，才能學好中文。
■ 我們必須計劃好旅遊的線路，才能不走冤枉路。

简体版

练习与活动

2. _____

_____

3. _____

_____

2. _____

_____

3. _____

_____

繁體版　練習與活動

COMMON EXPRESSIONS

怎么能……
For example
- 你怎么能穿这样的衣服参加毕业典礼？
- 我们怎么能不参加这次活动呢？

要不……，……也行
For example
- 要不咱们今天不在家吃饭了，出去随便找个地方吃顿饭也行。
- 你要不就别回家了，在学校里和同学们一起过感恩节也行。

最好 + V
For example
- 今天的晚会非常有意思，你最好参加。
- 为了赶时间，咱们最好别吃饭了。

……怎么样
For example
- 咱们就在这家饭店吃怎么样？
- 我们明天去看场电影，怎么样？

……好不好
For example
- 我们明天去打网球好不好？
- 你去报名参加北京的汉语短训班吧，好不好？

A 怎么能…… (how could you possibly...)

is used to express dissatisfaction and annoyance.

" 二十多天怎么能去那么多地方？ "

B 要不……，……也行 (alternatively...)

is used to give an alternative suggestion. "也行" means your suggestion is also workable.

" 要不咱们租一辆汽车，自驾游也行。 "

C 最好 + V (you'd better...)

is used to give a suggestion.

" 你最好先从网上找一张中国地图。 "

D ……怎么样 (what do you think of...)

is used to ask for someone's opinion.

" 咱们这次就在北方旅游吧。你看北京、西安、敦煌、新疆怎么样？ "

E ……好不好

is used to give a suggestion and to ask for someone's opinion by asking a "yes/no" question.

" 我们租一辆汽车好不好？ "

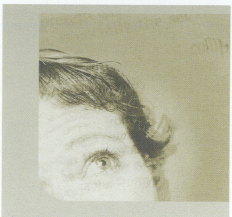

A 怎麼能⋯⋯（how could you possibly...）

is used to express dissatisfaction and annoyance.

" 二十多天怎麼能去那麼多地方？"

B 要不⋯⋯，⋯⋯也行（alternatively...）

is used to give an alternative suggestion. "也行" means your suggestion is also workable.

" 要不咱們租一輛汽車，自駕遊也行。"

C 最好 + V（you'd better...）

is used to give a suggestion.

" 你最好先從網上找一張中國地圖。"

D ⋯⋯怎麼樣（what do you think of...）

is used to ask for someone's opinion.

" 咱們這次就在北方旅遊吧。你看北京、西安、敦煌、新疆怎麼樣？"

E ⋯⋯好不好

is used to give a suggestion and to ask for someone's opinion by asking a "yes/no" question.

" 我們租一輛汽車好不好？"

怎麼能⋯⋯
For example
- 你怎麼能穿這樣的衣服參加畢業典禮？
- 我們怎麼能不參加這次活動呢？

要不⋯⋯，⋯⋯也行
For example
- 要不咱們今天不在家吃飯了，出去隨便找個地方吃頓飯也行。
- 你要不就別回家了，在學校裏和同學們一起過感恩節也行。

最好 + V
For example
- 今天的晚會非常有意思，你最好參加。
- 爲了趕時間，咱們最好別吃飯了。

⋯⋯怎麼樣
For example
- 咱們就在這家飯店吃怎麼樣？
- 我們明天去看場電影，怎麼樣？

⋯⋯好不好
For example
- 我們明天去打網球好不好？
- 你去報名參加北京的漢語短訓班吧，好不好？

简体版

练习与活动

RECAP

Role play the following situations using the expressions from the boxes.

怎么能……

要不……，……也行

最好 + V

……怎么样

……好不好

Situation 1 : You want to rent an apartment near your college. You go to a property agent to ask for help. Role play the conversation with the property agent.

Situation 2 : You have been on a lucky streak recently. Your friend would like you to take him out to dinner. Role play the conversation with your friend.

Situation 3 : You would like your mother to celebrate your birthday with you by going out for a meal. However, your mother is very busy. Role play the conversation with your mother.

Role play the following situations using the expressions from the boxes.

RECAP

Situation 1 : You want to rent an apartment near your college. You go to a property agent to ask for help. Role play the conversation with the property agent.

Situation 2 : You have been on a lucky streak recently. Your friend would like you to take him out to dinner. Role play the conversation with your friend.

Situation 3 : You would like your mother to celebrate your birthday with you by going out for a meal. However, your mother is very busy. Role play the conversation with your mother.

怎麼能⋯⋯

要不⋯⋯，⋯⋯也行

最好 + V

⋯⋯怎麼樣

⋯⋯好不好

繁體版

練習與活動

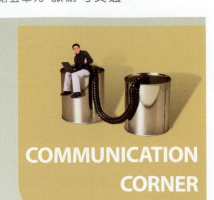

COMMUNICATION CORNER

简体版

练习与活动

Instructions:

- For this activity, you will design a holiday itinerary based on the three places of interest shown in the pictures.

- Research online for information about these places: what to do, where to stay, where to eat, how to get there, and estimated costs.

- In pairs, discuss your trip plan. Revise your plan as necessary to fit each other's specific preferences, budget, and schedule.

告诉你一个很精彩的地方

1.    美丽的三亚，这里有蓝蓝的海水、温暖的阳光；有清新的空气、高大的树林，还有好吃的水果和各种海鲜。

2.    神秘的西藏阿里，山高路险，气候干旱。可是它让无数人向往，因为这里有美丽的神山圣湖，这里的阳光特别灿烂。

3.    一直觉得北京是个奇妙的城市，有着千年的历史，又有时代的辉煌。穿过重重的高楼和宽阔的马路，来到后海酒吧坐一坐，好像回到了安静祥和的老北京。

Guidelines:

🗣 You may start off by introducing the places of interest in your trip plan, highlighting major attractions.

🔊 这个地方最大的特色是……。特别是……，非常有意思。我建议你去……

🗣 Next, you can ask your partner if he has any constraints in terms of budget or schedule.

🔊 你打算花多少钱呢？另外，你的假期有多长时间？

🗣 Customize your itinerary to fit your partner's needs and constraints, and seek their approval.

🔊 这样吧，我们安排……时间。你最好……再……。如果……你可以乘坐……。我们先……，第二天……，第三天……，最后……。这样算下来，一共需要花……钱，和你的要求差不多。

告訴你一個很精彩的地方

1.

美麗的三亞，這裏有藍藍的海水、溫暖的陽光；有清新的空氣、高大的樹林，還有好吃的水果和各種海鮮。

2.

神秘的西藏阿里，山高路險，氣候乾旱。可是它讓無數人嚮往，因爲這裏有美麗的神山聖湖，這裏的陽光特別燦爛。

3.

一直覺得北京是個奇妙的城市，有着千年的歷史，又有時代的輝煌。穿過重重的高樓和寬闊的馬路，來到後海酒吧坐一坐，好像回到了安靜祥和的老北京。

Instructions:

- For this activity, you will design a holiday itinerary based on the three places of interest shown in the pictures.

- Research online for information about these places: what to do, where to stay, where to eat, how to get there, and estimated costs.

- In pairs, discuss your trip plan. Revise your plan as necessary to fit each other's specific preferences, budget, and schedule.

繁體版

練習與活動

Guidelines:

🗣 You may start off by introducing the places of interest in your trip plan, highlighting major attractions.

🔊 這個地方最大的特色是⋯⋯。特別是⋯⋯，非常有意思。我建議你去⋯⋯

🗣 Next, you can ask your partner if he has any constraints in terms of budget or schedule.

🔊 你打算花多少錢呢？另外，你的假期有多長時間？

🗣 Customize your itinerary to fit your partner's needs and constraints, and seek their approval.

🔊 這樣吧，我們安排⋯⋯時間。你最好⋯⋯再⋯⋯。如果⋯⋯你可以乘坐⋯⋯。我們先⋯⋯，第二天⋯⋯，第三天⋯⋯，最後⋯⋯。這樣算下來，一共需要花⋯⋯錢，和你的要求差不多。

WRITING TASK

Instructions:

- Write a diary entry about a trip you took recently.
- Keep your entry to about 300 words.

我的旅行日记

Guidelines:

- Think about your experiences on a recent trip. Was the experience pleasant, interesting, educational? Were there unforgettable encounters with the weather, accommodation, traffic, local food, and the people there? Did you make any new friends? Did you bring back any special souvenirs?

For example

2月15日　　　晴

　　今天天气真好，早上一直睡到十点才起来，打开窗帘，窗外阳光灿烂，好舒服啊。这个宾馆便宜是便宜，就是不太方便。早上不提供热水，晚上才有热水洗澡。我打开电视看了一会儿，没什么意思，再打开地图……

我的旅行日記

Guidelines:

- Think about your experiences on a recent trip. Was the experience pleasant, interesting, educational? Were there unforgettable encounters with the weather, accommodation, traffic, local food, and the people there? Did you make any new friends? Did you bring back any special souvenirs?

For example

2月15日　　　晴

　　今天天氣真好，早上一直睡到十點才起來，打開窗簾，窗外陽光燦爛，好舒服啊。這個賓館便宜是便宜，就是不太方便。早上不提供熱水，晚上才有熱水洗澡。我打開電視看了一會兒，没什麼意思，再打開地圖……

Instructions:

- Write a diary entry about a trip you took recently.

- Keep your entry to about 300 words.

繁體版　練習與活動

Old China,
Modern China

副课文

中国不是博物馆

简体版

Pre-reading

■ 你想像中的中国是什么样子？

■ 如果去中国旅游，你最想看什么？吃什么？

1. 为什么美国学生看到现代化的北京会失望 **?**

2. 人们头脑中对中国和美国的印象是从哪里来的 **?**

3. 作者批评了"博物馆"心理，你同意他的观点吗？为什么 **?**

　　许多洋人和海外华人来到中国，为看不到旧中国、老北京而感到遗憾。有个美国学生曾跟我说："我到了北京，可是并没有看到北京，我觉得很失望。"

　　我急忙问道："是怎么回事？"

　　美国学生说："我以为北京是个古老的城市，没想到竟那么现代化！北京到哪儿去了？"

　　听了他的回答，我有些同情，也有些困惑；有些难过，也有些自豪。我突然灵机一动，回答道："我第一次到美国的时候，也很失望。"

　　美国学生关切地问道："为什么？"

　　我一脸严肃地回答说："因为我没有看到牛仔挂着双枪，骑在马背上，我也没有看到印第安人拿着弓箭与白人打仗。真正的古老的美国到哪儿去了？"

　　用这种"博物馆"心理来看待中国的人可能并不止他一个。在许多人的脑海里，似乎中国人仍穿着长袍马褂、拉着洋车。在他们的观念里，凡是"中国的"，必须是"古老的"，而且也只有古老的，才是中国的。如果用这样的心理来看中国近些年的发展，当然要失望了。

Old China,
Modern China

副課文

中國不是
博物館

繁體版

Pre-reading

■ 你想像中的中國是什麼樣子？

■ 如果去中國旅遊，你最想看什麼？吃什麼？

　　許多洋人和海外華人來到中國，為看不到舊中國、老北京而感到遺憾。有個美國學生曾跟我說：“我到了北京，可是並沒有看到北京，我覺得很失望。”

　　我急忙問道：“是怎麼回事？”

　　美國學生說：“我以為北京是個古老的城市，沒想到竟那麼現代化！北京到哪兒去了？”

　　聽了他的回答，我有些同情，也有些困惑；有些難過，也有些自豪。我突然靈機一動，回答道：“我第一次到美國的時候，也很失望。”

　　美國學生關切地問道：“為什麼？”

　　我一臉嚴肅地回答說：“因為我沒有看到牛仔掛着雙槍，騎在馬背上，我也沒有看到印第安人拿着弓箭與白人打仗。真正的古老的美國到哪兒去了？”

　　用這種“博物館”心理來看待中國的人可能並不止他一個。在許多人的腦海裏，似乎中國人仍穿着長袍馬褂、拉着洋車。在他們的觀念裏，凡是“中國的”，必須是“古老的”，而且也只有古老的，才是中國的。如果用這樣的心理來看中國近些年的發展，當然要失望了。

1.為什麼美國學生看到現代化的北京會失望？

2.人們頭腦中對中國和美國的印象是從哪裏來的？

3.作者批評了“博物館”心理，你同意他的觀點嗎？為什麼？

4.中国的大城市是传统与现代的结合，你对这种现状有什么看法 **?**

5.你会抱着怎样的一个心态去了解现代的中国 **?**

简体版

其实只要对北京、上海稍有了解的人都能同意：在这两个城市里，吃到麦当劳和肯德基炸鸡是非常容易的事情，而星巴克咖啡也跟茶馆一样受到人们的欢迎。在北京，有穿旗袍的人，也有穿西装的人；有传统的四合院，也有更多的高楼大厦。中国人在保留传统的同时，也进入了现代化的生活。

中国不是博物馆，中国人也不是博物馆里的活标本。洋人到中国来，除了参观长城和兵马俑，也不妨看看三峡大坝和青藏铁路。这些工程一样是人类文明史上的奇迹，很"现代"，也很"中国"！

（作者：美国普林斯顿大学，周质平。选自北美《世界日报》，有删改。）

其實只要對北京、上海稍有了解的人都能同意：在這兩個城市裏，吃到麥當勞和肯德基炸雞是非常容易的事情，而星巴克咖啡也跟茶館一樣受到人們的歡迎。在北京，有穿旗袍的人，也有穿西裝的人；有傳統的四合院，也有更多的高樓大廈。中國人在保留傳統的同時，也進入了現代化的生活。

中國不是博物館，中國人也不是博物館裏的活標本。洋人到中國來，除了參觀長城和兵馬俑，也不妨看看三峽大壩和青藏鐵路。這些工程一樣是人類文明史上的奇迹，很"現代"，也很"中國"！

（作者：美國普林斯頓大學，周質平。選自北美《世界日報》，有刪改。）

4.中國的大城市是傳統與現代的結合，你對這種現狀有什麼看法？

5.你會抱着怎樣的一個心態去了解現代的中國？

繁體版

VOCABULARY
副课文 生词表

简体版

1	洋人	yángrén	foreigner
2	海外	hǎiwài	overseas
3	自豪	zìháo	proud
4	灵机一动	língjī-yīdòng	a brainwave
5	关切	guānqiè	deeply concerned
6	弓箭	gōngjiàn	bow and arrow
7	看待	kàndài	to look upon, regard
8	脑海	nǎohǎi	brain, mind
9	长袍	chángpáo	long gown
10	马褂	mǎguàr	mandarin jacket
11	洋车	yángchē	rickshaw
12	四合院	sìhéyuàn	a chinese courtyard, quadrangle
13	大厦	dàshà	mansion
14	标本	biāoběn	specimen, sample
15	不妨	bùfáng	might as well, there is no harm
16	奇迹	qíjì	miracle

PROPER NOUNS

17	印第安人	Yìndì'ānrén	American Indians
18	星巴克	Xīngbākè	Starbucks
19	三峡大坝	Sānxiá dàbà	the Three Gorges Dam
20	青藏铁路	Qīng-Zàng tiělù	the Qinghai-Tibet railway

VOCABULARY
副課文 **生詞表**

繁
體
版

1	洋人	yángrén	foreigner
2	海外	hǎiwài	overseas
3	自豪	zìháo	proud
4	靈機一動	língjī-yīdòng	a brainwave
5	關切	guānqiè	deeply concerned
6	弓箭	gōngjiàn	bow and arrow
7	看待	kàndài	to look upon, regard
8	腦海	nǎohǎi	brain, mind
9	長袍	chángpáo	long gown
10	馬褂	mǎguàr	mandarin jacket
11	洋車	yángchē	rickshaw
12	四合院	sìhéyuàn	a chinese courtyard, quadrangle
13	大厦	dàshà	mansion
14	標本	biāoběn	specimen, sample
15	不妨	bùfáng	might as well, there is no harm
16	奇蹟	qíjì	miracle

PROPER NOUNS

17	印第安人	Yìndì'ānrén	American Indians
18	星巴克	Xīngbākè	Starbucks
19	三峽大壩	Sānxiá dàbà	the Three Gorges Dam
20	青藏鐵路	Qīng-Zàng tiělù	the Qinghai-Tibet railway

I Climbed the Great Wall

第十课
我登上了长城

Photo: Xinhua News Agency

简体版

Pre-reading

▨ 你听说过中国的长城吗？关于长城你知道些什么？
▨ 为什么去中国旅游的人都要去长城？

 施瓦辛格率队跑上了长城

2000年5月20日，中国在居庸关长城举办了一次"特殊奥林匹克运动"的宣传活动。这是一次长跑活动，有3000多人参加，包括中国有关方面的领导人、部分国家驻华使节、学生代表、武警代表及运动员代表等。美国的施瓦辛格也参加了这次活动。他站在五个火炬队和志愿者队伍的最前面，手举火炬，率领着人们向长城高处的烽火台跑去。活动以后，施瓦辛格表示，这是一次不平常的活动，它象征着全中国对有特殊需求人士的关心，也表现出为他们平等参与社会活动所作的努力。

Photo: Getty Images

繁體版

Pre-reading

■ 你聽說過中國的長城嗎？關於長城你知道些什麼？

■ 為什麼去中國旅遊的人都要去長城？

 施瓦辛格率隊跑上了長城

2000年5月20日，中國在居庸關長城舉辦了一次"特殊奧林匹克運動"的宣傳活動。這是一次長跑活動，有3000多人參加，包括中國有關方面的領導人、部分國家駐華使節、學生代表、武警代表及運動員代表等。美國的施瓦辛格也參加了這次活動。他站在五個火炬隊和志願者隊伍的最前面，手舉火炬，率領着人們向長城高處的烽火臺跑去。活動以後，施瓦辛格表示，這是一次不平常的活動，它象徵着全中國對有特殊需求人士的關心，也表現出為他們平等參與社會活動所作的努力。

VOCABULARY
生词表

简体版

1	驻华使节	zhùhuá shǐjié	diplomats stationed in China

【名】一名驻华使节｜英国驻华使节。

2	武警	wǔjǐng	armed police

【名】一名武警｜一队武警｜武警战士｜武警部队。

3	火炬	huǒjù	torch

【名】一支火炬｜点燃火炬｜传递火炬。

4	率领	shuàilǐng	to lead

【动】率领部队｜率领代表团｜率领大家前进｜他亲自率领足球队参加了全国比赛。

5	烽火台	fēnghuǒtái	beacon tower on the Great Wall

【名】一座烽火台｜明代的烽火台｜登上烽火台｜烽火台上浓烟滚滚。🅢台：平而高的建筑物。

6	象征²	xiàngzhēng	to symbolize

【动】玫瑰花象征着爱情。｜火炬象征着光明。｜白鸽象征着和平。

PROPER NOUNS

7	施瓦辛格	Shīwǎxīngé	(Arnold) Schwarzenegger

人名。

8	居庸关	Jūyōngguān	Juyong Pass on the Great Wall

长城的一个十分著名的关口。位于北京西北，距离北京城区 50 公里，以地势险要闻名。

9	特殊奥林匹克运动	Tèshū Àolínpǐkè Yùndòng	the Special Olympics

世界三大奥林匹克运动之一，是为全世界有特殊需求者参与体育活动而设立的。国际特殊奥林匹克委员会是美国人尤妮斯·肯尼迪·施莱佛 1968 年创立的。

VOCABULARY
生詞表

| 1 | 駐華使節 | zhùhuá shǐjié | diplomats stationed in China |

【名】一名駐華使節 | 英國駐華使節。

| 2 | 武警 | wǔjǐng | armed police |

【名】一名武警 | 一隊武警 | 武警戰士 | 武警部隊。

| 3 | 火炬 | huǒjù | torch |

【名】一支火炬 | 點燃火炬 | 傳遞火炬。

| 4 | 率領 | shuàilǐng | to lead |

【動】率領部隊 | 率領代表團 | 率領大家前進 | 他親自率領足球隊參加了全國比賽。

| 5 | 烽火臺 | fēnghuǒtái | beacon tower on the Great Wall |

【名】一座烽火臺 | 明代的烽火臺 | 登上烽火臺 | 烽火臺上濃烟滾滾。 臺：平而高的建築物。

| 6 | 象徵[2] | xiàngzhēng | to symbolize |

【動】玫瑰花象徵着愛情。 | 火炬象徵着光明。 | 白鴿象徵着和平。

PROPER NOUNS

| 7 | 施瓦辛格 | Shīwǎxīngé | (Arnold) Schwarzenegger |

人名。

| 8 | 居庸關 | Jūyōngguān | Juyong Pass on the Great Wall |

長城的一個十分著名的關口。位於北京西北，距離北京城區 50 公里，以地勢險要聞名。

| 9 | 特殊奧林匹克運動 | Tèshū Àolín-pǐkè Yùndòng | the Special Olympics |

世界三大奧林匹克運動之一，是爲全世界有特殊需求者參與體育活動而設立的。國際特殊奧林匹克委員會是美國人尤妮斯 · 肯尼迪 · 施萊佛 1968 年創立的。

繁體版

Photo: Getty Images

简体版

Pre-reading

■ 你喜欢乔丹吗？为什么？

■ 你知道乔丹除了擅长打篮球，还有什么爱好吗？

乔丹登长城做"好汉"

　　2004年5月19日下午，"飞人"麦克尔·乔丹游览了北京八达岭水关长城。此前也曾有几位NBA球星到过长城，这一次，乔丹也像他们一样，登长城做了一回好汉。

　　水关长城的山路很陡，每一级台阶都将近五十厘米高，连续上台阶很费劲。乔丹走在爬长城队伍的前头，走着走着，跟在他身后的媒体记者和球迷就被他落下了一大段距离。

　　乔丹站在"不到长城非好汉"的标语牌前，望着绵延在山峰之间的长城，兴致勃勃地听取了工作人员对水关长城的介绍。乔丹问了关于长城修建年代等几个问题，并问长城到底有多长，工作人员一一作了解答。他在长城上拍了照，还手扶着垛口探出身子张望了一会儿。

　　在烽火台上，上百名球迷一边举着自制的欢迎标语，一边不停地高声尖叫，热闹极了。显然，看到自己最喜欢的篮球明星，大家都非常激动。

Photo: Xinhua News Agency

Pre-reading

■ 你喜歡喬丹嗎？爲什麼？

■ 你知道喬丹除了擅長打籃球，還有什麼愛好嗎？

喬丹登長城做 "好漢"

繁體版

2004年5月19日下午，"飛人"麥克爾·喬丹遊覽了北京八達嶺水關長城。此前也曾有幾位NBA球星到過長城，這一次，喬丹也像他們一樣，登長城做了一回好漢。

水關長城的山路很陡，每一級臺階都將近五十厘米高，連續上臺階很費勁。喬丹走在爬長城隊伍的前頭，走着走着，跟在他身後的媒體記者和球迷就被他落下了一大段距離。

喬丹站在"不到長城非好漢"的標語牌前，望着綿延在山峰之間的長城，興致勃勃地聽取了工作人員對水關長城的介紹。喬丹問了關於長城修建年代等幾個問題，並問長城到底有多長，工作人員一一作了解答。他在長城上拍了照，還手扶着垜口探出身子張望了一會兒。

在烽火臺上，上百名球迷一邊舉着自製的歡迎標語，一邊不停地高聲尖叫，熱鬧極了。顯然，看到自己最喜歡的籃球明星，大家都非常激動。

VOCABULARY
生词表

| 10 | 陡 | dǒu | steep |

【形】非常陡｜山路很陡，很难爬。｜楼梯有点陡，小心一点儿。

| 11 | 厘米 | límǐ | centimeter |

【量】100厘米等于1米。｜我的身高是170厘米。 毫米｜分米｜米｜千米。

| 12 | 费劲 | fèijìn | to require a lot of effort |

【动】挺费劲｜毫不费劲｜这门课有点难，学习起来比较费劲。｜费了半天劲，也没有找到那本书。

| 13 | 媒体 | méitǐ | media |

【名】一家媒体｜多家媒体｜新闻媒体｜媒体宣传｜在媒体上做广告。

| 14 | 落 | là | to leave behind |

【动】他走路总落在别人后面。｜小王走得太快了，把我落下了一大段路。｜不努力学习就会被同学们落下。

| 15 | 距离 | jùlí | distance |

【名】这两段距离相等。｜两座楼之间有二十多米的距离。｜我们两个人的看法有距离。

| 16 | 标语牌 | biāoyǔpái | placard, sign |

【名】一个标语牌｜巨大的标语牌｜标语牌上的字是红色的。 广告牌｜布告牌｜公告牌。

| 17 | 绵延 | miányán | to stretch/reach for |

【动】绵延不绝｜绵延千年｜思绪绵延｜那座山绵延三百里。

| 18 | 兴致勃勃 | xìngzhì – bóbó | with great interest |

兴致勃勃地交谈｜周末我们班的同学一起兴致勃勃地参观了美术馆。｜说到体育运动，他总是兴致勃勃的。 兴致：兴趣。勃勃：精神旺盛或欲望强烈的样子。

| 19 | 到底 | dàodǐ | on the earth, exactly |

【副】到底发生了什么事？｜他的病到底怎么样了？｜我们到底什么时候出发？

| 20 | 解答 | jiědá | to answer |

【动】解答清楚｜详细地解答｜老师解答了同学们提出的问题。｜我的疑惑得到了解答。

| 21 | 垛口 | duǒkǒu | battlement |

【名】几个垛口｜长城垛口｜砌成垛口。

| 22 | 探 | tàn | to crane, stretch forward |

【动】探出头｜探头探脑｜坐车的时候不要把身体探出窗外。

| 23 | 张望 | zhāngwàng | to look out |

【动】四处张望｜向外张望｜你到处张望，在找什么东西吗？｜在山顶上张望了一会儿，大家就都下山了。

| 24 | 标语 | biāoyǔ | slogan |

【名】一幅标语｜宣传标语｜路边立着一个巨幅标语，上面写着"北京欢迎您！"

| 25 | 显然 | xiǎnrán | obviously |

【形】你这么做显然不对。｜显然，他根本不知道发生了什么事情。｜问题的答案很显然。

PROPER NOUNS

| 26 | 麦克尔·乔丹 | Màikè'ěr · Qiáodān | Michael Jordan |

人名。

VOCABULARY
生詞表

| 10 | 陡 | dǒu | steep |

【形】非常陡 | 山路很陡，很難爬。| 樓梯有點陡，小心一點兒。

| 11 | 厘米 | límǐ | centimeter |

【量】100 厘米等於 1 米。| 我的身高是 170 厘米。🔲 毫米 | 分米 | 米 | 千米。

| 12 | 費勁 | fèijìn | to require a lot of effort |

【動】挺費勁 | 毫不費勁 | 這門課有點難，學習起來比較費勁。| 費了半天勁，也没有找到那本書。

| 13 | 媒體 | méitǐ | media |

【名】一家媒體 | 多家媒體 | 新聞媒體 | 媒體宣傳 | 在媒體上做廣告。

| 14 | 落 | là | to leave behind |

【動】他走路總落在別人後面。| 小王走得太快了，把我落下了一大段路。| 不努力學習就會被同學們落下。

| 15 | 距離 | jùlí | distance |

【名】這兩段距離相等。| 兩座樓之間有二十多米的距離。| 我們兩個人的看法有距離。

| 16 | 標語牌 | biāoyǔpái | placard, sign |

【名】一個標語牌 | 巨大的標語牌 | 標語牌上的字是紅色的。🔲 廣告牌 | 布告牌 | 公告牌。

| 17 | 綿延 | miányán | to stretch/reach for |

【動】綿延不絶 | 綿延千年 | 思緒綿延 | 那座山綿延三百里。

| 18 | 興致勃勃 | xìngzhì – bóbó | with great interest |

興致勃勃地交談 | 周末我們班的同學一起興致勃勃地參觀了美術館。| 說到體育運動，他總是興致勃勃的。🔲 興致：興趣。勃勃：精神旺盛或慾望强烈的樣子。

| 19 | 到底 | dàodǐ | on the earth, exactly |

【副】到底發生了什麼事？| 他的病到底怎麼樣了？| 我們到底什麼時候出發？

| 20 | 解答 | jiědá | to answer |

【動】解答清楚 | 詳細地解答 | 老師解答了同學們提出的問題。| 我的疑惑得到了解答。

| 21 | 垛口 | duǒkǒu | battlement |

【名】幾個垛口 | 長城垛口 | 砌成垛口。

| 22 | 探 | tàn | to crane, stretch forward |

【動】探出頭 | 探頭探腦 | 坐車的時候不要把身體探出窗外。

| 23 | 張望 | zhāngwàng | to look out |

【動】四處張望 | 向外張望 | 你到處張望，在找什麼東西嗎？| 在山頂上張望了一會兒，大家就都下山了。

| 24 | 標語 | biāoyǔ | slogan |

【名】一幅標語 | 宣傳標語 | 路邊立着一個巨幅標語，上面寫着"北京歡迎您！"

| 25 | 顯然 | xiǎnrán | obviously |

【形】你這麼做顯然不對。| 顯然，他根本不知道發生了什麼事情。| 問題的答案很顯然。

PROPER NOUNS

| 26 | 麥克爾·喬丹 | Màikè'ěr · Qiáodān | Michael Jordan |

人名。

繁體版

简体版

Pre-reading

■ 你听说过踩高跷这种民间艺术吗?
■ 你喜欢自己国家的哪些民间艺术?

 踩着高跷登长城

　　前天上午,65 岁的河北老汉刘德才在一群中外游客的簇拥下,踩着三尺高跷登上了北京八达岭长城。

　　在长城上,所有看到刘老汉绝活儿的中外游客都被惊呆了。有的游客一边打量着刘老汉一边猜测着:"看过了开汽车飞越黄河的,也听说了骑摩托车飞越长城的,这老汉也是来创纪录的吧?"外国游客看到刘老汉居然还能一边走一边做着各种高难度动作,连连惊呼:"中国功夫! 中国功夫!"

　　刘老汉告诉记者,他来自河北农村。1999 年 9 月的一天,他踩着高跷走了 15 里山路,登上了海拔 1105 米的狼牙山山顶。

　　"明年我要踩着这 7 斤重的三尺高跷上泰山。"在实现了登长城的愿望之后,刘老汉又有了新的目标。

　　(《北京青年报》2002 年 10 月 28 日,作者耿振淞,有改动。)

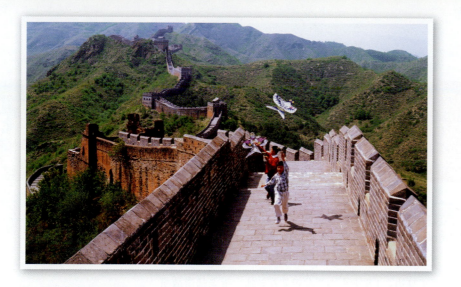

Pre-reading

■ 你聽説過踩高蹺這種民間藝術嗎?

■ 你喜歡自己國家的哪些民間藝術?

踩着高蹺登長城

前天上午，65 歲的河北老漢劉德才在一群中外遊客的簇擁下，踩着三尺高蹺登上了北京八達嶺長城。

在長城上，所有看到劉老漢絶活兒的中外遊客都被驚呆了。有的遊客一邊打量着劉老漢一邊猜測着：“看過了開汽車飛越黄河的，也聽説了騎摩托車飛越長城的，這老漢也是來創紀録的吧？”外國遊客看到劉老漢居然還能一邊走一邊做着各種高難度動作，連連驚呼：“中國功夫！中國功夫！”

劉老漢告訴記者，他來自河北農村。1999 年 9 月的一天，他踩着高蹺走了 15 里山路，登上了海拔 1105 米的狼牙山山頂。

“明年我要踩着這 7 斤重的三尺高蹺上泰山。”在實現了登長城的願望之後，劉老漢又有了新的目標。

（《北京青年報》2002 年 10 月 28 日，作者耿振淞，有改動。）

繁體版

VOCABULARY
生词表

27	老汉	lǎohàn	old man

【名】一位老汉｜和蔼的老汉｜老汉今年八十三岁。

28	簇拥	cùyōng	to gather around

【动】观众簇拥在冠军身边。｜几十个小朋友簇拥着老师，听老师讲故事。

29	高跷	gāoqiāo	stilts

【名】高跷演员｜表演踩高跷｜我们村有个高跷队。

30	惊呆	jīngdāi	to be startled

【动】眼前的景象把我惊呆了。｜在场的人被这突然的变故惊呆了。

31	打量	dǎliang	to assess, estimate

【动】仔细地打量｜打量了一番｜打量着客人｜他上下打量着我。｜打量了半天，也没有看出这个人有什么问题。

32	猜测	cāicè	to guess, conjecture

【动】无法猜测｜互相猜测一番｜大家都在猜测，到底哪一个队能取得这次比赛的胜利。｜事情的结果很难猜测。猜：推想；怀疑。猜谜｜猜疑｜猜忌。测：料想，猜想。预测｜推测。

33	创纪录	chuàngjìlù	to set a record

【动】创纪录的成绩｜他的100米跑又创新纪录了。｜这次运动会创下三项世界纪录。创：开始做，开创。

34	居然	jūrán	actually, even

【副】这么简单的问题他居然答错了！｜他居然把蛇放在书包里。｜她居然只有十五岁，我以为超过二十了呢。竟然。

35	难度	nándù	level of difficulty

【名】难度很大｜难度增加｜试题的难度不大。｜这件事情做起来有一定难度。

36	惊呼	jīnghū	to exclaim (with admiration), to cry out in alarm

【动】大声惊呼｜惊呼救命｜他们不由得惊呼："真高呀！"惊叹｜惊呆｜惊叫。

37	海拔	hǎibá	above sea level

【名】海拔3000米｜平均海拔｜这里海拔比较高。

PROPER NOUNS

38	狼牙山	Lángyáshān	Langya Mountain, in Hebei Province

山名。在中国河北省易县。山势险要，风景美丽。

VOCABULARY
生詞表

27	老漢	lǎohàn	old man

【名】一位老漢 | 和藹的老漢 | 老漢今年八十三歲。

28	簇擁	cùyōng	to gather around

【動】觀眾簇擁在冠軍身邊。 | 幾十個小朋友簇擁着老師，聽老師講故事。

29	高蹺	gāoqiāo	stilts

【名】高蹺演員 | 表演踩高蹺 | 我們村有個高蹺隊。

30	驚呆	jīngdāi	to be startled

【動】眼前的景象把我驚呆了。 | 在場的人被這突然的變故驚呆了。

31	打量	dǎliang	to assess, estimate

【動】仔細地打量 | 打量了一番 | 打量着客人 | 他上下打量着我。 | 打量了半天，也沒有看出這個人有什麼問題。

32	猜測	cāicè	to guess, conjecture

【動】無法猜測 | 互相猜測一番 | 大家都在猜測，到底哪一個隊能取得這次比賽的勝利。 | 事情的結果很難猜測。▣猜：推想；懷疑。▣猜謎 | 猜疑 | 猜忌。▣測：料想，猜想。▣預測 | 推測。

33	創紀錄	chuàngjìlù	to set a record

【動】創紀錄的成績 | 他的100米跑又創新紀錄了。 | 這次運動會創下三項世界紀錄。▣創：開始做，開創。

34	居然	jūrán	actually, even

【副】這麼簡單的問題他居然答錯了！ | 他居然把蛇放在書包裏。 | 她居然只有十五歲，我以爲超過二十了呢。▣竟然。

35	難度	nándù	level of difficulty

【名】難度很大 | 難度增加 | 試題的難度不大。 | 這件事情做起來有一定難度。

36	驚呼	jīnghū	to exclaim (with admiration), to cry out in alarm

【動】大聲驚呼 | 驚呼救命 | 他們不由得驚呼："真高呀！"▣驚嘆 | 驚呆 | 驚叫。

37	海拔	hǎibá	above sea level

【名】海拔3000米 | 平均海拔 | 這裏海拔比較高。

PROPER NOUNS

38	狼牙山	Lángyáshān	Langya Mountain, in Hebei Province

山名。在中國河北省易縣。山勢險要，風景美麗。

繁體版

VOCABULARY
IN CONTEXT

有关	厘米
费劲	兴致勃勃

解答	张望
打量	猜测

距离	象征
记录	影响
经过	倾向

A Fill in the blanks with words from the boxes.

早上起来，他＿＿＿＿＿＿地推开门，发现地上积了好几十＿＿＿＿＿＿的雪。他＿＿＿＿＿＿地在雪地里跑来跑去。＿＿＿＿＿＿工作的那些烦心事，他已经忘得一干二净。

B Fill in the blanks with words from the boxes.

老人每天在家门口不停地＿＿＿＿，＿＿＿＿着每一个路过的人，盼望儿子的出现。但是儿子始终没有回来。他＿＿＿＿儿子可能碰到了意外。他问村里的人应该怎么办，但是没有人能够＿＿＿＿老人的难题。

C Write two sentences for each word from the boxes. Use each word as a noun and a verb.

For example

我家距离学校有一公里的路程。*(verb)*
这棵树和那棵的距离大约是十米。*(noun)*

＿＿＿＿＿＿＿＿＿＿＿＿＿＿＿＿＿＿＿＿

＿＿＿＿＿＿＿＿＿＿＿＿＿＿＿＿＿＿＿＿

＿＿＿＿＿＿＿＿＿＿＿＿＿＿＿＿＿＿＿＿

＿＿＿＿＿＿＿＿＿＿＿＿＿＿＿＿＿＿＿＿

＿＿＿＿＿＿＿＿＿＿＿＿＿＿＿＿＿＿＿＿

＿＿＿＿＿＿＿＿＿＿＿＿＿＿＿＿＿＿＿＿

Fill in the blanks with words from the boxes.

A

早上起來，他＿＿＿＿＿＿地推開門，發現地上積了好幾十＿＿＿＿＿＿的雪。他＿＿＿＿＿＿地在雪地裏跑來跑去。＿＿＿＿＿＿工作的那些煩心事，他已經忘得一乾二净。

| 有關 | 厘米 |
| 費勁 | 興致勃勃 |

Fill in the blanks with words from the boxes.

B

老人每天在家門口不停地＿＿＿＿＿，＿＿＿＿着每一個路過的人，盼望兒子的出現。但是兒子始終沒有回來。他＿＿＿＿兒子可能碰到了意外。他問村裏的人應該怎麽辦，但是没有人能夠＿＿＿＿老人的難題。

| 解答 | 張望 |
| 打量 | 猜測 |

Write two sentences for each word from the boxes. Use each word as a noun and a verb.

C

For example

我家<u>距離</u>學校有一公裏的路程。*(verb)*
這棵樹和那棵的<u>距離</u>大約是十米。*(noun)*

距離	象徵
記錄	影響
經過	傾向

_____

_____

_____

_____

_____

LANGUAGE CONNECTION

简体版

练习与活动

缩略语

Abbreviations are often used in Chinese to shorten long words to a word of two or three characters.

For example

- 驻中华人民共和国使节 (驻华使节)
- 全国人民代表大会 (全国人大)
- 奥林匹克运动会 (奥运会)
- 北京师范大学 (北师大)

V₁着V₁着 + V₂

is used to show that a second action has started as the first action is taking place. The first verb (V₁) is usually a word made up of one character.

For example

- 他说着说着就笑了起来。

A 缩略语 （Abbreviations）

"……包括中国有关方面的领导人、部分国家驻华使节、学生代表、武警代表及运动员代表等。"

Write the abbreviations for the following words.

环境保护（ ）		经济贸易（ ）	
民用航空（ ）		空中小姐（ ）	
家用电器（ ）		邮政编码（ ）	
彩色照片（ ）		驾驶执照（ ）	

B V₁着V₁着 + V₂

"走着走着，跟在他身后的媒体记者和球迷就被他落下了一大段距离。"

Rewrite the sentences using the structure of "V₁着 V₁着 + V₂."

1. 原　句：小李特别累，他看电视的时候，不知不觉睡着了。

   替换句：_____。

2. 原　句：他越说越着急，哭了起来。

   替换句：_____。

3. 原　句：他走路的时候一不心，就摔了一跤。

   替换句：_____。

A 縮略語 （Abbreviations）

" ……包括中國有關方面的領導人、部分國家駐華使節、學生代表、武警代表及運動員代表等。"

Write the abbreviations for the following words.

環境保護（ ）		經濟貿易（ ）	
民用航空（ ）		空中小姐（ ）	
家用電器（ ）		郵政編碼（ ）	
彩色照片（ ）		駕駛執照（ ）	

B V₁着V₁着 + V₂

" 走着走着，跟在他身後的媒體記者和球迷就被他落下了一大段距離。"

Rewrite the sentences using the structure of "V₁着 V₁着 + V₂."

1. 原　句：小李特別累，他看電視的時候，不知不覺
   睡着了。

   替換句：＿＿＿＿＿＿＿＿＿＿＿＿＿＿＿＿。

2. 原　句：他越説越着急，哭了起來。

   替換句：＿＿＿＿＿＿＿＿＿＿＿＿＿＿＿＿。

3. 原　句：他走路的時候一不心，就摔了一跤。

   替換句：＿＿＿＿＿＿＿＿＿＿＿＿＿＿＿＿。

縮略語

Abbreviations are often used in Chinese to shorten long words to a word of two or three characters.

For example

- 駐中華人民共和國使節 (駐華使節)
- 全國人民代表大會 (全國人大)
- 奧林匹克運動會 (奧運會)
- 北京師範大學 (北師大)

V₁着V₁着 + V₂

is used to show that a second action has started as the first action is taking place. The first verb (V₁) is usually a word made up of one character.

For example

- 他説着説着就笑了起來。

连动句

is a sentence with two or more verbs which refer to the same subject. In the example sentence, the "连动" verbs are "扶," "探" and "张望."

For example

■ 妈妈生病了，赶快打电话叫出租车送妈妈去医院。

到底

is used to make a further inquiry.

For example

■ 你到底去过那个地方没有？

C 连动句

"他在长城上拍了照，还手扶着垛口探出身子张望了一会儿。"

Complete the sentences using the structure of "连动句."

1. 他早上起床，＿＿＿＿＿＿＿＿＿＿＿＿＿

＿＿＿＿＿＿＿＿＿＿＿＿＿＿＿＿＿＿＿＿。

2. 他晚上回到家里，＿＿＿＿＿＿＿＿＿＿＿＿

＿＿＿＿＿＿＿＿＿＿＿＿＿＿＿＿＿＿＿＿。

3. 林林到了办公室，＿＿＿＿＿＿＿＿＿＿＿＿

＿＿＿＿＿＿＿＿＿＿＿＿＿＿＿＿＿＿＿＿。

D 到底（after all, exactly）

"乔丹问了关于长城修建年代等几个问题，并问长城到底有多长。"

Put the words in the correct order.

1. 想　到底　什么　你　干

完整句：＿＿＿＿＿＿＿＿＿＿＿＿＿＿＿＿。

2. 到底　去　你们　不去　还是

完整句：＿＿＿＿＿＿＿＿＿＿＿＿＿＿＿＿。

3. 没有　了　到底　想　你　好

完整句：＿＿＿＿＿＿＿＿＿＿＿＿＿＿＿＿。

C 連動句

"他在長城上拍了照，還手扶着垛口探出身子張望了一會兒。"

Complete the sentences using the structure of "連動句."

1. 他早上起床，＿＿＿＿＿＿＿＿＿＿＿＿＿＿＿＿

＿＿＿＿＿＿＿＿＿＿＿＿＿＿＿＿＿＿＿。

2. 他晚上回到家裏，＿＿＿＿＿＿＿＿＿＿＿＿＿

＿＿＿＿＿＿＿＿＿＿＿＿＿＿＿＿＿＿＿。

3. 林林到了辦公室，＿＿＿＿＿＿＿＿＿＿＿＿＿

＿＿＿＿＿＿＿＿＿＿＿＿＿＿＿＿＿＿＿。

D 到底 (after all, exactly)

"喬丹問了關於長城修建年代等幾個問題，並問長城到底有多長。"

Put the words in the correct order.

1. 想　到底　什麼　你　幹

完整句：＿＿＿＿＿＿＿＿＿＿＿＿＿＿＿＿＿。

2. 到底　去　你們　不去　還是

完整句：＿＿＿＿＿＿＿＿＿＿＿＿＿＿＿＿＿。

3. 没有　了　到底　想　你　好

完整句：＿＿＿＿＿＿＿＿＿＿＿＿＿＿＿＿＿。

連動句
is a sentence with two or more verbs which refer to the same subject. In the example sentence, the "連動" verbs are "扶," "探" and "張望."

For example

■ 媽媽生病了，趕快打電話叫出租車送媽媽去醫院。

到底
is used to make a further inquiry.

For example

■ 你到底去過那個地方没有？

繁體版

練習與活動

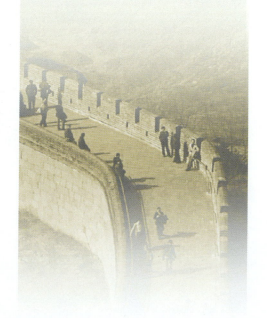

显然……

is used for emphasis and can be placed at the beginning or in the middle of a sentence.

For example
- 对这样的条件，他显然不满意。
- 显然，这个消息来源于广播电台。

居然……

is used to express surprise when something unexpected has happened.

For example
- 这么大的声音，他居然没听见。

E 显然……（obviously...）

"显然，看到自己最喜欢的篮球明星，大家都非常激动。"

Put the words in the correct order.

1. 他　人　不是　要找的　显然　我

完整句：_____。

2. 不　显然　他　知道　这件事

完整句：_____。

3. 对　他　游戏　很　显然　感兴趣　这种

完整句：_____。

F 居然……（unexpectedly...）

"刘老汉居然还能一边走一边做着各种高难度动作。"

Put the words in the correct order.

1. 认识　居然　你　不　他

完整句：_____。

2. 告诉　没有　他　我　居然

完整句：_____。

3. 只有　包里　居然　一元钱　他的

完整句：_____。

E 顯然⋯⋯（obviously...）

"顯然，看到自己最喜歡的籃球明星，大家都非常激動。"

Put the words in the correct order.

1. 他　人　不是　要找的　顯然　我

   完整句：＿＿＿＿＿＿＿＿＿＿＿＿＿。

2. 不　顯然　他　知道　這件事

   完整句：＿＿＿＿＿＿＿＿＿＿＿＿＿。

3. 對　他　遊戲　很　顯然　感興趣　這種

   完整句：＿＿＿＿＿＿＿＿＿＿＿＿＿。

F 居然⋯⋯（unexpectedly...）

"劉老漢居然還能一邊走一邊做着各種高難度動作。"

Put the words in the correct order.

1. 認識　居然　你　不　他

   完整句：＿＿＿＿＿＿＿＿＿＿＿＿＿。

2. 告訴　沒有　他　我　居然

   完整句：＿＿＿＿＿＿＿＿＿＿＿＿＿。

3. 只有　包裹　居然　一元錢　他的

   完整句：＿＿＿＿＿＿＿＿＿＿＿＿＿。

顯然⋯⋯
is used for emphasis and can be placed at the beginning or in the middle of a sentence.

For example
- 對這樣的條件，他顯然不滿意。
- 顯然，這個消息來源於廣播電臺。

居然⋯⋯
is used to express surprise when something unexpected has happened.

For example
- 這麼大的聲音，他居然沒聽見。

繁體版

練習與活動

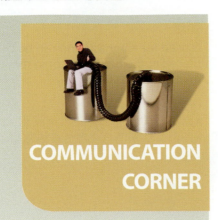

COMMUNICATION CORNER

简体版

练习与活动

Instructions:

- Read the story opposite.
- Work in pairs. Take turns to retell the story in your own words.
- As one person narrates, your partner can point out which details have been left out, or clarify points that are unclear or have been misunderstood.

事情是这样的……

　　小王是一个出租汽车司机，为了迎接2008年奥运会，他每天都抓紧学习英语。

　　有一天晚上，他开车路过前门，看见远处一个外国人在打车。这个外国人个子特别高，所以小王远远地就看见他了。小王还看到前边连续有两辆出租车停了下来，但是又都开走了。小王有些奇怪，心想这些司机肯定是不懂外语，不知道外国人说什么，而自己学了不少英语，现在可以用上了。小王把车开到外国人面前停下，笑着对外国人说："Get in the car, please."这个外国人高兴地上了出租车，就跟小王说起了英语。小王急了，因为他一句也没有听懂。外国人也看出小王大概没听懂，就把手里的纸条递给小王。小王一看更着急了，上面只写了一句话：请把这位先生带到天怡宾馆。

　　小王从小到大在北京住了三十多年，开出租车也六年多了，但是实在不知道天怡宾馆在哪里。看到小王非常迷惑，外国人又递过来一张纸，这张纸上画了一架飞机，飞机旁边是一条路，路边还有一个黑色的圆圈。小王乐了，心想，天怡宾馆肯定是在首都机场附近。于是他调转车头，向机场高速公路驶去。过高速公路收费站的时候，天已经黑了。小王问收费员有没有听说过天怡宾馆，收费员指了指前边的一条小路，说："就在前边那条小路上。"小王高兴得连"谢谢"都忘了说，就把车开了过去。沿着小路走了好一会儿，他才发现前边有一座高楼，正是这家天怡宾馆。小王高兴地大叫："Here, here! 就是这儿了！"这个外国人也高兴极了，留给小王一句话："Beijing taxi driver, Number One!"

Guidelines:

You can use the following prompts during your narration.

- 小王是……，有一次，他遇到……
- 看到这个情况，小王心想……，于是……
- ……以后，……，小王非常着急，……小王明白了，……，于是……
- 过……的时候，小王……，接着……，最后……

事情是這樣的……

　　小王是一個出租汽車司機，爲了迎接2008年奧運會，他每天都抓緊學習英語。

　　有一天晚上，他開車路過前門，看見遠處一個外國人在打車。這個外國人個子特別高，所以小王遠遠地就看見他了。小王還看到前邊連續有兩輛出租車停了下來，但是又都開走了。小王有些奇怪，心想這些司機肯定是不懂外語，不知道外國人説什麽，而自己學了不少英語，現在可以用上了。小王把車開到外國人面前停下，笑着對外國人説："Get in the car, please."這個外國人高興地上了出租車，就跟小王説起了英語。小王急了，因爲他一句也沒有聽懂。外國人也看出小王大概沒聽懂，就把手裏的紙條遞給小王。小王一看更着急了，上面只寫了一句話：請把這位先生帶到天怡賓館。

　　小王從小到大在北京住了三十多年，開出租車也六年多了，但是實在不知道天怡賓館在哪裏。看到小王非常迷惑，外國人又遞過來一張紙，這張紙上畫了一架飛機，飛機旁邊是一條路，路邊還有一個黑色的圓圈。小王樂了，心想，天怡賓館肯定是在首都機場附近。於是他調轉車頭，向機場高速公路駛去。過高速公路收費站的時候，天已經黑了。小王問收費員有沒有聽説過天怡賓館，收費員指了指前邊的一條小路，説："就在前邊那條小路上。"小王高興得連"謝謝"都忘了説，就把車開了過去。沿着小路走了好一會兒，他才發現前邊有一座高樓，正是這家天怡賓館。小王高興地大叫："Here, here！就是這兒了！"這個外國人也高興極了，留給小王一句話："Beijing taxi driver, Number One!"

繁體版

練習與活動

Instructions:

- Read the story opposite.
- Work in pairs. Take turns to retell the story in your own words.
- As one person narrates, your partner can point out which details have been left out, or clarify points that are unclear or have been misunderstood.

Guidelines:

🗣 You can use the following prompts during your narration.

◀ 小王是……，有一次，他遇到……
◀ 看到這個情況，小王心想……，於是……
◀ ……以後，……，小王非常着急，……小王明白了，……，於是……
◀ 過……的時候，小王……，接着……，最後……

WRITING TASK

Instructions:

- Write a newspaper story about the French train TGV setting a new world record for the fastest train on rails.

- Keep your writing to about 300 words.

新的世界纪录

Guidelines:

- When writing newspaper stories, the basic facts, conclusion, lead etc. come first. As you move through the story, more and more details and background are provided. The main texts of this lesson are examples of news writing styles. Choose an effective headline for your article to get people's attention.

Reference materials for your article:

- 日本、德国和法国竞争
- 新的世界纪录是每小时574.8公里
- 原来的世界纪录是每小时515.3公里
- 法国高速列车创造了最新世界纪录
- 法国可以更好地开拓中国、阿根廷等地的巨大市场
- 原来的世界纪录是由另一列法国列车在1990年创造的
- 2007年4月3日法新社报道

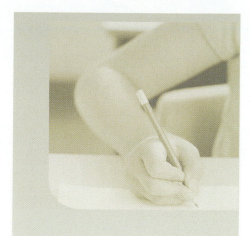

新的世界紀錄

Guidelines:

- When writing newspaper stories, the basic facts, conclusion, lead etc. come first. As you move through the story, more and more details and background are provided. The main texts of this lesson are examples of news writing styles. Choose an effective headline for your article to get people's attention.

Reference materials for your article:

- 日本、德國和法國競爭
- 新的世界紀錄是每小時574.8公里
- 原來的世界紀錄是每小時515.3公里
- 法國高速列車創造了最新世界紀錄
- 法國可以更好地開拓中國、阿根廷等地的巨大市場
- 原來的世界紀錄是由另一列法國列車在1990年創造的
- 2007年4月3日法新社報導

Instructions:

- Write a newspaper story about the French train TGV setting a new world record for the fastest train on rails.

- Keep your writing to about 300 words.

繁體版 練習與活動

100,000 Miles Long
and 3,000 Years Old

副课文

三千年，十万里

简
体
版

Pre-reading

■ 你知道中国是从什么时候开始修建长城的吗？

■ 看到长城的图片，你有什么感想？

谁最早开始修长城

1.古代中国人修建长城的目的是什么 **?**

早在公元前9世纪的周朝时，为防御北方民族的侵袭，修建了连续排列的城堡和烽火台。公元前7世纪，许多诸侯国也都修建了自己的长城，防止邻国的入侵。公元前221年，秦始皇统一全国后，开始把秦、燕、赵等国北部的长城连接起来，建成秦长城。此后汉朝、明朝都曾大规模修建过长城。

在历史上，长城沿线是农牧经济的过渡地区，长城是游牧经济和农耕经济冲突的产物。修筑长城的目的是为了防止战争。只有渴望和平、不想打仗的民族才会投入这么大的人力、物力修筑万里长城。

100,000 Miles Long and 3,000 Years Old

副課文

三千年，十萬里

繁體版

Pre-reading

■ 你知道中國是從什麼時候開始修建長城的嗎？

■ 看到長城的圖片，你有什麼感想？

誰最早開始修長城

　　早在公元前9世紀的周朝時，爲防禦北方民族的侵襲，修建了連續排列的城堡和烽火臺。公元前7世紀，許多諸侯國也都修建了自己的長城，防止鄰國的入侵。公元前221年，秦始皇統一全國後，開始把秦、燕、趙等國北部的長城連接起來，建成秦長城。此後漢朝、明朝都曾大規模修建過長城。

　　在歷史上，長城沿線是農牧經濟的過渡地區，長城是游牧經濟和農耕經濟衝突的產物。修築長城的目的是爲了防止戰爭。只有渴望和平、不想打仗的民族才會投入這麼大的人力、物力修築萬里長城。

1.古代中國人修建長城的目的是什麼？

简体版

长城到底有多长

周朝诸侯国修的长城各有数百公里长。秦长城从今天的甘肃东部起，直到鸭绿江，全长5000多公里。汉长城比秦长城还要长，有10000多公里。此后各朝也不断有修筑长城的。明朝修筑长城的工程延续了200多年，初期的长城全长7300多公里。中期以后，经过修整的从山海关到嘉峪关一线的长城比较完好，长度为6700公里，相当于13400里，因此，被称为"万里长城"。

事实上，周朝的春秋、战国时期诸侯国及以后各朝修建的长城总长度加起来超过50000公里，也就是100000里，相当于绕地球赤道$1\frac{1}{4}$（一又四分之一）圈。

天下有多少"好汉"

中国有一句名言："不到长城非好汉"，意思是说没登过险要的长城就不算英雄。长城作为"世界上最长的墙"，同时作为"世界文化遗产"，是许多到北京旅游的中外游客必去的地方——他们都希望自己是一名"好汉"。到目前为止，仅八达岭长城一处就已经接待外国元首400多位，接待中国游客1.2亿人次，接待外国游客1500万人次。

孟姜女的传说

人们只要一提到长城，就一定会说到秦始皇，说他修长城害死了很多人。有一个民间故事，叫"孟姜女哭长城"，说的是秦始皇时期，有一个叫孟姜女的女人，她丈夫被抓去修长城。后来，孟姜女去给丈夫送冬天的衣服，才知道他早就累死了，并被埋在了长城底下。她伤心地痛哭起来，哭得天昏地暗，最后竟把长城哭倒了八百里。

后来，人们为了纪念她，就在山海关长城边修建了一座孟姜女庙。

2.中国的长城为什么叫"万里长城"？

3.你想登上长城做"好汉"吗？说说你的计划吧。？

4.在你自己的国家，有什么有意思的传说吗？请你讲一讲。？

長城到底有多長

周朝諸侯國修的長城各有數百公里長。秦長城從今天的甘肅東部起，直到鴨綠江，全長5000多公里。漢長城比秦長城還要長，有10000多公里。此後各朝也不斷有修築長城的。明朝修築長城的工程延續了200多年，初期的長城全長7300多公里。中期以後，經過修整的從山海關到嘉峪關一線的長城比較完好，長度爲6700公里，相當於13400里，因此，被稱爲"萬里長城"。

事實上，周朝的春秋、戰國時期諸侯國及以後各朝修建的長城總長度加起來超過50000公里，也就是100000里，相當於繞地球赤道1¼（一又四分之一）圈。

2.中國的長城爲什麼叫"萬里長城"?

天下有多少 "好漢"

中國有一句名言："不到長城非好漢"，意思是說沒登過險要的長城就不算英雄。長城作爲"世界上最長的墻"，同時作爲"世界文化遺產"，是許多到北京旅遊的中外遊客必去的地方——他們都希望自己是一名"好漢"。到目前爲止，僅八達嶺長城一處就已經接待外國元首400多位，接待中國遊客1.2億人次，接待外國遊客1500萬人次。

3.你想登上長城做"好漢"嗎? 説説你的計劃吧。

繁體版

孟姜女的傳説

人們只要一提到長城，就一定會説到秦始皇，説他修長城害死了很多人。有一個民間故事，叫"孟姜女哭長城"，説的是秦始皇時期，有一個叫孟姜女的女人，她丈夫被抓去修長城。後來，孟姜女去給丈夫送冬天的衣服，才知道他早就累死了，並被埋在了長城底下。她傷心地痛哭起來，哭得天昏地暗，最後竟把長城哭倒了八百里。

後來，人們爲了紀念她，就在山海關長城邊修建了一座孟姜女廟。

4.在你自己的國家，有什麼有意思的傳説嗎? 請你講一講。

VOCABULARY
副课文 **生词表**

1	公元前	gōngyuánqián	B.C.
2	防御	fángyù	to defend against
3	侵袭	qīnxí	to invade, attack
4	城堡	chéngbǎo	castle, fortification
5	诸侯	zhūhóu	the nobles, ruling classes
6	入侵	rùqīn	to invade
7	沿线	yánxiàn	along the route
8	农牧	nóngmù	farming
9	过渡	guòdù	to evolve, develop
10	游牧	yóumù	to move about in search of pasture
11	农耕	nónggēng	to grow crops
12	冲突	chōngtū	to clash
13	产物	chǎnwù	outcome
14	渴望	kěwàng	to long for, aspire to
15	延续	yánxù	to extend, to last for
16	修整	xiūzhěng	to repair
17	险要	xiǎnyào	treacherous terrain with strategic value
18	元首	yuánshǒu	head of state
19	人次	réncì	people (number of times)
20	民间故事	mínjiān gùshi	folk tale
21	天昏地暗	tiānhūn-dì'àn	bad weather coupled with strong winds

PROPER NOUNS

22	周朝	Zhōucháo	the Zhou Dynasty (1046 B.C.–256 B.C.)
23	燕	Yān	the State of Yan during the Zhou Dynasty
24	赵	Zhào	the State of Zhao during the Zhou Dynasty
25	汉朝	Hàncháo	the Han Dynasty (206 B.C.–220 A.D.)
26	鸭绿江	Yālùjiāng	the Yalujiang River
27	山海关	Shānhǎiguān	Shanhai Pass on the Great Wall
28	嘉峪关	Jiāyùguān	Jiayu Pass on the Great Wall
29	孟姜女	Mèngjiāngnǚ	Mengjiangnu, a legendary woman from ancient China

简体版

VOCABULARY
副課文 **生詞表**

1	公元前	gōngyuánqián	B.C.
2	防禦	fángyù	to defend against
3	侵襲	qīnxí	to invade, attack
4	城堡	chéngbǎo	castle, fortification
5	諸侯	zhūhóu	the nobles, ruling classes
6	入侵	rùqīn	to invade
7	沿線	yánxiàn	along the route
8	農牧	nóngmù	farming
9	過渡	guòdù	to evolve, develop
10	游牧	yóumù	to move about in search of pasture
11	農耕	nónggēng	to grow crops
12	衝突	chōngtū	to clash
13	產物	chǎnwù	outcome
14	渴望	kěwàng	to long for, aspire to
15	延續	yánxù	to extend, to last for
16	修整	xiūzhěng	to repair
17	險要	xiǎnyào	treacherous terrain with strategic value
18	元首	yuánshǒu	head of state
19	人次	réncì	people (number of times)
20	民間故事	mínjiān gùshi	folk tale
21	天昏地暗	tiānhūn-dì'àn	bad weather coupled with strong winds

PROPER NOUNS

22	周朝	Zhōucháo	the Zhou Dynasty (1046 B.C.–256 B.C.)
23	燕	Yān	the State of Yan during the Zhou Dynasty
24	趙	Zhào	the State of Zhao during the Zhou Dynasty
25	漢朝	Hàncháo	the Han Dynasty (206 B.C.–220 A.D.)
26	鴨綠江	Yālùjiāng	the Yalujiang River
27	山海關	Shānhǎiguān	Shanhai Pass on the Great Wall
28	嘉峪關	Jiāyùguān	Jiayu Pass on the Great Wall
29	孟姜女	Mèngjiāngnǚ	Mengjiangnu, a legendary woman from ancient China

繁體版

UNIT SUMMARY
学习小结

简体版

一、重点句型

疑问句及疑问语气词 (……吗? ……呀? ……吧?)	你现在有时间**吗**?
……**怎么办**	你不懂中国的交通规则，出了事**怎么办**?
先……**再**……**然后**……	你最好**先**从网上找一张中国地图，搞清楚中国有多大，**再**根据你的时间决定去几个地方，**然后**咱们再来商量具体的计划。
经过……	我们乘火车去，可以**经过**河北、山西、河南、陕西四个省。
……**才能**……	我们得先到兰州，然后再换一趟火车，坐十几个小时**才能**到敦煌。
缩略语	……包括中国有关方面的领导人、部分国家**驻华使节**、学生代表……
V₁着V₁着 + V₂	他**说着说着**就**笑**了起来。
连动句	人们手**拿**红旗**唱**着歌大步**走**着。
到底	你**到底**去过那个地方没有?
显然……	对这样的条件，他**显然**不满意。
居然……	这么简单的事情，他**居然**不知道。

二、交际功能

建议和提醒。
对发生的事件进行叙述和说明。

三、常用表达式

怎么能……	二十多天**怎么能**去那么多地方?
要不……，……**也行**	**要不**咱们租一辆汽车，自驾游**也行**。
最好+V	你**最好**先从网上找一张中国地图。
……**怎么样**	你看去北京、西安、敦煌、新疆**怎么样**?
……**好不好**	我们租一辆汽车**好不好**?

UNIT SUMMARY
學習小結

一、重點句型

疑問句及疑問語氣詞 (……嗎?……呀?……吧?)	你現在有時間嗎?
……怎麼辦	你不懂中國的交通規則,出了事怎麼辦?
先……再……然後……	你最好先從網上找一張中國地圖,搞清楚中國有多大,再根據你的時間決定去幾個地方,然後咱們再來商量具體的計劃。
經過……	我們乘火車去,可以經過河北、山西、河南、陝西四個省。
……才能……	我們得先到蘭州,然後再換一趟火車,坐十幾個小時才能到敦煌。
縮略語	……包括中國有關方面的領導人、部分國家駐華使節、學生代表……
V_1着V_1着 + V_2	他説着説着就笑了起來。
連動句	人們手拿紅旗唱着歌大步走着。
到底	你到底去過那個地方沒有?
顯然……	對這樣的條件,他顯然不滿意。
居然……	這麼簡單的事情,他居然不知道。

二、交際功能

建議和提醒。
對發生的事件進行叙述和説明。

三、常用表達式

怎麼能……	二十多天怎麼能去那麼多地方?
要不……,……也行	要不咱們租一輛汽車,自駕遊也行。
最好+V	你最好先從網上找一張中國地圖。
……怎麼樣	你看去北京、西安、敦煌、新疆怎麼樣?
……好不好	我們租一輛汽車好不好?

繁體版

VOCABULARY INDEX 生词索引 生詞索引

本表按音序编排。"课数"指生词所在课，如 "4.1" 指第四课主课文，"5.2" 指第五课副课文。

菜单	菜單	càidān	名	menu	3.2
参观	參觀	cānguān	动	to visit	1.1
参与	參與	cānyù	动	to participate	2.1
餐具	餐具	cānjù	名	tableware	3.2
曾	曾	céng	副	ever	5.1
茶树	茶樹	cháshù	名	tea plant	3.1
茶艺馆	茶藝館	cháyìguǎn	名	a tea house that performs tea ceremonies	3.1
柴	柴	chái	名	firewood	3.1
婵娟	嬋娟	chánjuān	名	the moon	8.1
产物	產物	chǎnwù	名	outcome	10.2
尝	嚐	cháng	动	to taste	3.1
长假	長假	chángjià	名	long vacation	7.1
长袍	長袍	chángpáo	名	long gown	9.2
嫦娥	嫦娥	Cháng'é		Chang'e, the moon Goddess	8.1
嫦娥奔月	嫦娥奔月	Cháng'é bēn yuè		a legend about Chang'e who flew to the moon	8.1
超市	超市	chāoshì	名	supermarket	5.1
潮流	潮流	cháoliú	名	fashion	4.2
陈设	陳設	chénshè	名	furnishing	3.1
称心如意	稱心如意	chènxīn-rúyì		perfectly matching expectation	7.2
成功	成功	chénggōng	形	successful	6.2
成就	成就	chéngjiù	名	achievement, success	1.2
成千上万	成千上萬	chéngqiān-shàngwàn		tens of thousands	7.1
成语	成語	chéngyǔ	名	idiom, set expression	5.1
城堡	城堡	chéngbǎo	名	castle, fortification	10.2
盛	盛	chéng	动	to fill	6.2
乘	乘	chéng	动	to take (a bus, car, train, etc.)	9.1
惩罚	懲罰	chéngfá	动	to punish	6.2
冲突	衝突	chōngtū	动	to clash	10.2
重庆	重慶	Chóngqìng		Chongqing, a city in the west of China	6.1
宠	寵	chǒng	动	to spoil	6.2
出差	出差	chūchāi	动	to go on a business trip	6.1
出风头	出風頭	chūfēngtou	动	to show off	4.1
出事	出事	chūshì	动	to have an accident	9.1
除夕	除夕	chúxī	名	Chinese New Year's Eve	7.1
楚国	楚國	Chǔguó		the State of Chu during the Warring States period (475B.C.-221B.C.)	8.2
传播	傳播	chuánbō	动	to spread	3.1
传递	傳遞	chuándì	动	to pass, hand something down	6.1
传染病	傳染病	chuánrǎnbìng	名	contagious disease	8.1
传说	傳說	chuánshuō	名	legend	3.2
创纪录	創紀錄	chuàngjìlù	动	to set a record	10.1

词汇	詞彙	cíhuì	名	vocabulary	5.1
匆匆忙忙	匆匆忙忙	cōngcōng-mángmáng		in a hurry	3.1
醋	醋	cù	名	vinegar	3.1
簇拥	簇擁	cùyōng	动	to gather around	10.1
D					
搭	搭	dā	动	to build	7.2
打捞	打撈	dǎlāo	动	to pull something out of the water	8.2
打量	打量	dǎliang	动	to assess, estimate	10.1
打乱	打亂	dǎluàn	动	to disturb, to upset a schedule/pattern	2.1
打招呼	打招呼	dǎzhāohu	动	to greet somebody	6.1
打坐	打坐	dǎzuò	动	to meditate	1.1
大巴	大巴	dàbā	名	bus	9.1
大坑	大坑	Dàkēng		Tai Hang, a district in Hong Kong	8.1
大厦	大厦	dàshà	名	mansion	9.2
大雁塔	大雁塔	Dàyàntǎ		the Big Wild Goose Pagoda, in Xi'an	9.1
呆	呆	dāi	动	to stay	3.1
带劲儿	帶勁兒	dàijìnr	形	outstanding, wonderful	2.1
单纯	單純	dānchún	副	simply, purely	4.2
蛋黄	蛋黄	dànhuáng	名	yolk	8.1
档案	檔案	dàng'àn	名	files, biodata	1.2
倒霉	倒霉	dǎoméi	形	to be unlucky	9.1
到底	到底	dàodǐ	副	on the earth, exactly	10.1
道森	道森	Dàosēn		Carroll Dawson	1.2
灯谜	燈謎	dēngmí	名	lantern riddle	7.1
地铁	地鐵	dìtiě	名	subway	9.1
递	遞	dì	动	to pass something to someone	3.2
颠覆	顛覆	diānfù	动	to overturn	4.2
点菜	點菜	diǎn cài	动	to order dishes in a restaurant	5.1
点燃	點燃	diǎnrán	动	to ignite	8.1
电影	電影	diànyǐng	名	movie	1.1
电邮	電郵	diànyóu	名	e-mail	2.2
订票	訂票	dìngpiào	动	to book tickets	9.1
懂	懂	dǒng	动	to understand	2.1
动感	動感	dònggǎn	名	dynamic	5.2
陡	陡	dǒu	形	steep	10.1
豆沙	豆沙	dòushā	名	sweetened bean paste	8.1
读万卷书，行万里路	讀萬卷書，行萬里路	dú wàn juàn shū, xíng wàn lǐ lù		Read ten thousand books and travel ten thousand miles.	9.1
独立	獨立	dúlì	形	independent	6.2
独特	獨特	dútè	形	unique, distinctive	1.1
肚子	肚子	dùzi	名	belly, stomach	8.1
度日	度日	dùrì	动	to make a living	8.1

端午节	端午節	Duānwǔjié		Dragon Boat Festival	8.2
短信	短信	duǎnxìn	名	text message	2.1
队友	隊友	duìyǒu	名	teammate	5.1
对联	對聯	duìlián	名	a Chinese couplet	7.1
敦煌	敦煌	Dūnhuáng		Dunhuang, a place in Gansu Province	9.1
顿	頓	dùn	量	a measure word (for meal)	7.1
垛口	垛口	duǒkǒu	名	battlement	10.1

E

儿童观	兒童觀	értóngguān	名	philosophy toward childraising	6.1

F

发	發	fā	动	to send out	2.1
发型	髮型	fàxíng	名	hair style	4.1
翻译	翻譯	fānyì	动	to translate, to interpret	1.1
繁体	繁體	fántǐ	名	traditional Chinese character	6.1
反对	反對	fǎnduì	动	to oppose	2.1
犯	犯	fàn	动	to do (something wrong)	6.2
范·甘迪	範·甘迪	Fàn · Gāndí		(Jeff) Van Gundy	1.2
方式	方式	fāngshì	名	way	6.1
方言	方言	fāngyán	名	dialect	5.1
防御	防禦	fángyù	动	to defend against	10.2
放牛	放牛	fàngniú	动	to graze cattle	7.2
费劲	費勁	fèijìn	动	to require a lot of effort	10.1
粉色	粉色	fěnsè	形	pink	4.2
风调雨顺	風調雨順	fēngtiáo-yǔshùn		favorable weather (for agriculture)	8.1
风格	風格	fēnggé	名	style	4.1
风灾	風災	fēngzāi	名	typhoon, violent storm	8.1
风筝	風箏	fēngzhēng	名	kite	2.1
烽火台	烽火臺	fēnghuǒtái	名	beacon tower on the Great Wall	10.1
佛教	佛教	fójiào	名	Buddhism	9.1
否认	否認	fǒurèn	动	to deny	5.1
服务员	服務員	fuwuyuan	名	salesperson, waiter	5.1
富有	富有	fùyǒu	形	rich in, full of	5.2

G

盖头	蓋頭	gàitou	名	traditional Chinese bridal veil	4.1
刚健有力	剛健有力	gāngjiàn-yǒulì		sturdy, robust	1.1
高跟鞋	高跟鞋	gāogēnxié	名	high-heeled shoes	4.1
高强	高強	gāoqiáng	形	be good at, master of	1.1
高跷	高蹺	gāoqiāo	名	stilts	10.1
高山族	高山族	Gāoshānzú		Gaoshan ethnic minority group, in Taiwan	8.1
高校	高校	gāoxiào	名	university	2.2
歌手	歌手	gēshǒu	名	singer	5.2
隔	隔	gé	动	to be separated (by distance or time)	7.2

简体版

繁體版

隔代	隔代	gédài	名	cross-generation	6.2
弓箭	弓箭	gōngjiàn	名	bow and arrow	9.2
公元前	公元前	gōngyuánqián	名	B.C.	10.2
公主	公主	gōngzhǔ	名	princess	4.2
功法	功法	gōngfǎ	名	Kung Fu techniques	1.1
功夫	功夫	gōngfu	名	Kung Fu	1.1
宫保鸡丁	宮保鷄丁	gōngbǎojīdīng		a spicy shredded chicken dish	3.2
共识	共識	gòngshí	名	consensus	6.2
沟通	溝通	gōutōng	动	to communicate	6.2
够水平	夠水平	gòushuǐpíng		reach a certain standard	2.1
购物	購物	gòuwù	动	to shop, to buy things	5.1
鼓乐	鼓樂	gǔyuè	名	drumbeats	8.1
固然	固然	gùrán	连	certainly, of course	5.1
故宫	故宮	Gùgōng		the Forbidden City, in Beijing	9.1
故乡	故鄉	gùxiāng	名	hometown	8.1
关爱	關愛	guān'ài	名	care and concern	6.1
关切	關切	guānqiè	形	deeply concerned	9.2
观众	觀衆	guānzhòng	名	audience	2.1
管	管	guǎn	动	to discipline	6.1
馆长	館長	guǎnzhǎng	名	curator	6.1
广播电台	廣播電臺	guǎngbō diàntái	名	radio station	1.1
广东	廣東	Guǎngdōng		Guangdong Province	7.1
逛	逛	guàng	动	to stroll	3.1
规范	規範	guīfàn	名	standard, the norm	6.1
国球	國球	guóqiú	名	national sport (ballgame)	2.2
果仁	果仁	guǒrén	名	kernel	8.1
过渡	過渡	guòdù	动	to evolve, develop	10.2
H					
海拔	海拔	hǎibá	名	above sea level	10.1
海南	海南	Hǎinán		Hainan Province	7.1
海外	海外	hǎiwài	名	overseas	9.2
害羞	害羞	hàixiū	形	shy, timid	5.1
韩服	韓服	hánfú	名	traditional Korean clothing	4.1
含蓄	含蓄	hánxù	形	implicit	6.1
汉朝	漢朝	Hàncháo		the Han Dynasty (206 B.C.-220A.D.)	10.2
杭州	杭州	Hángzhōu		Hangzhou, a city, in Zhejiang Province	9.1
好像	好像	hǎoxiàng	副	to seem like	5.1
好奇	好奇	hàoqí	形	curious, inquisitive	5.2
和蔼	和藹	hé'ǎi	形	amiable	6.1
和服	和服	héfú	名	kimono	4.1
和声	和聲	héshēng	名	harmony	5.2
合格	合格	hégé	形	qualified	4.1

简体版

繁體版

合家团圆	闔家團圓	héjiā tuányuán		family reunion	7.1
禾苗	禾苗	hémiáo	名	rice or wheat seedlings	8.1
嗨	嗨	hēi	叹	hi, hey	9.1
红包	紅包	hóngbāo	名	a traditional Chinese red packet with money inside	7.1
红枣	紅棗	hóngzǎo	名	red date	8.2
后来	後來	hòulái	名	later, subsequently	1.1
壶	壺	hú	量	a measure word (usually for liquids in a kettle or pot)	3.1
胡同	胡同	hútòng	名	alley, lane	9.1
花茶	花茶	huāchá	名	scented tea	3.1
花灯	花燈	huādēng	名	festive lantern	7.1
花好月圆	花好月圓	huāhǎo-yuèyuán		a wish for family happiness	8.1
滑板	滑板	huábǎn	名	skateboard, skateboarding	2.1
华裔	華裔	huáyì	名	Chinese born overseas	4.1
华清池	華清池	Huàqīngchí		Huaqing Hot Spring, in Shaanxi Province	9.1
欢腾	歡騰	huānténg	动	to be elated	8.1
黄河	黃河	Huánghé		the Yellow River	9.1
皇家马德里	皇家馬德里	Huángjiā Mǎdélǐ		Real Madrid	5.1
回	回	huí	量	a measure work (for number of occasions)	7.1
绘画	繪畫	huìhuà	名	drawing, illustration	5.2
婚礼	婚禮	hūnlǐ	名	wedding	4.1
婚纱	婚紗	hūnshā	名	wedding dress	4.1
婚姻	婚姻	hūnyīn	名	marriage	6.2
混	混	hùn	动	to mix	4.1
火锅店	火鍋店	huǒguōdiàn	名	hot-pot restaurant	5.1
火箭队	火箭隊	Huǒjiànduì		Houston Rockets	1.2
火炬	火炬	huǒjù	名	torch	10.1
火腿	火腿	huǒtuǐ	名	ham	8.1
伙伴	伙伴	huǒbàn	名	partner, friend	2.1

J

机场	機場	jīchǎng	名	airport	9.1
激动	激動	jīdòng	形	excited	3.1
嫉妒	嫉妒	jídù	动	to envy	4.1
吉庆	吉慶	jíqìng	形	auspicious occasion	8.1
济南	濟南	Jǐnán		Jinan, in Shandong Province	6.1
记录	記錄	jìlù	名	note, record	9.1
家常菜	家常菜	jiāchángcài	名	home-style cooking	3.2
嘉峪关	嘉峪關	Jiāyùguān		Jiayu Pass on the Great Wall	10.2
假小子	假小子	jiǎxiǎozi	名	tomboy	4.2
甲、乙、丙、丁	甲、乙、丙、丁	jiǎ、yǐ、bǐng、dīng	名	first, second, third, fourth	6.1
驾驶执照	駕駛執照	jiàshǐ zhízhào	名	driver's license	9.1

簡体版

繁體版

简体版
繁體版

坚定	堅定	jiāndìng	动	to strengthen, solidify	5.1
健身	健身	jiànshēn	动	to exercise	1.1
毽子	毽子	jiànzi	名	shuttlecock	2.1
讲究	講究	jiǎngjiu	动	to be particular about	4.1
奖品	獎品	jiǎngpǐn	名	prize	7.1
酱	醬	jiàng	名	sauce	3.1
交好运	交好運	jiāo hǎoyùn	动	to have a lucky streak	7.1
交通规则	交通規則	jiāotōng guīzé	名	traffic rules	9.1
饺子	餃子	jiǎozi	名	Chinese dumpling	7.1
饺子宴	餃子宴	jiǎoziyàn	名	dumpling feast	9.1
叫好	叫好	jiàohǎo	动	to approve of	2.1
教堂	教堂	jiàotáng	名	church	4.1
轿子	轎子	jiàozi	名	sedan chair	4.1
揭	揭	jiē	动	to uncover	4.1
街道	街道	jiēdào	名	street	5.1
洁白	潔白	jiébái	形	pure white	8.1
结合	結合	jiéhé	动	to combine	1.1
结交	結交	jiéjiāo	动	to socialize, make new friends	2.2
节奏	節奏	jiézòu	名	rhythm, tempo	3.1
解答	解答	jiědá	动	to answer	10.1
界线	界線	jièxiàn	名	boundary, border	4.2
进步	進步	jìnbù	动	to progress, improve	5.1
惊呆	驚呆	jīngdāi	动	to be startled	10.1
惊呼	驚呼	jīnghū	动	to exclaim (with admiration), to cry out in alarm	10.1
惊喜	驚喜	jīngxǐ	形	surprised	4.1
精华	精華	jīnghuá	名	the essence, the best	1.1
经验	經驗	jīngyàn	名	experience	5.1
景点	景點	jǐngdiǎn	名	scenic spot	9.1
竞技	競技	jìngjì	动	to compete	2.2
久别重逢	久別重逢	jiǔbié-chóngféng		to reunite after a long time	6.1
旧金山	舊金山	Jiùjīnshān		San Francisco	3.1
拘谨	拘謹	jūjǐn	形	restrained	4.2
居然	居然	jūrán	副	actually, even	10.1
居庸关	居庸關	Jūyōngguān		Juyong Pass on the Great Wall	10.1
举	舉	jǔ	动	to lift, raise	8.1
距离	距離	jùlí	名	distance	10.1
剧烈	劇烈	jùliè	形	vigorous	2.1
具体	具體	jùtǐ	形	concrete	9.1
绝唱	絕唱	juéchàng	名	unsurpassed masterpiece	8.1
绝活儿	絕活兒	juéhuór	名	special skill or knowledge	2.1

K					
咖啡	咖啡	kāfēi	名	coffee	3.1
开玩笑	開玩笑	kāi wánxiào	动	to joke	5.1
开心	開心	kāixīn	形	happy, joyous	7.1
看穿	看穿	kànchuān	动	to see through	8.2
看待	看待	kàndài	动	to look upon, regard	9.2
看法	看法	kànfǎ	名	view, opinion	2.1
考虑	考慮	kǎolù	动	to consider, ponder	9.1
可	可	kě	副	very, really	2.1
渴望	渴望	kěwàng	动	to long for, aspire to	10.2
课本	課本	kèběn	名	textbook	5.1
肯德基	肯德基	Kěndéjī		Kentucky Fried Chicken (KFC)	3.1
肯定	肯定	kěndìng	副	certainly, undoubtedly	4.1
空闲	空閒	kòngxián	形	free, not busy	3.1
跨国	跨國	kuàguó	形	international, transnational	6.2
款式	款式	kuǎnshì	名	pattern	4.2
捆	捆	kǔn	动	to tie, to bundle up	8.2
困惑	困惑	kùnhuò	名	frustration	6.2
L					
落	落	là	动	to leave behind	10.1
辣椒	辣椒	làjiāo	名	chili	3.2
来历	來歷	láilì	名	origin	6.1
篮球场	籃球場	lánqiúchǎng	名	basketball court	5.1
兰州	蘭州	Lánzhōu		Lanzhou, a city in Gansu Province	9.1
狼牙山	狼牙山	Lángyáshān		Langya Mountain, in Hebei Province	10.1
浪漫	浪漫	làngmàn	形	romantic	7.2
老汉	老漢	lǎohàn	名	old man	10.1
老家	老家	lǎojiā	名	hometown	7.1
老舍	老舍	Lǎoshě		Laoshe, a noted Chinese writer	3.1
老式	老式	lǎoshì	形	old-fashioned	3.1
老土	老土	lǎotǔ	形	old-fashioned	4.2
姥姥	姥姥	lǎolao	名	maternal grandmother	5.1
姥爷	姥爺	lǎoye	名	maternal grandfather	5.1
乐园	樂園	lèyuán	名	playground, amusement park	2.1
累	累	lèi	形	tired	1.1
厘米	厘米	límǐ	量	centimeter	10.1
李白	李白	Lǐ Bái		a famous poet from the Tang Dynasty	8.1
礼服	禮服	lǐfú	名	formal wear	4.1
俚语	俚語	lǐyǔ	名	slang	5.1
利弊	利弊	lìbì	名	pros and cons	6.2
厉害	厲害	lìhai	形	strict, stern	6.2
联欢	聯歡	liánhuān	动	to have a get-together, to have a party	7.1

简体版

繁體版

联赛	聯賽	liánsài	名	league matches	2.2
联系	聯繫	liánxì	动	to contact, make a connection	1.1
连续	連續	liánxù	动	to continue	2.1
聊天（儿）	聊天（兒）	liáotiān(r)	动	to chat	5.1
列	列	liè	动	to make a list	5.2
灵机一动	靈機一動	língjī-yīdòng		a brainwave	9.2
另外	另外	lìngwài	连	in addition	1.1
流传	流傳	liúchuán	动	to spread	1.1
流行	流行	liúxíng	形	popular	4.2
留学	留學	liúxué	动	to study abroad	5.1
龙抄手	龍抄手	lóngchāoshǒu		spicy dumpling soup	3.2
龙舟	龍舟	lóngzhōu	名	dragon boat	8.2
漏斗	漏斗	lòudǒu	名	funnel	8.2
M					
麻辣粉	麻辣粉	málàfěn		a spicy vegetable and noodle dish	9.1
麻婆豆腐	麻婆豆腐	mápódòufu		a spicy tofu dish	3.2
马褂	馬褂	mǎguàr	名	mandarin jacket	9.2
骂	罵	mà	动	to scold	6.2
嘛	嘛	ma	助	a modal particle	1.1
麦当劳	麥當勞	Màidāngláo		McDonald's	3.1
麦克尔·乔丹	麥克爾·喬丹	màikèěr·Qiáodān		Michael Jordan	10.1
漫	漫	màn	动	to overflow	8.2
曼彻斯特联队	曼徹斯特聯隊	Mànchèsītè Liánduì		Manchester United	5.1
蟒蛇	蟒蛇	mǎngshé	名	python	8.1
毛	毛	máo	量	10 cents	7.1
媒体	媒體	méitǐ	名	media	10.1
魅力	魅力	mèilì	名	charm, attractiveness	2.2
蒙	蒙	méng	动	to cover	4.1
孟姜女	孟姜女	Mèngjiāngnǚ		Mengjiangnu, a legendary woman from ancient China	10.2
迷上	迷上	míshàng		to be crazy about	5.2
秘密	秘密	mìmì	名	secret	1.2
绵延	綿延	miányán	动	to stretch/reach far	10.1
免费	免費	miǎnfèi	动	to be free of charge	3.1
民间故事	民間故事	mínjiān gùshi	名	folk tale	10.2
鸣沙山	鳴沙山	Míngshāshān		Mingsha Mountain, in Gansu Province	9.1
名胜	名勝	míngshèng	名	place of interest	9.1
明星	明星	míngxīng	名	star, idol	1.2
莫高窟	莫高窟	Mògāokū		the Mogao Caves, in Gansu Province	9.1
N					
纳闷儿	納悶兒	nàmènr	动	to feel puzzled	6.1
难度	難度	nándù	名	level of difficulty	10.1
脑海	腦海	nǎohǎi	名	brain, mind	9.2

腻	膩	nì	形	tired of	4.2
年糕	年糕	niángāo	名	Chinese New Year cake	7.1
念经	唸經	niànjīng	动	to chant (religious verses)	1.1
牛郎	牛郎	Niúláng		Zhinü's husband, a cowherd	7.2
牛仔裤	牛仔褲	niúzǎikù	名	jeans	4.1
农耕	農耕	nónggēng	动	to grow crops	10.2
农历	農曆	nónglì	名	the Chinese lunar calendar	7.2
农牧	農牧	nóngmù		farming	10.2
女足	女足	nǚzú	名	women's soccer team	2.1
糯米	糯米	nuòmǐ	名	glutinous rice	8.2
O					
欧美	歐美	Ōu-Měi		Europe and America	5.2
P					
泡	泡	pào	动	to soak	8.2
泡菜	泡菜	pàocài	名	pickles	3.2
陪	陪	péi	动	to accompany	3.1
配	配	pèi	动	to match	4.2
配合	配合	pèihé	动	to cooperate	2.1
皮带	皮帶	pídài	名	leather belt	6.1
脾气	脾氣	píqi	名	temper	6.2
撇	撇	piē	动	to cast aside, neglect	6.1
品种	品種	pǐnzhǒng	名	breed, kind	8.1
平辈	平輩	píngbèi	名	person of the same generation	6.1
菩萨	菩薩	púsa	名	Bodhisattva	8.1
Q					
七夕	七夕	qīxī	名	the seventh evening of the seventh month of the Chinese Lunar Year	7.2
期待	期待	qīdài	动	to hope for, expect	2.2
期望	期望	qīwàng	名	hope, expectation	6.1
其次	其次	qícì	连	secondly	5.1
奇迹	奇蹟	qíjì	名	miracle	9.2
祈祷	祈禱	qídǎo	动	to pray	7.2
旗袍	旗袍	qípáo	名	cheongsam	4.1
其中	其中	qízhōng	名	among	1.1
起舞	起舞	qǐwǔ	动	to dance	8.1
起源	起源	qǐyuán	名	origin	1.1
气功	氣功	qìgōng	名	qigong	1.1
迁	遷	qiān	动	to move	6.1
谦虚	謙虛	qiānxū	形	humble	1.2
前夕	前夕	qiánxī	名	eve	8.2
浅色	淺色	qiǎnsè	名	light colors	4.1
强身健体	強身健體	qiángshēn-jiàntǐ		to keep fit	1.1
钦佩	欽佩	qīnpèi	动	to admire, respect	1.2

简体版
繁體版

身份	身份	shēnfèn	名	status	3.1
婶婶	嬸嬸	shěnshen	名	aunt, the wife of someone's father's younger brother	9.1
生气	生氣	shēngqì	动	to get angry	2.1
生肖	生肖	shēngxiào	名	the animals of the Chinese zodiac	7.1
生意	生意	shēngyì	名	business	3.1
师傅领进门，修行在个人	師傅領進門，修行在個人	shīfu lǐng jìng mén, xiūxíng zài gèrén		The master reaches the trade, but an apprentice is self-made.	5.1
施瓦辛格	施瓦辛格	Shīwǎxīngé		Arnold Schwarzenegger	10.1
十三陵	十三陵	Shísānlíng		the Ming Dynasty Tombs, in Beijing	9.1
时尚	時尚	shíshàng	名	trend, fashion	4.2
实用性	實用性	shíyòngxìng	名	practicality	5.1
食欲	食慾	shíyù	名	appetite	3.2
适合	適合	shìhé	动	to be suitable for	2.1
世纪	世紀	shìjì	名	century	3.1
式样	式樣	shìyàng	名	style	4.1
守护	守護	shǒuhù	动	to guard, defend	8.1
首饰	首飾	shǒushì	名	jewelry	4.1
首先	首先	shǒuxiān	连	first of all	5.1
手杖	手杖	shǒuzhàng	名	walking stick	6.1
梳	梳	shū	动	to comb	4.2
属	屬	shǔ	动	to be born in the year of	7.1
帅	帥	shuài	形	handsome	4.1
率领	率領	shuàilǐng	动	to lead	10.1
说法	說法	shuōfǎ	名	phrasing, way of saying something	1.1
四合院	四合院	sìhéyuàn	名	a Chinese courtyard, quadrangle	9.2
寺院	寺院	sìyuàn	名	temple	1.1
嵩山	嵩山	Sōngshān		Song Mountain, in Henan Province	1.1
苏轼	蘇軾	Sū Shì		a famous writer from the Song Dynasty	8.1
苏州	蘇州	Sūzhōu		Suzhou, a city, in Jiangsu Province	9.1
俗话	俗話	súhuà	名	proverb	3.1
速度	速度	sùdù	名	speed, rate	2.1
素质	素質	sùzhì	名	quality	2.2
T					
T恤	T恤	T xù	名	T-shirt	4.1
谈天说地	談天說地	tántiān-shuōdì		to chat about anything and everything	3.1
探	探	tàn	动	to crane, stretch forward	10.1
汤圆	湯圓	tāngyuán	名	glutinous rice dumpling	3.2
堂兄弟	堂兄弟	tángxiōngdì	名	paternal cousins	9.1
唐装	唐裝	tángzhuāng	名	traditional Chinese clothing	4.1
套	套	tào	量	set	4.1
套路	套路	tàolù	名	a sequence of Kung Fu moves	1.1

简体版

繁體版

套裙	套裙	tàoqún	名	women's suit (with skirt)	4.1
特	特	tè	副	especially	2.1
特色	特色	tèsè	名	feature, characteristics	4.1
特殊奥林匹克运动	特殊奧林匹克運動	Tèshū Àolínpǐkè Yùndòng		the Special Olympics	10.1
特制	特製	tèzhì	动	specially made (for a specific purpose or by a special process)	8.1
踢	踢	tī	动	to kick	2.1
体会	體會	tǐhuì	动	to understand, experience	5.1
体验	體驗	tǐyàn	动	to experience	2.2
天安门	天安門	Tiān'ānmén		Tiananmen, in Beijing	9.1
天赋	天賦	tiānfù	名	talent, gift	1.2
天昏地暗	天昏地暗	tiānhūn-dì'àn		bad weather coupled with strong winds	10.2
天坛	天壇	Tiāntán		the Temple of Heaven, in Beijing	9.1
天下武功出少林	天下武功出少林	tiānxià wǔgōng chū Shàolín		Shaolin Kung Fu is the original and best (martial art)	1.1
天性	天性	tiānxìng	名	natural disposition	6.1
天真	天真	tiānzhēn	形	innocent	6.1
挑战性	挑戰性	tiǎozhànxìng	名	challenge	5.1
铜锣湾	銅鑼灣	Tóngluówān		Causeway Bay, a district in Hong Kong	8.1
图案	圖案	tú'àn	名	design	7.1
团队	團隊	tuánduì	名	team, organization	2.1
团圆饭	團圓飯	tuányuánfàn	名	family reunion dinner	7.1
推荐	推薦	tuījiàn	动	to recommend	3.2
托	托	tuō	动	to hold up, support by hand	8.1
W					
外地	外地	wàidì	名	other places	7.1
晚会	晚會	wǎnhuì	名	an event/party that takes place in the evening	7.1
王母娘娘	王母娘娘	Wángmǔ niángniang		the Queen Mother of Heaven	7.2
网友	網友	wǎngyǒu	名	Internet users	1.2
望子成龙	望子成龍	wàngzǐ-chénglóng		to have high expectation for your children	6.1
围	圍	wéi	动	to enclose	2.1
围墙	圍牆	wéiqiáng	名	surrounding wall	5.1
唯一	唯一	wéiyī	形	only, sole	6.1
苇叶	葦葉	wěiyè	名	reed leaf	8.2
温情	溫情	wēnqíng	名	tender	6.1
文学馆	文學館	wénxuéguǎn	名	hall of writer	6.1
文学家	文學家	wénxuéjiā	名	great writer	6.1
无穷	無窮	wúqióng	形	endless, inexhaustible	1.1
吴刚	吳剛	Wú Gāng		Wu Gang, the wood cutter on the moon	8.1
五谷丰登	五穀豐登	wǔgǔ-fēngdēng		a good harvest	8.1
武警	武警	wǔjǐng	名	armed police	10.1

X					
吸引	吸引	xīyǐn	动	to attract	1.1
习俗	習俗	xísú	名	custom	4.1
喜鹊	喜鵲	xǐquè	名	magpie	7.2
细致	細緻	xìzhì	形	attentive to detail	6.1
瞎	瞎	xiā	副	without rules or purpose, blindly	2.1
下棋	下棋	xiàqí	动	to play chess	3.1
仙女	仙女	xiānnǚ	名	the Chinese fairy	7.2
咸	鹹	xián	形	salty	3.2
显然	顯然	xiǎnrán	形	obviously	10.1
显示	顯示	xiǎnshì	动	to show	2.1
显眼	顯眼	xiǎnyǎn	形	conspicuous	4.1
险要	險要	xiǎnyào	名	treacherous terrain with strategic value	10.2
现代感	現代感	xiàndàigǎn	名	fashion sense	4.1
馅儿	餡兒	xiànr	名	filling	8.1
相传	相傳	xiāngchuán	动	to pass from generation to generation	7.2
相似	相似	xiāngsì	形	similar	1.2
想念	想念	xiǎngniàn	动	to miss	8.1
向来	向來	xiànglái	副	always	6.1
项目	項目	xiàngmù	名	program, project	1.1
象征[1]	象徵[1]	xiàngzhēng	动	to symbolize	8.1
象征[2]	象徵[2]	xiàngzhēng	名	symbol, token	10.1
小吃	小吃	xiǎochī	名	snack	3.1
小贩	小販	xiǎofàn	名	street vendor, hawker	5.1
小雁塔	小雁塔	Xiǎoyàntǎ		the Small Wild Goose Pagoda, in Xi'an	9.1
协调性	協調性	xiétiáoxìng	名	coordination	2.2
协议	協議	xiéyì	名	agreement	6.2
心理	心理	xīnlǐ		psychology, psychological	2.2
心灵手巧	心靈手巧	xīnlíng-shǒuqiǎo		clever and capable (with one's hands)	7.2
新疆	新疆	Xīnjiāng		the Xinjiang Uygur autonomous region	9.1
新郎	新郎	xīnláng	名	bridegroom	4.1
新娘	新娘	xīnniáng	名	bride	4.1
欣赏	欣賞	xīnshǎng	动	to appreciate	5.1
新手	新手	xīnshǒu	名	novice, recruit	2.2
信息	信息	xìnxī	名	information	2.2
星巴克	星巴克	Xīngbākè		Starbucks	9.2
性别	性別	xìngbié	名	gender	2.2
兴致勃勃	興致勃勃	xìngzhì-bóbó		with great interest	10.1
修炼	修煉	xiūliàn	动	to train your mind, improve yourself	1.1
修身养性	修身養性	xiūshēn-yǎngxìng		to better yourself (mentally and physically)	1.1
休闲	休閒	xiūxián	动	to rest, relax	4.1

修整	修整	xiūzhěng	动	to repair	10.2
旋转	旋轉	xuánzhuǎn	动	to rotate	2.2
选拔赛	選拔賽	xuǎnbásài	名	preliminary games	2.2
Y					
压力	壓力	yālì	名	pressure	3.1
鸭绿江	鴨綠江	Yālùjiāng		the Yalujiang River	10.2
压岁钱	壓歲錢	yāsuìqián	名	money given to children as a gift during Chinese New Year	7.1
燕	燕	Yān		the State of Yan during the Zhou Dynasty	10.2
盐	鹽	yán	名	salt	3.1
沿线	沿線	yánxiàn	名	along the route	10.2
延续	延續	yánxù	动	to extend, to last for	10.2
宴席	宴席	yànxí	名	banquet	3.2
羊肉泡馍	羊肉泡饃	yángròupàomó		a Xi'an specialty made with lamb and dough	9.1
杨澜	楊瀾	Yáng Lán		a famous TV program hostess in China	6.1
洋车	洋車	yángchē	名	richshaw	9.2
洋人	洋人	yángrén	名	foreigner	9.2
一口气	一口氣	yīkǒuqì	副	at one go, without a break	7.1
一览表	一覽表	yīlǎnbiǎo	名	schedule, timetable	5.2
一致	一致	yīzhì	形	in agreement with	6.2
衣食住行	衣食住行	yī shí zhù xíng		basic necessities	6.1
依赖	依賴	yīlài	动	to rely on, be dependent on	1.2
仪式	儀式	yíshì	名	ceremony	4.1
遗产	遺產	yíchǎn	名	inheritance	1.1
遗憾[1]	遺憾[1]	yíhàn	形	disappointed, regretful	3.1
遗憾[2]	遺憾[2]	yíhàn	名	regret	8.1
颐和园	頤和園	Yíhéyuán		the Summer Palace, in Beijing	9.1
意识	意識	yìshi	名	consciousness	2.1
意味着	意味着	yìwèizhe	动	to mean	5.1
阴谋	陰謀	yīnmóu	名	conspiracy	8.2
因素	因素	yīnsù	名	factor, element	1.2
银河	銀河	Yínhé	名	the Milky Way	7.2
印第安人	印第安人	Yìndì'ānrén		American Indians	9.2
影响	影響	yǐngxiǎng	名	influence, effect	1.1
勇气	勇氣	yǒngqì	名	courage	5.1
优势	優勢	yōushì	名	advantage	1.2
悠闲	悠閒	yōuxián	形	leisurely, carefree	3.1
游牧	遊牧	yóumù	动	to move about in search of pasture	10.2
犹豫	猶豫	yóuyù	动	to hesitate	2.2
有害无益	有害無益	yǒu hài wú yì		harmful, not beneficial	5.1
有趣	有趣	yǒuqù	形	interesting	7.1
娱乐	娛樂	yúlè	名	amusement, entertainment	2.2
遇	遇	yù	动	to meet	1.1

玉兔	玉兔	Yùtù		Yutu, the jade hare on the moon	8.1
圆明园	圓明園	Yuánmíngyuán		ruins of the Old Summer Palace, in Beijing	9.1
元首	元首	yuánshǒu	名	the head of state	10.2
元宵	元宵	yuánxiāo	名	glutinous rice dumplings	7.1
元宵节	元宵節	yuánxiāojié		the Lantern Festival (on the 15th night of the first lunar month)	7.1
院子	院子	yuànzi	名	courtyard	8.1
乐队	樂隊	yuèduì	名	band, orchestra	5.2
约束	約束	yuēshù	动	to restrict, restrain	6.1
越南	越南	Yuènán		Vietnam	8.2
月牙泉	月牙泉	Yuèyáquán		Crescent Lake, in Gansu Province	9.1

Z

咱们	咱們	zánmen	代	we (usually used in spoken Chinese)	3.1
展示	展示	zhǎnshì	动	to display	3.1
站台	站臺	zhàntái	名	platform	6.1
张望	張望	zhāngwàng	动	to look out	10.1
长辈	長輩	zhǎngbèi	名	the older generation	7.1
赵	趙	Zhào		the State of Zhao during the Zhou Dynasty	10.2
正常	正常	zhèngcháng	形	normal	2.1
正巧	正巧	zhèngqiǎo	副	by chance	6.1
证明	證明	zhèngmíng	动	to prove	5.1
郑重其事	鄭重其事	zhèngzhòng-qíshì		to take something seriously	6.1
支持	支持	zhīchí	动	to support	2.1
织布	織布	zhībù	动	to weave cloth	7.2
织女	織女	Zhīnǔ		the weaver fairy from Chinese legend	7.2
只身	隻身	zhīshēn	副	solitarily, alone	6.1
值得	值得	zhídé	动	to deserve, to be worthwhile	2.1
职业	職業	zhíyè	名	profession, career	1.2
中性	中性	zhōngxìng	形	unisex	4.2
中	中	zhòng	动	to hit, be just right	7.1
种地	種地	zhòngdì	动	to cultivate the land	7.2
种植	種植	zhòngzhí	动	to plant	3.1
周朝	周朝	Zhōucháo		the Zhou Dynasty (1046 B.C.-256B.C.)	10.2
周恩来	周恩來	Zhōu Ēnlái		Zhou Enlai, the first Premier of the P.R.C.	1.2
诸侯	諸侯	zhūhóu	名	the nobles, ruling classes	10.2
逐步	逐步	zhúbù	副	step by step, gradually	1.1
竹叶	竹葉	zhúyè	名	bamboo leaf	8.2
拄	拄	zhǔ	动	to lean on (a stick)	6.1
主持人	主持人	zhǔchírén	名	presenter	6.1
主食	主食	zhǔshí	名	staple food (rice, dumplings, noodles, etc.)	3.2
主张	主張	zhǔzhāng	动	to advocate, recommend	6.1
祝福	祝福	zhùfú	名	wishes, blessing	5.2

驻华使节	駐華使節	zhùhuá shǐjié	名	diplomats stationed in China	10.1
祝愿	祝願	zhùyuàn	名	wish	8.1
专程	專程	zhuānchéng	副	a trip made for a special purpose	1.1
专线	專線	zhuānxiàn	名	special route	9.1
专心	專心	zhuānxīn	副	to concentrate hard	6.1
追逐	追逐	zhuīzhú	动	to follow (fashion)	4.2
自豪	自豪	zìháo	形	proud	9.2
自驾游	自駕遊	zìjiàyóu		to go on a road trip	9.1
自然	自然	zìrán	形	natural	5.1
自杀	自殺	zìshā	动	to commit suicide	8.2
宗旨	宗旨	zōngzhǐ	名	aim, purpose	2.2
总经理	總經理	zǒngjīnglǐ	名	general manager	1.2
粽子	粽子	zòngzi	名	steamed rice dumpling	8.2
租	租	zū	动	to rent	9.1
尊敬	尊敬	zūnjìng	动	to respect	1.2
琢磨	琢磨	zuómo	动	to ponder, think over	6.1
作息	作息	zuòxī	名	work and rest	2.1

Abbreviations of Parts of Speech

【名】	名词	名詞	noun
【动】	动词	動詞	verb
【形】	形容词	形容詞	adjective
【数】	数词	數詞	numeral
【量】	量词	量詞	measure word
【代】	代词	代詞	pronoun
【副】	副词	副詞	adverb
【介】	介词	介詞	preposition
【连】	连词	連詞	conjunction
【助】	助词	助詞	particle
【叹】	叹词	嘆詞	interjection
【助动】	助动词	助動詞	auxiliary verb